Die Steuerungsfunktion der Geschäftsführerhaftung in der Krise der GmbH

Europäische Hochschulschriften Recht

European University Studies in Law

Publications Universitaires Européennes de Droit

Band/Volume 6097

Giancarlo Emanuel Graeber

Die Steuerungsfunktion der Geschäftsführerhaftung in der Krise der GmbH

Ein deutsch-italienischer Rechtsvergleich

PETER LANG

Bibliografische Information der Deutschen Nationalbibliothek
Die Deutsche Nationalbibliothek verzeichnet diese Publikation in der Deutschen Nationalbibliografie; detaillierte bibliografische Daten sind im Internet über http://dnb.d-nb.de abrufbar.

Zugl.: München, Univ., Diss., 2018

D 19
ISSN 0531-7312
ISBN 978-3-631-79423-4 (Print)
E-ISBN 978-3-631-79592-7 (E-PDF)
E-ISBN 978-3-631-79593-4 (EPUB)
E-ISBN 978-3-631-79594-1 (MOBI)
DOI 10.3726/b15889

Peter Lang – Berlin · Bern · Bruxelles · New York · Oxford · Warszawa · Wien

Diese Publikation wurde begutachtet.

www.peterlang.com

Vorwort

Die vorliegende Arbeit wurde im Wintersemester 2018 von der rechtswissenschaftlichen Fakultät der Ludwig-Maximilians-Universität München als Dissertation angenommen. An ihrem Gelingen haben viele Menschen Anteil, denen ich an dieser Stelle danken möchte.

Mein besonderer Dank gilt meinem Doktorvater Prof. Dr. jur. Dr. h.c. *Peter Kindler* für seinen Zuspruch und seine Unterstützung. Als Betreuer der Dissertation räumte er eine große wissenschaftliche Freiheit ein und stand mir stets mit seinem Rat zur Seite. Herrn Prof. Dr. jur. *Mathias Habersack* gilt mein Dank für die zügige Erstellung des Zweitgutachtens. Danken möchte ich auch meinen Anwaltskollegen Frau RAin *Nicola Flotho*, Herrn *Stefan Schober* und Frau RAin *Irene Benedetti* für die fruchtbaren fachlichen Gespräche, die zu der Vollendung des Projekts beigetragen haben. Innigen Dank schulde ich meiner Familie und Frau *Carolina Vasconsellos Billio Manhães de Azevedo* für die große menschliche und fachliche Unterstützung, ohne welche die Dissertation nicht möglich gewesen wäre.

München, Dezember 2018
Giancarlo Emanuel Graeber

Inhaltsverzeichnis

Abkürzungsverzeichnis (allgemein)

a. A.	anderer Ansicht
Abs.	Absatz
a. E.	am Ende
a. F.	alte Fassung
AG	Aktiengesellschaft
AktG	Aktiengesetz
Anm.	Anmerkung
Art., Artt.	Artikel, (Plural)
Aufl.	Auflage
BB	Betriebs-Berater
Bd.	Band
BGB	Bürgerliches Gesetzbuch
BGH	Bundesgerichtshof
BGHZ	Entscheidungen des Bundesgerichtshofes in Zivilsachen
BR-DR.	Drucksachen des Deutschen Bundesrates
BT-Dr.	Drucksachen des Deutschen Bundestages
bzw.	beziehungsweise
c.i.c.	culpa in contrahendo
COMI	Centre of main interest
DB	Der Betrieb
DCGK	Deutsche Corporate Governance Kodex
ders.	derselbe
EG	Europäische Gemeinschaften
EuGH	Europäischer Gerichtshof
EuGVVO	Verordnung Nr. 44/2001/EG über die gerichtliche Zuständigkeit und die Anerkennung und die Vollstreckung von Entscheidungen in Zivil- und Handelssachen vom 22. 12. 2000 (ABl. EG Nr. L 12/1)
EuInsVO	Verordnung Nr. 1346/2000/EG vom 29. 5. 2000 über Insolvenzverfahren (ABl. EG Nr. L 160/1) und Verordnung (EU) 2015/848 des Europäischen Parlaments und des Rates vom 20. Mai 2015 über Insolvenzverfahren
EWG	Europäische Wirtschaftsgemeinschaft
f./ff.	folgende/fortfolgende
Fn.	Fußnote
GmbH	Gesellschaft mit beschränkter Haftung

GmbHG	Gesetz betreffend die Gesellschaft mit beschränkter Haftung
GmbHR	Rundschau für GmbH
grdl.	grundlegend
HGB	Handelsgesetzbuch
h. L.	herrschende Lehre
h. M.	herrschende Meinung
Hrsg.	Herausgeber
Hs.	Halbsatz
i. e. S.	im engeren Sinne
insb.	insb.
i.R.d.	im Rahmen des/der
i. S. d.	im Sinne des/der
i.V.m.	in Verbindung mit
IZPR	Internationales Zivilprozessrecht
JuS	Juristische Schulung
KG	Kammergericht; Kommanditgesellschaft
KO	Konkursordnung
krit.	kritisch
LG	Landgericht
lit.	Buchstabe
m. w. N.	mit weiteren Nachweisen
n. F.	neue Fassung; neue Folge
NJW	Neue Juristische Wochenschrift
NJW-RR	NJW-Rechtsprechungs-Report
N.	Nummer(n)
o.	oben
OECD	Organisation für wirtschaftliche Zusammenarbeit und Entwicklung
OLG	Oberlandesgericht
Rn.	Randnummer(n)
RLE	Richtlinienentwurf
RLE 2016	Vorschlag der Kommission vom 22.11.2016für eine Richtlinie des Europäischen Parlaments und des Rates über präventive Restrukturierungsmaßnahmen, die zweite Chance und Maßnahmen zur Steigerung der Effizienz von Restrukturierungs-, Insolvenz und Entschuldungsverfahren und zur Änderung der Richtlinie 2012/30/EU, COM (2016) 723final.
Rspr.	Rechtsprechung
s.	siehe

s. o.	siehe oben
s. u.	siehe unten
S.	Seite
SE	Societas Europaea
SE-VO	Societas Europaea Verordnung
SPE	Societas Privatea Europea
StGB	Strafgesetzbuch
u.	unten, und
u. a.	unter anderem; und andere
Urt.	Urteil
vgl.	vergleiche
VO	Verordnung
Vorb.	Vorbemerkung
Wistra	Zeitschrift für Wirtschafts- und Steuerstrafrecht
z. B.	zum Beispiel
ZEuP	Zeitschrift für Europäisches Privatrecht
ZGR	Zeitschrift für Unternehmens- und Gesellschaftsrecht
ZHR	Zeitschrift für das gesamte Handelsrecht und Wirtschaftsrecht
ZIP	Zeitschrift für Wirtschaftsrecht und Insolvenzpraxis
ZPO	Zivilprozessordnung

Abkürzungsverzeichnis (italienisch)

App.	Corte d'Appello
art. (artt.)	articolo (articoli)
Cass.	Corte di Cassazione
c. c.	codice civile
c. comm.	codice di commercio
civ.	Civile
co.	comma
c.p.	codice penale
c.p.c.	codice di procedura civile
Foro it.	Il Foro italiano
Giur.comm.	Giurisprudenza commerciale
Giust.civ.	Giustizia civile
Giust.civ. Mass.	Massimario della Giustizia civile
L.D.	legge delega
LF	legge sul fallimento (R.D. 16 marzo 1942, n. 267)
lgs.	Legislativo
n.	Numero
R.D.	Regio Decreto
Rep. Foro it.	Repertorio del Foro italiano
Resp. civ. e prev.	Responsabilità Civile e Previdenza
Riv. dir. proc. civ.	Rivista di diritto processuale civile
Riv. soc.	Rivista delle società
ss.	seguente (seguenti)
s. a. s.	società in accomandita semplice
s. n. c.	società in nome collettivo
s. p. a.	società per azioni
s. r. l.	società a responsabilità limitata
S. U./Sez. Un.	sezioni unite
Trib.	Tribunale

§ 1. Einleitung und Überblick zum Thema

A. Das Problem der Unternehmensinsolvenzen in Deutschland, Italien und Europa

I. Ein Blick auf einschlägige statistische Zahlen

Die Unternehmensinsolvenz stellt ein großes Problem für die Wirtschaft in Deutschland, Italien und ganz Europa dar. Ein kurzer Blick auf einige statistische Zahlen soll dies verdeutlichen. Die Anzahl der Unternehmensinsolvenzen in Deutschland betrug im Jahr 2014 24.085, im Jahr 2015 23.101 und 2016 nur noch 21.518.[1] Im Jahr 2017 waren die Unternehmensinsolvenzen weiter rückläufig, im Februar 2017 wurden 1.158 Unternehmensinsolvenzen von den deutschen Amtsgerichten gemeldet, 13,6 % weniger als im Februar 2016.[2] Dennoch betrafen diese 1.158 Unternehmensinsolvenzen im Jahr 2017 bereits Forderungen der Gläubiger in einer voraussichtlichen Höhe von 1.228,2 Mill. Euro und die Arbeitsplätze von 7.213 Arbeitnehmern.[3] Rechnet man diese Zahlen mit Blick auf die Anzahl der Unternehmensinsolvenzen in den letzten drei Jahren auf ein gesamtes Jahr hoch, lassen sich die wirtschaftlichen Auswirkungen erahnen. Von den vielen Unternehmensinsolvenzen gilt die Gesellschaftsform der GmbH in Deutschland als die insolvenzanfälligste Rechtsform.[4] Dies bestätigen die Zahlen: Von den insgesamt 1.158 Unternehmensinsolvenzen im Jahr 2017 war in 531 Fällen eine GmbH betroffen, sie machen demnach ca. 46 % der Insolvenzen aus.[5] Mit voraussichtlichen Gläubigerforderungen von 808,4 Mill. Euro entfallen sogar ca. 66 % der in Insolvenzverfahren geltend gemachten Forderungen auf Gesellschaften mit beschränkter Haftung.[6] Bei einem Blick nach Italien zeigt sich ein ähnliches Bild. Im Jahr 2014 wurden 15.336 Unternehmensinsolvenzen gemeldet, im Jahr 2015 14.585 und im Jahr 2016 14.438.[7] Auch in Italien ist die srl die mit Abstand am weitesten verbreitete Rechtsform.[8] Daher wird ein großer Teil der Insolvenzen auf diese entfallen. Unternehmensinsolvenzen sind kein

---

1 Statistisches Bundesamt, Fachserie 2, Reihe 4.1, 02/2017.
2 Statistisches Bundesamt, Fachserie 2, Reihe 4.1, 02/2017.
3 Statistisches Bundesamt, Fachserie 2, Reihe 4.1, 02/2017.
4 Roth/Altmeppen/*Altmeppen*, Einl. Rn. 22.
5 Statistisches Bundesamt, Fachserie 2, Reihe 4.1, 02/2017.
6 Statistisches Bundesamt, Fachserie 2, Reihe 4.1, 02/2017.
7 Die Zahlen beruhen auf Analysen der OCSE und CRIBIS.
8 *Luciano*, Riv. soc., 2017, 405.

auf Deutschland und Italien beschränktes Problem. Heute hat die Hälfte aller Unternehmen in Europa eine Lebenszeit von weniger als fünf Jahren.[9] Schätzungsweise 200.000 Unternehmen gehen in Europa jährlich in Konkurs, was zu einem direkten Verlust von 1,7 Mio. Arbeitsplätzen pro Jahr führt.[10] Ein Viertel der Insolvenzen sind grenzüberschreitend mit Gläubigern und Schuldnern in mehr als einem EU-Mitgliedstaat.[11] Auch in Europa fällt ein Großteil der Gesellschaftsinsolvenzen auf kleinere und mittlere Unternehmen, weil sie den Großteil der Gesellschaften in Europa bilden.[12]

II. Umgang mit Gesellschaften in finanziellen Schwierigkeiten

Das Scheitern einer Vielzahl an Gesellschaften gehört zu einer freien Marktwirtschaft und wird sich nie vermeiden lassen. Der Gesetzgeber kann allerdings versuchen, durch eigene Maßnahmen eine gewisse Anzahl an Insolvenzen zu verhindern oder zumindest die verursachten Schäden für den Markt gering zu halten.

1. Sanierung vor der Insolvenz

Zunächst kann der Versuch unternommen werden, die Sanierung der Gesellschaft vor einer Insolvenz zu unterstützen. Die komplette Sanierung der Gesellschaft in der Krise ist für alle betroffenen Parteien das beste Ergebnis. Gläubiger, Anteilseigner und Arbeitnehmer profitieren von der Rettung.[13] Der europäische Gesetzgeber hat deshalb auch in der geplanten Sanierungsrichtlinie sein Augenmerk auf vorinsolvenzliche Restrukturierungsverfahren gerichtet, die eine Insolvenz frühzeitig verhindern sollen.[14] Die europäischen Vorschläge haben auch die Debatte in Deutschland über die Einführung eines vorinsolvenzlichen Sanierungsverfahrens befeuert.[15] Für eine Sanierung besonders relevant sind auch

9 Europäische Kommission, RL-Vorschlag der europäischen Kommission vom 22.11.2016, COM (2016) 723final, abgedruckt in ZIP-Beilage 1/2017, S. 2.

10 RL-Vorschlag (Fn. 9), S. 3.

11 Arbeitsunterlage der Kommissionsdienststellen, „Impact Assessment accompanying Commission Recommendation on a New Approach to Business Failure and Insolvency ", SWD (2014) 61final vom 12.3.2014, S. 2.

12 Nach älteren Zahlen waren von 23. Mio. an aktiven Gesellschaften 99% von kleiner oder mittlerer Größe und machten ca. 67% der Beschäftigten aus, zahlen einsehbar unter http://ec.europa.eu/enterprise/sme/policy_de.htm, dort Leitfaden KMU.

13 *Müller,* ZGR 2018, 56, 58.

14 RL-Vorschlag (Fn. 9), S. 1ff.

15 BRDrucks 1/17 (B), S. 1ff.; Rechtsausschuss EP (Entwurf), ZInsO 2017, 2350; BRAK, ZIP 2017, 789.

geeignete Maßnahmen zur Früherkennung. Je früher die Krise erkannt wird, desto besser können Restrukturierungsverfahren greifen.

2. *Unverzüglicher Marktaustritt nach Insolvenz*

Bei allen Vorteilen einer Sanierung darf aber nicht vergessen werden, dass diese nicht immer möglich ist. Die Gesellschafter können auch bewusst auf eine Sanierung verzichten, etwa weil ein Neuanfang geplant ist. Findet keine Sanierung statt und tritt die Insolvenz ein, muss die Gesellschaft aber unverzüglich den Markt verlassen.[16] Sie darf keinesfalls wirtschaftlich nicht überlebensfähig am Markt verbleiben. Aktuelle Studien der OECD weisen darauf hin, dass in dem Verbleib sog. „Zombiegesellschaften" an Markt ein relevantes Problem der europäischen Wirtschaft liegt.[17] Zu diesem Zweck ist es auch die Aufgabe des Gesetzgebers, ein effektives Verfahren zur Abwicklung und Entfernung vom Markt zu gewährleisten.

3. *Erhaltung der Vermögensmasse*

In jedem Fall muss zu jedem Zeitpunkt der Krise gewährleistet sein, dass die Gesellschaft nicht große Teile ihrer Vermögensmasse verliert. Die Masse dient nämlich sowohl der Befriedigung der Gläubiger als auch der Durchführung des Insolvenzverfahrens.[18] Die masselose Insolvenz stellt damit insb. für die Gläubiger das schlechteste mögliche Ergebnis dar. Wird mangels Masse das Insolvenzverfahren nicht eröffnet, werden auch Möglichkeiten zur Wideraufstockung der Insolvenzmasse unentdeckt bleiben.[19] Die Forderung eines Gläubigers ist somit in der Vielzahl der Fälle komplett verloren. Selten werden die Gläubiger einen Vorschuss für die Durchführung eines Insolvenzverfahrens leisten. Sie wollen verständlicherweise die bereits eingetretenen Verluste nicht weiter vergrößern. Der Erhalt einer angemessenen Masse in der Krise muss daher ebenfalls eine der obersten Prioritäten des Gesetzgebers sein.

---

16 RL-Vorschlag (Fn. 9), S. 8.

17 Umfassend zu dem Problem der „Zombiegesellschaften" die Untersuchung von *Andrews/Petroulakis* S. 1ff.

18 Bachmann//Casper/Schäfer/Veil/*Casper*, S. 35 und 36.

19 Bachmann//Casper/Schäfer/Veil/*Casper*, S. 36.

III. Steuerungsfunktion der Geschäftsführerhaftung

1. Verhalten des Geschäftsführers in der Krise

Das Verhalten des Geschäftsführers nimmt in der Krise der Gesellschaft eine zentrale Position ein. Er ist das primäre Handlungsorgan der Gesellschaft.[20]

a) Einrichtung von Systemen zur Früherkennung und Mitteilung an die Gesellschafter

Für eine Sanierung der Gesellschaft ist zunächst äußerst relevant, die Probleme in der Gesellschaft frühzeitig zu erkennen und schnellstmöglich Gegenmaßnahmen einzuleiten. Es muss daher Aufgabe des Geschäftsführers sein, geeignete Systeme zur Krisenfrüherkennung einzurichten. Sind die Probleme rechtzeitig erkannt worden, sollten zunächst gesellschaftsintern Gegenmaßnahmen eingeleitet werden. Hierfür ist allerdings erforderlich, dass alle Entscheidungsorgane der Gesellschaft über die Schwierigkeiten informiert wurden. Gemeint sind insb. die Gesellschafter, welche letztlich über das Schicksal der Gesellschaft entscheiden müssen. Werden die anderen Gesellschaftsorgane nicht oder zu spät informiert, wird es für effiziente Gegenmaßnahmen oftmals zu spät sein.

b) Insolvenzantragsstellung

Scheitert die Sanierung und die Gesellschaft und tritt die Insolvenz ein, ist es die Aufgabe des Geschäftsführers, den Marktaustritt einzuleiten. Zu diesem Zweck ist es wichtig, dass Insolvenzantrag gestellt wird. Der Insolvenzantrag ist als notwendiger Schritt zum Insolvenzverfahren von großer Bedeutung. Eine nicht lebensfähige Gesellschaft wird erst mit Eröffnung des Insolvenzverfahrens als solche ausgewiesen und im Anschluss an das Verfahren vom Markt genommen. Die Insolvenzantragsstellung stellt eines der zentralen Probleme bei der Krise einer Gesellschaft dar. Für den Geschäftsführer selbst ergeben sich durch die Eröffnung des Insolvenzverfahrens meist nur Nachteile; insb. sollte er auch gleichzeitig Gesellschafter der Gesellschaft in der Krise sein. Es liegt in vielen Fällen mehr im Interesse des Geschäftsführers einen Insolvenzantrag zu unterlassen. Die Steuerung des Geschäftsführers im Wege einer Haftung zum Schutz der Gläubiger und des Marktes ist gerade an dieser Stelle äußerst bedeutsam.

---

20 Hachenburg/*Mertens*, § 35 Rn. 7.

c) Erhalt der Vermögensmasse

Der Geschäftsführer muss auch dafür Sorge tragen, dass die Gesellschaft zu keinem Zeitpunkt in der Krise vermögenslos wird. Bei einer Sanierung der Gesellschaft besteht die Gefahr sehr risikoreicher Geschäfte zur Rettung der Gesellschaft.[21] Dies trifft insb. auf den Gesellschafter-Geschäftsführer zu. Befindet sich die Gesellschaft in finanziellen Schwierigkeiten, sieht der Gesellschafter-Geschäftsführer seine Einlage oftmals bereits als verloren an; von einem großen Risikogewinn würde er allerdings weiterhin profitieren.[22] Diese Risikogeschäfte können einerseits das Unternehmen aus der Krise führen, sie können andererseits jedoch endgültig die Insolvenz zur Folge haben. Auch Dritte können von den Risikogeschäften negativ betroffen sein. Altgläubigern entstehen Schäden durch die Verringerung der potentiellen Insolvenzmasse, während Neugläubiger unter Umständen wertlose Forderungen erwerben. Bestimmte Risikogeschäfte könnten möglicherweise durch eine Haftungsandrohung verhindert werden. Allerdings kann es hier zu einem Konflikt mit den unternehmerischen Freiheiten kommen.

2. Steuerung des Geschäftsführers durch Haftung

Der Gesetzgeber kann nun über die Festsetzung von Pflichten und einer Haftung das Verhalten des Geschäftsführers steuern.[23] In Bezug auf eine Sanierung der Gesellschaft ist u.a. an eine Haftung bei der Einrichtung der Kontrollsysteme und bei den Mitteilungspflichten an die Gesellschafter zu denken. Ist die Gesellschaft insolvent, wird die Haftung wegen Insolvenzverschleppung relevant. Auch der Vermögensabfluss nach Insolvenzreife kann durch eine Haftung womöglich unterbunden werden.[24] In diesem Zusammenhang stellt sich auch die Frage nach einer Haftung bei der Vornahme äußerst risikoreicher Geschäfte. Die Steuerungsfunktion der Haftung der Geschäftsführung soll im Rahmen einer rechtsvergleichenden Untersuchung zwischen dem deutschen und italienischen Recht erörtert werden. Hierbei wird auch den aktuellen europäischen Entwicklungen Rechnung getragen.

---

21 *Fleischer*, ZGR 2004, 437, 446.

22 *Frastanalis*, S. 18; *Jackson*, S. 205.

23 Bachmann//Casper/Schäfer/Veil/*Ihrig*, S. 18; Bachmann//Casper/Schäfer/Veil/*Casper*, S. 35; *Fleischer*, in: FS Wiedemann, S. 827, 829.

24 Bachmann//Casper/Schäfer/Veil/*Casper*, S. 35; Hachenburg/*Ulmer*, § 64 Rn. 1f. m.w.N.

B. Ein Vergleich mit dem italienischen Recht

I. Die generelle Bedeutung einer rechtsvergleichenden Analyse

Der Vergleich unterschiedlicher Rechtsordnungen bietet eine gute Möglichkeit, die Lösungsansätze der eigenen Rechtsordnung zu prüfen und eventuell zielführendere Möglichkeiten für die Lösung der Probleme zu finden. Es erscheint logisch, dass bei einem Blick auf eine fremde Rechtsordnung mehr Lösungsmodelle zur Verfügung stehen, als bei einer rein nationalen Betrachtungsweise.[25] Aus methodischer Sicht wird es sich bei der im Rahmen dieser Arbeit durchgeführten Analyse im Schwerpunkt um eine *Mikrovergleichung* handeln. Dabei werden die unterschiedlichen Lösungen zu konkreten Problemen bei der Haftung der Geschäftsführung in der Krise zunächst miteinander verglichen.[26] Die Ergebnisse werden dann zu einem umfangreichen Bild zusammengefügt, wodurch im Ergebnis auch ein sog. *Makrovergleich* durchgeführt wird.[27] Dieses umfangreiche Bild soll letztlich die Frage nach der Steuerungsfunktion der Haftung der Geschäftsführung einer Gesellschaft in der Krise beantworten.

II. Das Insolvenzrecht in Italien

Die Wahl der zu vergleichenden Rechtsordnung fiel nicht zufällig auf Italien.[28] Zunächst blickt das italienische Insolvenzrecht auf eine lange Tradition zurück. Bereits im altrömischen Recht der zwölf Tafeln zur Zeit der römischen Republik geriet der Schuldner bei Zahlungsunfähigkeit in Schuldknechtschaft und/oder das Restvermögen wurde eingezogen (*missio in bona*).[29] Mit der Zeit entwickelte sich das Insolvenzrecht weiter und näherte sich der heutigen Rechtsauffassung an. Als wichtige Meilensteine sind die *lex Poetelia Papiria* und *lex Iulia de cessione bonorum* zu nennen.[30] Auch die Wurzeln unseres modernen Insolvenzrechts, wie etwa der Begriff der Zahlungsunfähigkeit, finden sich in Italien, sie gehen — genau wie das moderne Bankwesen selbst — auf das Recht in den oberitalienischen Handelsstädten im 14./15. Jahrhundert zurück.[31] Auf

---

25 *Zweigert/Kötz*, § 2 I, S. 14.

26 *Zweigert/Kötz*, § 2 I, S. 14.

27 *Zweigert/Kötz*, § 2 I, S. 14.

28 *Amatore*, S. 6.

29 Zur Schuldknechtschaft in den XII-Tafeln (Mitte 5. Jh. v. Chr.) s. Tf. III; Diritto fallimentare/*Piras*, prefazione, XVII.

30 Cagnasso/Panzani/*Panzani*, S. 10ff.

31 Diritto fallimentare/*Piras*, prefazione, XVII.

Grundlage dieses reichhaltigen geschichtlichen Nährbodens, lohnt es sich einen kurzen Blick auf die Entstehung der aktuellen Reglungen des Insolvenzrechts in Italien zu werfen.

1. *Die Insolvenzordnung von 1942*

Nach der Einigung Italiens im Jahre 1871 war das Insolvenzrecht lange Zeit im Handelsgesetzbuch aus dem Jahre 1882 zu finden. Im Jahre 1897 begannen mit dem *progetto Mortara* erste Bestrebungen das Insolvenzrecht einer umfassenden Reform zu unterziehen.[32] Diese zogen sich über die nächsten Jahrzehnte hindurch, bis im Jahr 1942 ein neues Insolvenzgesetz (LF) in Kraft trat. Die LF von 1942 bildet bis heute die Grundlage des italienischen Insolvenzrechts. In den Jahren 2005–2008 wurde die LF umfassend reformiert.[33] Mit den eingeführten Änderungen verfolgte der Gesetzgeber das Ziel einer Orientierung weg von einer starren Festlegung der Rechtsfolgen der Zahlungsunfähigkeit hin zu flexiblen Verfahren zu unterschiedlichen Zeitpunkten in der Krise.[34] Diese neue Ausrichtung führt womöglich zu interessanten Unterschieden zu der rigideren deutschen Rechtsordnung. Als Beispiel sei an dieser Stelle bereits das Fehlen einer Insolvenzantragspflicht in Italien genannt.

2. *Neue Reformbestrebungen seit 2015*

Die Flexibilisierung des italienischen Insolvenzrechts ist heute keineswegs abgeschlossen.[35] Aktuell bestehen konkrete Bestrebungen, die LF von 1942 umfassend zu reformieren. Zu diesem Zweck hat der italienische Senat am 11. Oktober 2017 mit großer Mehrheit ein beauftragendes Gesetz (L.D.) erlassen. Das Gesetz geht auf eine Verordnung vom 28. Januar 2015 zurück. Das Gesetz fordert die Regierung auf, mit Sicht auf die im beauftragenden Gesetz vorgesehenen Eckpunkte, einen Vorschlag für eine umfassende Reform des Insolvenzrechts vorzubereiten. Die angestrebte Reform wurde von dem Justizminister Andrea Orlando als epochal bezeichnet. In der Tat sieht sie einige gravierende Neuerungen vor.

---

32 Cagnasso/Panzani/*Panzani,* S. 37ff.

33 Kindler/Nachmann/*Kindler/Conow,* Länderbericht Italien Rn. 2.

34 Kindler/Nachmann/*Kindler/Conow,* Länderbericht Italien Rn. 2.

35 Zu den neuesten Reformbestrebungen umfassend *Ambrosini,* 139ff.

3. Überblick über die aktuellen Änderungsbestrebungen der L.D. vom 11. Oktober 2017

Gemäß den neuen allgemeinen Prinzipien (Art. 2 des Gesetzes) der L.D. vom 11.10.2017 sollen die auf dem Verb *fallire* beruhenden Begriffe *fallimento* und *fallito* nicht mehr im neuen Gesetzestext Verwendung finden. Das Verb *fallire* bedeutet im juristischen Kontext „insolvent gehen", im allgemeinen Sprachgebrauch hat es allerdings die Bedeutung „zu versagen". Hinter der Änderung der Wortwahl steht die generelle Absicht, eine Entpönalisierung und Entstigmatisierung der Insolvenz für den Betroffenen zu erreichen. Die Insolvenz bzw. bald das Verfahren zur Liquidation der Güter *(procedura di liquidazione giudiziale dei beni)* soll alle Hindernisse abschaffen, welche ein solches Verfahren für einen Neuanfang des Betroffenen darstellen könnte. In diesem Rahmen steht auch die vorgesehene Verkürzung der Wohlverhaltensperiode bei der Restschuldbefreiung auf drei Jahre.

Eine weitere geplante Änderung ist die Einführung eines neuen frühzeitigen präventiven Verfahrens zur Verhinderung der Insolvenz. Der Schuldner kann sich frühzeitig, ohne die Befürchtung irgendwelcher Sanktionen, an ein zuständiges Gremium wenden und einen Plan zur Beseitigung der finanziellen Schwierigkeiten erarbeiten. Die neuen Bestrebungen in Italien entwickeln sich in eine interessante Richtung und werden später in unserer Analyse wieder aufgegriffen werden. Es bleibt freilich abzuwarten, wie am Ende der konkrete Gesetzesvorschlag der Regierung ausgestaltet sein wird.

4. Reform in Italien im Einklang mit europäischen Reformbestrebungen

Die italienischen Reformbestrebungen gleichen in einigen wichtigen Punkten den neuen Reformvorschlägen des europäischen Gesetzgebers, welche dieser in dem aktuellen Vorschlag einer europäischen Sanierungsrichtlinie festgehalten hat. Der europäische Gesetzgeber plant ebenfalls die Einführung eines einheitlichen vorinsolvenzlichen Sanierungsverfahrens. Der Vorschlag ist geprägt von der Absicht, das Stigma der Insolvenz abzubauen und eine Sanierungskultur in Europa zu etablieren.[36] In Deutschland haben die europäischen Pläne in Bezug auf die Einführung eines vorinsolvenzlichen Verfahrens zu neuen Anstößen geführt.[37] Allerdings findet sich auch Kritik von Seiten der deutschen Rechtsliteratur, insb. an der vorgesehenen Schwächung der Insolvenzantragspflicht

36 Begründung RL-Vorschlag (Fn. 9), S. 7.
37 *Müller*, ZGR 2018, 56, 58 m.w.N.

durch den europäischen Gesetzgeber.[38] Gerade an einer Insolvenzantragspflicht fehlt es in Italien. Dieser für diese Arbeit bedeutende Unterschied zwischen dem deutschen und dem italienischen Recht kann somit auch in einem europäischen Kontext diskutiert werden.

III. Ähnliche wirtschaftliche Gegebenheiten in Deutschland und Italien

Weitere Argumente für einen Vergleich mit der italienischen Rechtsordnung sind auch in dem wirtschaftlichen Stellenwert der srl und den ähnlichen wirtschaftlichen Gegebenheiten in beiden Ländern zu sehen. Auch in Italien ist der Mittelstand tragender Pfeiler der Wirtschaft und die srl ist gerade die Gesellschaftsform seiner Wahl. Zudem ist in beiden Ländern nach wie vor eine starke Kultur familienbetriebener, mittelständischer Unternehmen zu finden. Die Ähnlichkeiten in den wirtschaftlichen Grundvoraussetzungen in Deutschland und Italien lassen auf eine Vielzahl von Überschneidungen im rechtlichen Bereich hoffen. Zudem kommt es aufgrund der geografischen Nähe zwischen beiden Ländern oftmals zur Gründung grenzüberschreitender Gesellschaften. Italien liegt an sechster Stelle bei dem Umfang deutscher Exporte, während es bezogen auf die importierten Waren sogar auf fünfter Stelle steht.[39] Diese Tatsachen lassen auf interessante Ergebnisse für eine vergleichende Untersuchung hoffen.

C. Miteinbeziehung europäischer Reglungen zum Insolvenzrecht

Der Vergleich zwischen der deutschen und italienischen Rechtsordnung lässt sich gut in eine Diskussion der neuen europäischen Reformbestrebungen im Bereich des Insolvenzrechts einbetten. Die aktuellen italienischen Reglungen und die geplanten Reformvorhaben in Italien weisen Parallelen zu den derzeitigen europäischen Plänen für eine Erneuerung des Insolvenzrechts auf, beispielsweise bei der neuen Schwerpunktsetzung auf vorinsolvenzliche Sanierungsverfahren. Setzt man sich mit den italienischen Reglungen auseinander, bietet es sich an, in einem weiteren Schritt auch die europäischen Normen in der Analyse miteinzubeziehen. Bestimmte Rechtsbereiche, wie die internationale

38 *Müller*, ZGR 2018, 56, 66.

39 Statistisches Bundesamt, Außenhandel Rangfolge der Handelspartner im Außenhandel der Bundesrepublik Deutschland 2016.

Zuständigkeit, sind ohnehin durch Normen europäischen Ursprungs geprägt, die damit zwangsweise Teil der Untersuchung sein werden.

I. Grenzüberschreitende Bedeutung des Insolvenzrechts

Insolvenzangelegenheiten haben mittlerweile eine europaweite Dimension gewonnen, die durch einen zunehmend vernetzten, digitalisierten Binnenmarkt immer weiter verstärkt wird. Die Digitalisierung der Märkte führt dazu, dass auch kleine und mittelgroße Gesellschaften unabhängig von ihrem Standort international aktiv werden können. Kunden, Lieferanten, Anleger und Kapital befinden sich somit ebenfalls in vielen Fällen im europäischen Ausland.

Daher entwickelt sich auch das Insolvenzrecht für alle Beteiligten zu einem wachsenden Problemfeld. Viele Anleger nennen Unsicherheit in Bezug auf Insolvenzvorschriften oder das Risiko langwieriger oder komplexer Insolvenzverfahren außerhalb ihres Heimatlandes als Hauptgrund für eingeschränkte Aktivitäten im Ausland.[40] Eine umfassendere Harmonisierung des Insolvenzrechts ist somit von wesentlicher Bedeutung für einen reibungslos, funktionierenden Binnenmarkt und für eine echte Kapitalmarktunion in Europa. Aus diesem Grund wird dem Thema auf EU-Ebene besondere Aufmerksamkeit gewidmet. Im Bericht der fünf Präsidenten (*Five Presidents' Report*) vom 22. Juni 2015 zum Thema „Die Wirtschafts- und Währungsunion Europas vollenden" wurde das Insolvenzrecht als eines der bedeutendsten Hindernisse für die Integration der Kapitalmärkte im Euro-Währungsgebiet und darüber hinaus aufgeführt.[41]

II. Rechtliche Entwicklungen im Bereich des Insolvenzrechts in Europa

In den letzten Jahren ist es zu einigen größeren Änderungen im Bereich des europäischen Insolvenzrechts gekommen, von denen einige für diese Arbeit besonders relevant sind. Zunächst ist durch die Annahme der Verordnung (EU) Nr. 2015/848 über Insolvenzverfahren die alte Verordnung (EG) Nr. 1346/200021 abgeändert worden. Die neue Verordnung enthält u.a. Vorschriften über die Zuständigkeit für die Eröffnung von Insolvenzverfahren, die Anerkennung und Vollstreckung sowie Vorschriften über das auf Insolvenzverfahren anwendbare Recht. Die neuen Zuständigkeitsreglungen werden bei der Frage nach der

40 RL-Vorschlag (Fn. 9), S. 2.
41 RL-Vorschlag (Fn. 9), S. 9.

internationalen Zuständigkeit der Haftungsansprüche gegen den Geschäftsführer an späterer Stelle relevant werden. Zudem ist, wie bereits mehrfach erwähnt, eine neue europäische Sanierungsrichtlinie in Planung. Die neue Richtlinie legt den Schwerpunkt auf präventive Restrukturierungsmaßnahmen für die Bewältigung einer Gesellschaftskrise. Die präventiven Maßnahmen können allerdings mit dem Haftungstatbestand der Insolvenzverschleppung in Konflikt treten. Die Pläne der neuen Sanierungsrichtlinie werden noch an späterer Stelle umfassender diskutiert werden, insbesondere hinsichtlich des Konflikts mit der Insolvenzverschleppungshaftung.

§ 2. Untersuchung der Pflichten und Haftung der Geschäftsführung in der Krise in Deutschland und Italien

A. Der Begriff einer „Unternehmenskrise“ aus betriebswirtschaftlicher und rechtlicher Sicht

Bevor mit der Darstellung der Pflichten und der Haftung der Geschäftsführung begonnen wird, soll zunächst der Begriff der Unternehmenskrise genauer beleuchtet werden. Der Begriff der Unternehmenskrise ist insb. seit der Finanzkrise ab dem Jahr 2007 in Politik und Wirtschaft gerne verwandt worden. Eine geschlossene und empirisch verifizierte Theorie zu der Unternehmenskrise existiert aber nicht.[42] Folglich werden einige betriebswirtschaftliche und rechtliche Ansätze zur Definition einer Krise untersucht. Insb. die italienische Rechtsordnung bietet sich hierfür an, weil der Begriff der Unternehmenskrise *(crisi)* im aktuellen Recht an mehreren Stellen zu finden ist. Auch in der aktuellen europäischen Sanierungsrichtlinie ist der Begriff der Unternehmenskrise relevant als eine Voraussetzung für den Zugang zu dem präventiven Restrukturierungsverfahren.

I. Betriebswirtschaftliche Definitionsansätze

In der Betriebswirtschaftslehre wird der Begriff der Unternehmenskrise vielfach diskutiert, wobei die Lösungsansätze sehr unterschiedlich und unüberschaubar ausfallen.[43] Einigkeit besteht darüber, dass es sich bei der Krise um einen Entwicklungsprozess handelt. Auf dieser Grundlage wurde versucht, die Unternehmenskrise in aufeinander folgende Stadien zu unterteilen.[44] Diese müssen aber nicht in einer bestimmten Reihenfolge auftreten, Krisen können unterschiedliche Gewänder annehmen.[45] Grundsätzlich nimmt eine Unternehmenskrise folgenden Verlauf:

Im ersten Stadium beginnt die Gesellschaft Marktanteile zu verlieren und die Wettbewerbsfähigkeit wird rückläufig (sog. strategische Krise).[46] Können

---

42 *Küting/Kaiser*, S. 4.

43 *Leker*, S. 5.

44 Bork/Hölzle/*Niemann*, Kapitel 26 Rn. 11; *Scheffler*, DStR 1993, 1569.

45 Bork/Hölzle/*Niemann*, Kapitel 26 Rn. 11; *Scheffler*, DStR 1993, 1569, 1570.

46 Vgl. Bork/Hölzle/*Niemann*, Kapitel 26 Rn. 11; WimmerInsR/*Gietl/Schinhärl*, Kap. 24 Rn. 35.

Marktanteile und Wettbewerbsfähigkeit nicht zurückgewonnen werden, wird die Gesellschaft mittelfristig nachhaltige Verluste generieren (sog. Erfolgskrise).[47] Auf die Erfolgskrise folgt als letztes Stadium die sog. Liquiditätskrise, in der Zahlungsunfähigkeit droht.[48] Schlimmstenfalls folgt nun die Insolvenzreife der Gesellschaft.[49] Der betriebswirtschaftliche Ansatz wurde teilweise von der Rechtsliteratur aufgegriffen. Insb. der Eintritt der Erfolgskrise wird als rechtlich relevanter Zeitpunkt für einen Krisenbeginn diskutiert.[50]

II. Die Unternehmenskrise aus rechtlicher Sicht

1. Die Unternehmenskrise in der deutschen Rechtsordnung

a) Die Unternehmenskrise im alten § 32a Abs. 1 GmbHG in Deutschland

In den deutschen Rechtsnormen findet sich der Begriff der Unternehmenskrise zuletzt nicht mehr.[51] Im alten § 32a Abs. 1 GmbHG a.F. war sie hingegen noch aufgeführt. Die Krise wurde als Zustand bestimmt, in dem die Gesellschafter als ordentliche Kaufleute Eigenkapital zuführen würden. Die Rechtsprechung nahm an, ein ordentlicher Geschäftsmann würde Eigenkapital zuführen, sobald das Unternehmen von einem Dritten keinen Kredit oder zumindest keinen mehr zu marktüblichen Konditionen erhalten konnte.[52] Die Krise bestimmte sich demnach anhand der Kreditwürdigkeit der Gesellschaft als entscheidendes Kriterium.[53] In der Betriebswirtschaftslehre wird die schwindende Kreditwürdigkeit als ein Merkmal der Erfolgskrise aufgefasst.[54] Für eine genaue rechtliche Anordnung ist die Kreditwürdigkeit aber problematisch, weil unterschiedliche (ausländische) Kreditgeber die Merkmale der Kreditwürdigkeit anders einschätzen werden. Insb. mit der Internationalisierung der Kreditwirtschaft ist auch für kleinere und mittlere Unternehmen ein Abstellen auf die Kriterien der Kreditwürdigkeit noch schwieriger geworden.

---

47 Bork/Hölzle/*Niemann*, Kapitel 26 Rn. 11; WimmerInsR/*Gietl/Schinhärl*, Kap. 24 Rn. 35.

48 WimmerInsR/*Gietl/Schinhärl*, Kapitel 24 Rn. 35.

49 Bork/Hölzle/*Niemann*, Kapitel 26 Rn. 11.

50 *Elsner*, Beck'sches Steuerberaterhandbuch 2017/2018, Rn. 3.

51 *Reuters*, BB 2003, 1797.

52 BGH NJW 1980, 1524; NJW 1982, 386; NJW 1992, 1764, 1765.

53 *Altmeppen*, GmbHG, 5. Aufl., § 32a Rn. 16 m.W.n.

54 Bork/Hölzle/*Niemann*, Kapitel 26 Rn. 25.

b) *Drohende Zahlungsunfähigkeit § 18 InsO*

In der deutschen rechtsvergleichenden Literatur wird der Krisenzustand (*stato di crisi*) in Italien mit Bezug auf das deutsche Insolvenzrecht mit drohender Zahlungsunfähigkeit übersetzt.[55] Die drohende Zahlungsunfähigkeit liegt gemäß § 18 Abs. 2 InsO dann vor, wenn der Schuldner voraussichtlich nicht in der Lage sein wird, die bestehenden Zahlungspflichten zum Zeitpunkt der Fälligkeit zu erfüllen. Es sind somit die fälligen Verpflichtungen den liquiden Mitteln der Gesellschaft durch Erstellung eines Finanzplans gegenüberzustellen.[56] Wird zu irgendeinem Zeitpunkt in der Zukunft eine Unterdeckung festgestellt, ist eine drohende Zahlungsunfähigkeit anzunehmen. Ein festgesetzter Prognosezeitraum existiert nicht und wird von Fall zu Fall unterschiedlich bestimmt.[57] Eine Unterdeckung in einem Zeitraum von über zwei Jahren festzustellen, wird in den meisten Fällen aber nicht praktikabel sein.[58]

2. *Die Unternehmenskrise im italienischen Recht*

Im Gegensatz zur deutschen Rechtsordnung wird der Krisenbegriff auch in den aktuellen italienischen Rechtsnormen verwandt. Zunächst ist die Unternehmenskrise (*crisi aziendale*) oder Beschäftigungskrise (*crisi occupazionale*) im Bereich des Kollektivarbeitsrechts relevant.[59] Darüber ist der Begriff der Krise bei der Sonderverwaltung (*amministrazione straordinaria*) großer Gesellschaften im Krisenzustand gemäß D.lgs. 270/1999 zu finden.

a) *Unternehmenskrise im Rahmen des Art. 160 LF*

Für die meist kleineren Gesellschaften mit beschränkter Haftung ist der Krisenzustand (*stato di crisi*) in der Eingangsregelung zum Konkursabwendungsvergleich (*concordato preventivo*) Art. 160 LF bedeutsam. Der Konkursanwendungsvergleich kann bereits im Krisenstadium geschlossen werden.

Die Krise liegt gemäß der Legaldefinition in Art. 160 LF vor, wenn wirtschaftliche oder finanzielle Schwierigkeiten gegeben sind (*difficoltà economica o finanziaria*).[60] Neben diesen sehr weiten Anforderungen fallen die weiteren Kriterien für eine Krise in der italienischen Rechtsprechung und Literatur uneinheitlich

---

55 *Correnti/Schulte-Frohlinde*, ZInsO 2006, 1020, 1028.
56 Umfassend MüKoInsO/*Drukarczyk*, § 18 Rn. 23f.; Uhlenbruck/*Mock*, § 18 Rn. 20.
57 Uhlenbruck/*Mock*, § 18 Rn. 22–24.
58 Uhlenbruck/*Mock*, § 18 Rn. 23 m.W.n.
59 Ferro/*Maria Nonno*, Art. 5 III 13.
60 Maffei Alberti/*Audino*, Art. 160 IV Rn. 1.

aus. Ein großes Problem stellt die Abgrenzung zur Insolvenzreife (*stato d'insolvenza*) dar.[61] Teilweise wird die bloße Krise dann angenommen, wenn die finanzielle Schieflage noch umkehrbar (*riversibile*) ist.[62] Auch konkretere Ansatzpunkte werden in der Literatur vorgeschlagen: Eine Krise läge dementsprechend in dem fortdauernden Ungleichgewicht zwischen den eingegangenen Verpflichtungen und den liquiden oder unmittelbar liquidierbaren Mitteln (*perdurante squilibrio tra le obbligazioni assunte e il patrimonio prontamente liquidabile*).[63] Die Unternehmenskrise würde damit der Legaldefinition der Überschuldung (*sovraindebitamento*) in Art. 6 der l. 3/2012 entsprechen.[64] Hiergegen spricht jedoch der unterschiedliche Wortlaut, die Unternehmenskrise (*stato di crisi*) einerseits und der Überschuldung (*sovraindebitamento*) andererseits.[65] Daher ist die Rechtsprechung in Italien einem solchen Vorschlag nicht gefolgt und bleibt bei der allgemeinen Definition von Problemen wirtschaftlicher und finanzieller Natur (*difficoltà econmico-finanziarie)* für die Krise.[66] Hierzu führt sie aus, dass die finanziellen Schwierigkeiten gerade nicht darauf hindeuten müssen, dass das Unternehmen in der Zukunft nicht in der Lage sein wird, seine Verpflichtungen regelmäßig zu erfüllen (*…non necessariamente destinato ad evolversi nella definitiva impossibilità di adempire regolarmente alle proprie obbligazioni*).[67]

Somit kann *crisi* aber nicht mit der drohenden Zahlungsunfähigkeit gemäß § 18 InsO gleichgesetzt werden.[68] Die für eine Krise erforderlichen finanziellen Schwierigkeiten müssen nach Ansicht der italienischen Rechtsprechung gerade nicht zu einer Zahlungsunfähigkeit führen. Die *crisi* in Italien beginnt daher vor der drohenden Zahlungsunfähigkeit. Die italienische Rechtsprechung löst mit ihrem Deutungsansatz die Krise von der Insolvenzreife ab. Die Insolvenzreife in Italien liegt gemäß Art. 5 LF nämlich nur dann vor, wenn die eigenen Verpflichtungen nicht mehr regelmäßig erfüllt werden können. Nach Ansicht der

---

61 Maffei Alberti/*Audino,* Art. 160 IV Rn. 1.

62 *Sandulli,* comm., S. 983.

63 Maffei Alberti/*Audino,* Art. 160 IV Rn. 1.

64 Maffei Alberti/*Audino,* Art. 160 IV Rn. 1.

65 Maffei Alberti/*Audino*, Art. 160 IV Rn. 1.

66 Trib. Modena 16.10.2009, Fall. 10, 121; App. Milano 12.10.2006, Fall. 07, 32; Trib. Milano 10.3.2006, ivi 06, 570; Trib. Milano 7.11.2005, ivi 06, 51; Maffei Alberti/*Audino,* Art. 160 IV Rn. 1.

67 Trib. Modena 16.10.2009, Fall. 10, 121; App. Milano 12.10.2006, Fall. 07, 32; Trib. Milano 10.3.2006, ivi 06, 570; Trib. Milano 7.11.2005, ivi 06, 51; Maffei Alberti/*Audino,* Art. 160 IV Rn. 1.

68 A.A. *Correnti/Schulte-Frohlinde,* ZInsO 2006, 1020, 1028.

Rechtsprechung kann die *crisi* vollkommen unabhängig von diesen Anforderungen bestehen.

b) Die Unternehmenskrise in der aktuellen L.D. vom 11.10.2017

Die neue L.D. vom 11.10.2017 sieht eine Integrierung des Begriffs der Unternehmenskrise im Rahmen der Novellierung vor. Gemäß Art. 2 soll eine allgemeine Definition des *stato di crisi* eingeführt werden, der in Zukunft als Zustand begriffen werden soll, in welchem die Insolvenz wahrscheinlich (*probabile*) ist. Die Unternehmenskrise sei in Zukunft genau wie die Insolvenz von einem Gericht festzustellen.

Der neue Krisenbegriff steht freilich in Konflikt mit der Auffassung der italienischen Rechtsprechung zu Art. 160 LF. Eine Krise kann nach Ansicht der Rechtsprechung nämlich auch dann vorliegen, wenn keine Gefahr besteht, dass das Unternehmen nicht in der Lage sein wird, seinen Zahlungsverpflichtungen nachzukommen.[69] Demnach stellt sich die Krise nicht zwingend als Vorstadium der Insolvenz dar. Im Ergebnis wird abzuwarten sein, wie der Gesetzgeber die L.D. vom 11.10.2017 nun konkret umsetzen wird und wie sich die neue Definition einer *crisi* in das Gesamtsystem des italienischen Insolvenzrechts einfügen wird.

3. Der Krisenbegriff in der geplanten europäischen Sanierungsrichtlinie

a) Wahrscheinlichkeit des Insolvenzeintritts

Die Definition der Krise in Art. 2 der L.D. vom 11.10.2017 entspricht den Vorschlägen in der geplanten Sanierungsrichtlinie. Gemäß Art. 4 Abs. 1 RLE-2016 liegt eine Krise im Falle der Wahrscheinlichkeit einer Insolvenz (*likelihood of insolvency*) vor. Dieser Ansatz hat zu einer Auseinandersetzung mit dem Krisenbegriff in der aktuellen deutschen Rechtsliteratur geführt. Teilweise wird die Wahrscheinlichkeit einer Insolvenz mit einer „Strategiekrise" oder „rechtlichen Unternehmenskrise" gleichgesetzt.[70] Die Strategiekrise ist aus der Betriebswirtschaftslehre bekannt.[71] Wie bei Art. 160 LF wird auch für die Sanierungsrichtlinie vertreten, auf die drohende Zahlungsunfähigkeit abzustellen.[72] Dieser Ansatz

69 Trib. Modena 16.10.2009, Fall. 10, 121; App. Milano 12.10.2006, Fall. 07, 32; Trib. Milano 10.3.2006, ivi 06, 570; Trib. Milano 7.11.2005, ivi 06, 51; Maffei Alberti/*Audino*, Art. 160 IV Rn. 1.

70 *Müller*, ZGR 2018, 56, 61.

71 S.o. § 2 A I.

72 *Beissenhirtz*, ZInsO 2011, 57, 67; *Blankenburg*, ZInsO 2017, 241, 242.

ist allerdings problematisch. Kritisiert wird der Umstand, dass § 18 InsO eine Solvenzprognose erfordert. Diese Prognose führt im europäischen Kontext zu einer zu starken Einschränkung des Tatbestands und ist daher als gemeinsame Definition weniger geeignet.[73]

Generell ist die Anknüpfung an die Wahrscheinlichkeit des Insolvenzantritts auf europäischer Ebene schwierig. Die Insolvenzreife bestimmt sich in europäischen Ländern äußerst unterschiedlich. So fehlt es in Italien beispielsweise an dem Insolvenzgrund der Überschuldung.[74] Neben der problematischen Anknüpfung an die Insolvenz wirft auch ein Abstellen auf die „Wahrscheinlichkeit" viele Fragen auf. Insb. bleibt der Grad an Wahrscheinlichkeit des Insolvenzeintritts offen.[75]

b) *Vorschlag einer Abkopplung des vorinsolvenzlichen Sanierungsverfahrens von der Insolvenz*

In der deutschen Rechtsliteratur wird diskutiert, das vorinsolvenzliche Sanierungsverfahren komplett von der Insolvenz loszulösen und im Schwerpunkt auf die Sanierungsbedürftigkeit abzustellen.[76] In diese Richtung weist auch die italienische Rechtsprechung in Bezug auf den Eröffnungszeitpunkt des *concordato preventivo* (Art. 160 LF).[77] Um ein Vergleichsverfahren durchzuführen, muss sich die betroffene Gesellschaft nur generell in finanziellen Schwierigkeiten befinden. Diese finanziellen Schwierigkeiten müssen gerade nicht darauf hinweisen, dass die Gesellschaft insolvenzreif werden könnte. Der Vorschlag einer Abkopplung eines Sanierungsverfahrens von der Insolvenz erscheint sinnvoll. Ein effizientes vorinsolvenzliches Sanierungsverfahren sollte weit vor Insolvenzreife durchführbar sein und daher von dem Insolvenztatbestand losgelöst werden.[78] Aus diesem Grund ist auch die italienische Rechtsprechung bei der Auslegung des Art. 160 LF für den *concordato preventivo* nicht den restriktiveren Vorschlägen der Rechtsliteratur gefolgt.[79] Allerdings geht der italienische Gesetzgeber in der

---

73 *Jacobi*, ZInsO 2017, 1, 6; *Frind/Pollmächer*, ZInsO 2016, 1290, 1292f.; a.A. *Blankenburg*, ZInsO 2017, 241, 242.

74 Zur Insolvenzreife in Italien s.u., § 2 B IV 1 b.

75 BR-Drucks. 1/17 (B), S. 7.

76 *Zipperer*, ZInsO 2016, 831, 834 mit direktem Verweis auf das italienische und österreichische Recht.

77 Trib. Modena 16.10.2009, Fall. 10, 121; App. Milano 12.10.2006, Fall. 07, 32; Trib. Milano 10.3.2006, ivi 06, 570; Trib. Milano 7.11.2005, ivi 06, 51; Maffei Alberti/*Audino*, Art. 160 IV Rn. 1.

78 *Zipperer*, ZInsO 2016, 831, 834.

79 S.o., § 2 A II 2 a.

neuen L.D. vom 11.10.2017 im Einklang mit dem europäischen Vorschlag einen anderen Weg und knüpft das vorinsolvenzliche Sanierungsverfahren an die Wahrscheinlichkeit des Insolvenzeintritts.

B. Pflichten und Haftung des Geschäftsführers in der Krise

I. Früherkennung bei Krisenbeginn

Eine effiziente Früherkennung hat eine große Bedeutung für die Krisenbewältigung. In Deutschland wurde als Reaktion auf die Unternehmenskrisen in den neunziger Jahren mit § 91 Abs. 2 AktG die Einrichtung von Früherkennungssystemen in der AG ausdrücklich vorgesehen.[80] Bei einem Verstoß gegen diese Pflichten haftet die Geschäftsführung aus § 93 Abs. 2 S. 1 AktG.[81]

1. Einrichtung von Systemen zur Früherkennung

a) Im deutschen Recht

Im deutschen Recht ist aufgrund der allgemeinen Organpflichten aus § 43 Abs. 1 GmbHG der Geschäftsführer angehalten, ständig die Liquidität und die eventuelle Überschuldung der Gesellschaft im Auge zu behalten.[82] Die Vorgaben des oben erwähnten § 91 Abs. 2 AktG gelten nach überwiegender Auffassung analog auch für die Geschäftsführung der GmbH.[83] Die analoge Anwendung ergibt sich insb. aus den Gesetzesmaterialien.[84]

b) Im italienischen Recht

aa) Aktuelle Rechtslage

In Italien regelt Art. 2381 Abs. 5 c.c. für die spa zunächst die allgemeine Forderung an die Geschäftsführung, die Organisation, Verwaltung und Buchführung der Gesellschaft passend zu der Natur und Größe der Gesellschaft einzurichten (*curano che l`assetto organizzativo, amministrativo e contabile sia adeguato alla natura e le dimensioni dell`impresa*). Darüber hinaus schreibt die Norm

---

80 Spindler/Stilz/*Fleischer*, § 91 Rn. 29.

81 VG Frankfurt aM WM 2004, 2157; Spindler/Stilz/*Fleischer*, § 91 Rn. 45.

82 BGH ZIP 1995, 560.

83 Roth/Altmeppen/*Altmeppen*, § 43 Rn. 17; Spindler/Stilz/*Fleischer*, § 91 Rn. 46; Bork/Schäfer/*Klöhn*, § 43 Rn. 23; Scholz/*Schneider*, § 43 Rn. 96; A.A. *Drygala/Drygala*, ZIP 2000, 297, 300.

84 Begr. RegE Kon TraG vom 18.01.2001; BT-Drucks. 13/9712, S. 15.

eine regelmäßige Berichterstattung gegenüber den anderen Organen der Gesellschaft vor (… *referiscono al consiglio di amministrazione e al collegio sindacale periodicamente…*). Der sechste Absatz der Norm verpflichtet die Geschäftsführung auf informierte Weise zu handeln (…*amministratori tenuti ad agire in modo informato…*). Diese Regelung für die spa wird als allgemeiner rechtlicher Grundsatz auch auf die Organe der srl übertragen.[85] Zusätzlich werden auch die Artt. 2497 Abs. 1 und 2403 Abs. 1, c.c. als Ausdruck eines für die Organe aller Gesellschaften geltenden Verhaltenskodex auf die srl angewendet.[86] Art. 2497 c.c. regelt die Pflicht der leitenden Organe der Gesellschaft sich an die Grundsätze einer ordnungsgemäßen Geschäftsführung (*principi di corretta gestione societaria e imprenditoriale delle società*) zu halten. Art. 2403 c.c. verpflichtet den Rat der Rechnungsprüfer (*collegio sindacale*) stets die Angemessenheit der Organisation, der Buchführung und die konkrete Funktionsweise (*adeguatezza dell'assetto organizzativo, amministrativo e contabile adottato dalla società e sul suo concreto funzionamento*) zu prüfen. Aus der Gesamtheit dieser Normen wird gefolgert, dass der Geschäftsführer geeignete Maßnahmen in der Organisation der Gesellschaft vorzunehmen hat, um die Entstehung einer Krise frühzeitig zu erkennen (*dovere conosciutivo-preliminare*).[87] Auf den Geschäftsführern ruht die Verpflichtung, die finanzielle und organisatorische Lage stets zu überwachen und schnell auf Krisensignale zu reagieren.[88]

bb) Vorgeschlagene Änderungen durch die L.D. vom 11.10.17

Der italienische Gesetzgeber hat der Einrichtung von Systemen zur Früherkennung in der Kapitalgesellschaft auch in der neuen L.D. vom 11.10.17 sein Augenmerk geschenkt. In Art. 14 b legt er fest, dass die Pflicht zur Einrichtung von Systemen zur Früherkennung für die Gesellschaftsorgane vorzusehen ist. Allerdings konkretisiert die L.D. nicht, welche Systeme genau einzurichten sind und unterscheidet auch nicht zwischen unterschiedlichen Kapitalgesellschaften.

2. Umfang des Früherkennungssystems

Den Geschäftsführer trifft sowohl in Deutschland als auch in Italien die Pflicht, ein Frühwarnsystem für die Krise in der Gesellschaft einzurichten. Über die

85 *P. Abbadessa*, Il nuovo diritto delle società, Liber amicorum Gian Franco Campobasso, S. 493.

86 *Mazzoni*, S. 829.

87 *Rordorf*, Le società 2013, 669, 671.

88 *Luciano*, Riv. soc. 2017, S. 405, 406 m.W.n.

konkrete Ausgestaltung der notwendigen Systeme schweigen die gesetzlichen Normen allerdings. Problematisch ist, dass man bei den großen Unterschieden, die zwischen unterschiedlichen Gesellschaften mit beschränkter Haftung bestehen, kaum überall die gleichen Anforderungen stellen kann. Man denke nur an den Unterschied zwischen einer Robert Bosch GmbH und dem Malerbetrieb von Nebenan.

a) Rechtslage in Deutschland

In Deutschland ist die genaue Beschaffenheit der Maßnahmen Einzelfallfrage, wobei der unternehmerische Spielraum in Art. 14 GG die Grenzen setzt.[89] Es besteht keinesfalls die Pflicht zu einem allumfassenden Risikomanagement.[90] In der Regel wird zumindest für eine AG eine interne Revision sowie eine Controlling Abteilung einzurichten sein.[91] Aufgrund der Größe einer GmbH können nicht die gleichen organisatorischen Anforderungen wie bei einer AG vorausgesetzt werden, im Lichte des Art. 14 GG können Überwachungs- und Frühwarnsysteme wesentlich geringer ausfallen.[92] Hier kann es je nach Unternehmensumfang und Einrichtung ausreichen, dass der Geschäftsführer die Abläufe in der Gesellschaft im Kopf auf potentielle Risiken hin überprüft und überwacht.[93]

b) Rechtslage in Italien

In Italien sieht Art. 2381 Abs. 5 c.c. bereits ausdrücklich vor, dass die Organisation, Verwaltung und Buchführung in einer spa der Natur und Größe des Unternehmens angepasst sein muss (*assetto organizzativo, amministrativo e contabile sia adeguato alla natura e alle dimensioni dell'impresa*). Art. 2381 Abs. 5 c.c. drückt das allgemeine Prinzip der Angemessenheit (*adeguatezza*) in Bezug auf die innere Ausgestaltung einer Gesellschaft aus und ist somit auch für die srl relevant.[94] Bezieht man den Grundsatz der Angemessenheit auf die Maßnahmen zur Früherkennung, so hängt ihre notwendige Beschaffenheit auch in Italien von den einzelnen Merkmalen und insb. von der Größe der Gesellschaft ab. Die

89 MüKoAktG/*Fleischer*, § 91 Rn. 39; Hüffer/Koch, § 91 Rn. 7; *Huth*, BB 2007, 2167.
90 GroßkommAktG/*Kort*, § 91 Rn. 51, Spindler/Stilz/*Fleischer*, § 91 Rn. 35.
91 MüKoAktG/*Spindler*, § 91 Rn. 28 m.W.n.
92 i.E *Drygala/Drygala*, ZIP 2000, S. 297, 300.
93 *Drygala/Drygala*, ZIP 2000, S. 297, 300.
94 *Buoncore*, Giur. comm., fasc. 1, 2006, S. 5ff. Nr. 2.

konkrete Ausgestaltung der Systeme zur Früherkennung ist also auch in Italien stark einzelfallabhängig.

3. *Haftung bei fehlenden oder nicht hinreichenden Früherkennungssystemen*

a) *Haftung in Deutschland*

Fraglich ist, inwieweit das Unterlassen der Einrichtung einer Früherkennung zu einer Haftung des Geschäftsführers führen kann. In Deutschland handelt es sich bei der Pflicht zur Einrichtung von Systemen zur Früherkennung um eine Organpflicht des Geschäftsführers, bei Missachtung droht ihm folglich die Haftung aus § 43 Abs. 2 GmbHG.[95] Zu einer Außenhaftung gegenüber Gesellschaftsgläubigern wird es selten kommen. Ein Anspruch aus § 823 Abs. 2 BGB scheidet mangels Verletzung eines Schutzgesetzes aus. Bei § 91 Abs. 2 AktG handelt es sich um kein Schutzgesetz, weil sich die Vorschrift auf den gesellschaftsinternen organisatorischen Bereich bezieht.[96] Im Raum stehen aber Haftungsansprüche der Gläubiger aus § 826 BGB und aus c.i.c. insb.[97]

b) *Haftung in Italien*

Auch in Italien besteht für den Geschäftsführer die Gefahr einer Haftung, falls er keine Frühwarnsysteme einrichtet.[98] Der Geschäftsführer haftet der srl gemäß Art. 2476 c.c. für eine Verletzung seiner Pflichten aus Art. 2381 c.c.[99] Zudem ist auch eine Außenhaftung gegenüber den Gesellschaftsgläubigern aus Art. 2394 c.c. denkbar. Der Geschäftsführer haftet aus Art. 2394 c.c. den Gläubigern gegenüber, wenn er gegen seine Pflicht verstößt, das Vermögen der Gesellschaft zu bewahren (*obblighi inerenti alla conservazione del patrimonio*) und das Vermögen daher nicht mehr zu deren Befriedigung ausreicht. Die Vermögensbewahrungspflicht umfasst auch die Pflicht, die Vermögenslage der Gesellschaft zu überwachen,[100] worunter auch die Einrichtung eines Frühwarnsystems fallen könnte.

---

95 *Drescher*, S. 28 Rn. 149.

96 MüKoAKtG/*Fleischer*, § 91 Rn. 39; Spindler/Stilz/*Fleischer*, § 91 Rn. 46; *Bihr/Kalinowsky*, DStR 2008, 620, 625; A.A. *Vogler/Gundert*, DB 1998, 2377, 2378.

97 Vgl. MüKoAktG/*Fleischer*, § 91 Rn. 39; GroßKommAktG/*Kort*, § 91 Rn. 86.

98 *Rordorf*, Le società 2013, 669, 671.

99 Trib. Napoli del 5 agosto 2015.

100 *Cottino*, 435.

c) Probleme bei der Darlegung eines Schadens in Deutschland und Italien

Sowohl in Deutschland als auch in Italien werden die meisten Haftungsansprüche oftmals an der Darlegung eines kausalen Schadens scheitern. Der Geschädigte müsste nämlich den Zusammenhang zwischen der fehlerhaften Früherkennung und seinem Schaden darlegen. Es muss mit an Sicherheit grenzender Wahrscheinlichkeit feststehen, dass der Schaden bei Einrichtung eines ordnungsgemäßen Frühwarnsystems nicht eingetreten wäre.[101] Das Problem zeigt sich, wenn sich ein Gläubiger zum Beispiel auf eine Verringerung seiner Insolvenzquote als Schaden berufen will. Zunächst müsste er darlegen, die Krise wäre bei Einrichtung von Systemen zur Früherkennung mit Sicherheit erkannt worden. Bereits dies erscheint äußerst schwierig. Darüber hinaus muss aber auch dargestellt werden, wie bei frühzeitiger Erkennung die Krise der Gesellschaft und die Insolvenz hätten verhindert werden können.

Für die Praxis werden damit einzig Haftungsansprüche aus § 826 BGB und aus c.i.c. relevant sein, wenn beispielsweise der Geschäftsführer den Gläubiger unter Vorlage unrichtiger Risikomanagementunterlagen zu Vermögensdispositionen veranlasst.[102] In Italien ist in diesem Fall ebenfalls an eine Haftung aus c.i.c. gemäß Art. 1337 c.c. zu denken.

II. Pflichten und Haftung bei Kapitalverlusten

1. Mitteilungspflicht über die Verluste gegenüber den Gesellschaftern und Gläubigern

Zunächst stellt sich die Frage, inwieweit der Geschäftsführer die anderen Organe über Verluste in der Gesellschaft zu informieren hat. Dieser Schritt ist für eine Lösung der Krise sehr bedeutsam, weil nur nach einer internen Mitteilung eine effiziente Lösungsfindung möglich wird.

---

101 Vgl. *Schaefer/Baumann*, NJW 2011, 3601, 3604.

102 Vgl. MüKoAktG/*Fleischer*, § 91 Rn. 39; GroßKommAktG/*Kort*, § 91 Rn. 86.

a) Einberufungs- und Informationspflichten gegenüber der Gesellschafterversammlung bei Unterkapitalisierung infolge von Kapitalverlusten

aa) Einberufungspflichten der Gesellschafterversammlung in Deutschland gemäß § 49 Abs. 2 und 3 GmbHG

(1) Einberufungspflicht bei besonderem Interesse (§ 49 Abs. 2 GmbHG)

In Deutschland regeln § 49 Abs. 2 und 3 GmbHG die Fälle, in denen der Geschäftsführer bei Kapitalverlusten verpflichtet ist, die Gesellschaftsversammlung einzuberufen. Die allgemeine Norm des § 49 Abs. 2 GmbHG sieht eine Einberufungspflicht vor, wenn ein besonderes Interesse der Gesellschaft dies gebietet.[103] Dieses Interesse kann aufgrund einer Unternehmenskrise bestehen, auch bevor eine Pflicht aus § 49 Abs. 3 GmbHG entstanden ist.[104] In der Literatur wird im Rahmen einer Unternehmenskrise eine Einberufungspflicht beispielsweise angenommen, wenn dramatische Verluste eintreten oder die Geschäfte wesentlich beeinträchtigt sind.[105] Die Rechtsprechung hat diesen Vorschlag der Literatur nicht aufgegriffen, eine Einberufungspflicht aus § 49 Abs. 3 GmbHG wird meistens nur bei der Durchführung von Großprojekten angenommen, nicht aber bei Eintritt von Kapitalverlusten.[106] Die Einberufungspflicht im Falle von Kapitalverlusten ist in der speziellen Vorschrift des § 49 Abs. 3 GmbHG geregelt, welche das besondere Interesse in Abs. 2 konkretisiert.[107]

(2) Einberufungspflicht aufgrund Absinken des Eigenkapitals

Die Einberufungspflicht gemäß § 49 Abs. 3 GmbHG entsteht, sobald der Wert des Eigenkapitals unter die Hälfte des Werts des Stammkapitals sinkt. Dies wird sich regelmäßig aus der Jahres- oder Zwischenbilanz ergeben.[108] Die Pflicht besteht jedoch auch dann, wenn noch keine solche Bilanz erstellt wurde.[109] Die Regelung des § 49 Abs. 3 GmbHG kann in der Satzung nicht abgedungen werden.[110] Die Gesellschafter müssen bei der Einladung mindestens eine Woche vor dem Termin über den Zweck der Versammlung und damit die eingetretenen

---

103 Zur Einberufungspflichte nach § 49 Abs. 2 GmbHG umfassend *Zitzmann,* S. 107ff.
104 Lutter/Hommelhoff/*Bayer,* § 49 Rn. 13; Lutter/Hommelhoff/*Kleindiek,* § 43 Rn. 34.
105 Scholz/*Seibt,* § 49 Rn. 23.
106 *Zitzmann,* S. 114.
107 BT Drucksache 8/3908, Art. 1 Nr. 33.
108 Baumbach/Hueck/*Zöllner,* § 49 Rn. 19.
109 BGH ZIP 1995, 560.
110 MüKoGmbHG/*Liebscher,* § 49 Rn. 71 m.W.n.

Verluste informiert werden (§ 51 Abs. 1 und 2 GmbHG). Bis zu drei Tagen vor Versammlung bleibt aber eine nachträgliche Information der Gesellschafter über die Verluste möglich (§ 51 Abs. 4 GmbHG), sollte die Versammlung aus anderen Gründen zuvor einberufen worden sein.

bb) Einberufungspflicht der Gesellschafterversammlung und umfassende Information gemäß Art. 2482bis c.c. in Italien

(1) Erste Einberufung einer Gesellschafterversammlung

In Italien ergibt sich bei der srl die Pflicht zur Einberufung der Gesellschafterversammlung aufgrund von Verlusten aus Artt. 2482*bis* und 2482*ter* c.c. Bis auf wenige kleine Unterschiede sind die Normen inhaltsgleich zu den entsprechenden Regelungen der spa Artt. 2446 und 2447 c.c..[111] Unterschreitet das Nennkapital zwei Drittel des Stammkapitals, liegt aber noch über dem gesetzlichen Mindestkapital, ist Art. 2482*bis* c.c. einschlägig. Die Geschäftsführer sind in diesem Fall verpflichtet, unverzüglich eine Gesellschafterversammlung einzuberufen.

In dieser Versammlung kann nun sofort eine Herabsetzung des Stammkapitals beschlossen werden.[112] Dieser ersten Versammlung bleibt es allerdings unbenommen, auch andere Maßnahmen wie Eigenkapitalzahlungen der Gesellschafter oder ein Verzicht auf Forderungen gegen die Gesellschaft auf den Weg zu bringen.[113] Die Gesellschafter können auch keinerlei Beschluss fassen. Das Gesetz räumt Zeit bis zum Ende des nächsten Geschäftsjahres zur Beseitigung der Kapitalunterdeckung ein.[114]

(2) Zweite Einberufung einer Gesellschafterversammlung

Hat sich das Nennkapital nicht innerhalb des folgenden Geschäftsjahres auf unter ein Drittel erhöht, muss der Geschäftsführer aus Art. 2482*bis* c.c. abermals die Gesellschafterversammlung einberufen. In dieser Versammlung müssen die Gesellschafter nun allerdings die Herabsetzung des Stammkapitals beschließen. Tun sie dies nicht, ist der Geschäftsführer aus Art. 2482*bis* Abs. 4 c.c. verpflichtet, bei Gericht die Herabsetzung des Stammkapitals zu beantragen.[115] Eine Besonderheit für die srl im Gegensatz zu den ansonsten inhaltsgleichen Regelungen für die spa findet sich in Art. 2482*bis* Abs. 5 c.c.[116] Das Gericht kann auf Antrag

---

111 Abriani/*Postiglione,* Art. 2482*bis* Nr. 1 S. 2096.
112 *Kalss/Adensamer/Oelkers,* S. 154.
113 *Kalss/Adensamer/Oelkers,* S. 154.
114 Adriani/*Postiglione,* Art. 2482*bis* Nr. 5 S. 1681.
115 Abriani/*Postiglione,* Art. 2482*bis* Nr. 5 S. 1681.
116 Abriani/*Postiglione,* Art. 2482*bis* Nr. 5 S. 1681.

einer berechtigten Partei, also auch der Gläubiger, eine Anpassung des Stammkapitals vornehmen.

(3) Informationspflichten des Geschäftsführers in den Gesellschafterversammlungen

(a) Finanzbericht

In der ersten Gesellschafterversammlung hat der Geschäftsführer einen Bericht über die finanzielle Situation vorzulegen *(relazione degli amministratori sulla situazione patrimoniale della società)*, welcher in den Fällen des Art. 2477 c.c. die Aussagen des Rechnungsprüfers oder des Aufsichtsrats beinhalten muss.[117] Bei der vorzulegenden Vermögensaufstellung ist bei der Wertfeststellung von der Fortführung der Gesellschaft auszugehen.[118] Umstritten ist allerdings, wie der Finanzbericht konkret ausgestaltet sein muss. Teilweise wird angenommen, der Bericht müsse in Form einer außerordentlichen Zwischenbilanz erstellt werden.[119] Die h.L. und Rechtsprechung lässt es hingegen genügen, dass der Geschäftsführer einen Überblick über das aktuelle Gesellschaftskapital zusammenstellt.[120]

(b) Besondere Verfahrensvorschriften

Die italienischen Regelungen sehen auch einige Verfahrensvorschriften in Bezug auf die Gesellschafterversammlung vor, welche darauf abzielen, die optimale Information der Gesellschafter zu ermöglichen. Der vom Geschäftsführer verfasste Finanzbericht muss, ausweichlich einer besonderen Regelung in der Satzung[121], im Sitz der Gesellschaft acht Tage vor dem Termin der Versammlung ausliegen (Art. 2482*bis* Abs. 2 c.c.). Bei einer Änderung der wirtschaftlichen Umstände nach Abfassen des Berichts hat der Geschäftsführer die Versammlung im Rahmen der Sitzung hierüber zu informieren.[122] Zwischen der ersten Versammlung zum Zweck der Mitteilung der Verluste und der zweiten Versammlung zu deren Beseitigung dürfen grundsätzlich nicht mehr als 120 Tage vergehen.[123] Sind mehr als 120 Tage vergangen, muss der Geschäftsführer

---

117 *Kalss/Adensamer/Oelkers,* S. 154.

118 *Kalss/Adensamer/Oelkers,* S. 155.

119 *Colombo,* Giur. comm., 1984, I, 861.

120 Cass. civ. del 5 maggio 1995, n. 4923, App. Milano del 31 gennaio 2003, in: Giur comm. 2003, II, 612; *Libonati,* Giur. comm. 1982, I, 833ff.

121 Abriani/ *Postiglione,* Art. 2482*bis*, Nr. 4, S. 1679 m.W.n.

122 Cian/Trabbucchi/*Menti*, Art. 2482*bis* Rn. 2.

123 T. Napoli del 1 ottobre 1996 in: Soc. 1996, 1203 m. Anm. *Iannello*; *Kalss/Adensamer/Oelkers,* S. 139; a.A. T. Milano del 25 luglio 1998, in Soc. 1989 m. Anm. *Di Sabato.*

ausdrücklich bestätigen, dass sich keine relevanten Änderungen der Bilanzen ergeben haben.[124] Verstreichen mehr als 180 Tage, kann auf die in der ersten Versammlung verwendeten Unterlagen kein Bezug mehr genommen werden.[125]

cc) *Haftung bei Verletzung der Einberufungspflichten in Deutschland und Italien*

Bei der Einberufungspflicht handelt es sich um eine Organpflicht des Geschäftsführers, entsprechend macht er sich bei einem Verstoß aus § 43 Abs. 2 GmbHG haftbar.[126] Zudem besteht für den Geschäftsführer die Gefahr einer Strafbarkeit aus § 84 Abs. 1 GmbHG, falls er es versäumt, die Gesellschafterversammlung einzuberufen. Macht sich der Geschäftsführer strafbar, eröffnet dies die Möglichkeit einer zivilrechtlichen Haftung gegenüber der Gesellschaft und den Gläubigern.[127]

In Italien macht sich der Geschäftsführer ebenfalls der Gesellschaft gegenüber aus Art. 2476 Abs. 1 c.c. haftbar, sollte er die Gesellschafterversammlung nicht einberufen.[128] Nach alter Rechtslage machte sich der Geschäftsführer bei unterlassener Einberufung aus Art. 2631 c.c. a.F. ebenfalls strafbar.[129] Im aktuellen italienischen Recht stellt ein solches Verhalten gemäß Art. 2631 c.c. nur eine Ordnungswidrigkeit dar, welche mit einer Geldstrafe zwischen 1.032 und 6.197 Euro geahndet wird.

Allerdings wird im Rahmen eines Schadensersatzanspruchs gegen den Geschäftsführer für Verletzung der Einberufungspflichten die Darlegung eines Schadens oftmals problematisch sein. Als Schadensposten wären Verluste denkbar, welche durch einen Beschluss der Versammlung hätten abgewendet werden können. Allerdings wird es im Einzelfall schwer sein, solche Schäden hinreichend konkret darzulegen, denn es ist oftmals ungewiss, inwieweit konkrete Rettungsmaßnahmen der Gesellschaft einen Verlust erspart hätten. Im Ergebnis wird der Geschäftsführer bei der Verletzung seiner Einberufungspflichten selten haftbar gemacht werden können. Es bleibt allerdings für ihn die Gefahr einer Bestrafung aus § 84 Abs. 1 GmbHG bzw. einer Geldstrafe nach Art. 2631 c.c. Das

---

124 Cian/Trabbucchi/*Menti*, Art. 2482*bis* Rn. 2.
125 Cian/Trabbucchi/*Menti*, Art. 2482*bis* Rn. 2.
126 Baumbach/Hueck/*Zöllner*, § 49 Rn. 23; Lutter/Hommelhoff/*Bayer*, § 49 Rn. 17.
127 *Kalss/Adensamer/Oelkers*, S. 139 m.W.n.
128 *Di Girolamo*, Giur. comm., fasc. 6, 2005, S. 796ff.
129 Abriani/*Postiglione*, Art. 2446 Nr.1 S. 1676.

Bußgeld in Italien bis maximal 6.197 Euro wird jedoch wenig Abschreckungspotential aufweisen.

b) Offenbarungspflichten gegenüber den Vertragspartnern bei Kapitalverlusten in Deutschland und Italien

aa) Keine generelle Offenbarungspflicht gegenüber dem Vertragspartner

In Deutschland besteht keine generelle Auskunftspflicht gegenüber dem Geschäftspartner über die eigene finanzielle Situation. Diese kann sich nur im Einzelfall ergeben.[130] Die freiwillige Auskunft über die finanzielle Bedrängnis der Gesellschaft stellt sogar eine Verletzung der Geheimhaltungspflicht des Geschäftsführers dar und kann gemäß § 85 GmbHG strafrechtlich geahndet werden.[131] Der Bundesgerichtshof verneint ebenfalls ausdrücklich eine allgemeine Auskunftspflicht.[132]

Auch die italienische Rechtsordnung sieht eine generelle Auskunftspflicht gegenüber dem Vertragspartner über die finanzielle Situation der Gesellschaft nicht vor.[133] Wie in Deutschland läuft der Geschäftsführer Gefahr, sich gemäß Art. 622 c.p. strafbar zu machen, wenn er über die finanzielle Situation der Gesellschaft Auskunft gibt.[134]

bb) Offenbarungspflicht bei Gefährdung des Vertragszwecks

In Deutschland wird jedoch in bestimmten Fällen eine Offenbarungspflicht gegenüber dem Geschäftspartner angenommen. Die eigene wirtschaftliche Bedrängnis muss mitgeteilt werden, wenn diese zur Vereitelung des Vertragszwecks geeignet ist und daher für die Entschließung des Vertragspartners von wesentlicher Bedeutung sein kann.[135] Diese Pflicht wird aus dem Grundsatz von Treu und Glauben § 242 BGB abgeleitet.[136] Die Ansicht des Bundesgerichtshofs ist problematisch. Es ist unklar, ab wann die wirtschaftliche Bedrängnis den Vertragszweck nun genau gefährdet. Dies kann von Geschäft zu Geschäft anders zu bewerten sein und könnte durchaus bereits vorliegen, wenn die Gesellschaft

---

130 Vgl. MüKoBGB/*Westermann*, § 433 Rn. 75.

131 *Claussen*, AG 1981, 57, 59.

132 BGH NJW 1974, 1506.

133 Vgl. Cass. civ. del 11 ottobre 1994, n. 8295.

134 *Cocco*, S. 281.

135 BGH NJW 1974, 1506; BGHZ 87, 26.

136 *Ulmer*, NJW 1983, 1577, 1578 m.W.n.

einen Kredit benötigt, um die erstandene Ware zu bezahlen. Im Lichte späterer Entscheidungen des Bundesgerichtshofs sollte der Vertragszweck wohl aber grundsätzlich erst dann als gefährdet anzusehen sein, wenn die Gesellschaft zahlungsunfähig oder überschuldet ist.[137]

Auch in Italien schreibt die allgemeine Regelung des Artt. 1175 und 1337 c.c. vor, dass bei Vertragsverhandlungen sich die Vertragspartner nach den Grundsätzen von Treu und Glauben (*buona fede*) zu verhalten haben. Der Grundsatz von Treu und Glauben umfasst in Italien Informationspflichten bei Vertragsverhandlungen gegenüber der Gegenseite.[138] Die oberste Rechtsprechung in Italien sieht aber nicht die Notwendigkeit, dass der Geschäftsführer freiwillig die finanzielle Situation der Gesellschaft offenbart.[139] Im Ergebnis hat der Geschäftsführer bei finanziellen Schwierigkeiten in Italien grundsätzlich keine Pflicht zur Aufklärung des Vertragspartners.

cc) Auskunftspflicht bei Nachfrage

In Deutschland muss bei Vertragsverhandlungen der Vertragspartner Fragen vollständig und richtig beantworten.[140] Bei einer Nachfrage über die finanzielle Situation der GmbH darf der Geschäftsführer folglich nicht über die wirtschaftlichen Probleme der Gesellschaft lügen. Ihm bleibt es aber unbenommen, die Antwort auf die Frage zu verweigern. Auch in Italien ist es dem Geschäftsführer im Lichte des Grundsatzes von Treu und Glauben nicht erlaubt, über den finanziellen Zustand der Gesellschaft zu lügen.[141] Sollte er diesbezüglich gefragt werden, muss auch er die Wahrheit über die finanzielle Situation der Gesellschaft mitteilen oder die Antwort verweigern.

dd) Haftung bei Missachtung der Offenbarungspflichten

(1) Haftung in Deutschland

Bei Verletzung seiner Offenbarungspflichten besteht für den Geschäftsführer in Deutschland die Gefahr einer Haftung aus c.i.c.[142] Diese Möglichkeit einer

---

137 BGH NJW 1974, 1506; BGHZ 87, 26.

138 *Donisi* in: Codice civile annotato Art. 1337 S. 319 m.W.n.

139 Cass. civ. del 11 ottobre 1994, n. 8295.

140 BGHZ 74, 382, 292; BGH NJW 1967, 1222; NJW 1977, 1914.

141 Vgl. Cass. civ. del 11 giugno 2010, n. 14056 in: Guida al diritto 2010, 29, 35 mit Anm. Sachettini.

142 Rowedder/Schmidt-Leithoff/*M. Schmidt-Leithoff/Schneider*, § 64 Rn. 98; umfassend Scholz/*K. Schmidt*, § 64 Rn. 214–220.

Haftung ist insb. im Zeitraum vor der Insolvenz der Gesellschaft relevant, weil nach Eintritt der Insolvenz die Insolvenzverschleppungstatbestände weitgehend Vorrang haben.[143] Es ist allerdings zu beachten, dass die Verletzung der Offenbarungspflichten durch den Geschäftsführer allein für eine Haftung nicht ausreicht. Nach älterer Rechtsprechung des Bundesgerichtshofs muss der Geschäftsführer zusätzlich ein besonderes eigenes Interesse an dem Abschluss des Vertrags aufweisen.[144] Das Kriterium des Eigeninteresses ist streng auszulegen, ein Interesse als Gesellschafter[145] oder an einer Provision[146] reichen nicht aus, vielmehr muss der Geschäftsführer gleichsam in eigener Sache handeln.[147] Neben das besondere Eigeninteresse ist mittlerweile die Inanspruchnahme besonderen Vertrauens als Kriterium bei der c.i.c. hinzugetreten.[148] Ein Schaden tritt ein, sollte die Gesellschaft aufgrund einer späteren Insolvenz nicht in der Lage sein, die offene Forderung zu begleichen.[149]

(2) Haftung in Italien

Lügt der Geschäftsführer auf Nachfrage über die finanzielle Situation, eröffnet die Verletzung des Art. 1337 c.c. die Möglichkeit einer Haftung des Geschäftsführers aus c.i.c.[150] Umstritten ist in der italienischen Literatur die Natur der Haftung. Die beiden zentralen Strömungen wollen den Anspruch entweder dem deliktischen oder dem vertraglichen Bereich zuordnen.[151] Die oberste Rechtsprechung ordnet die Haftung aus Art. 1337 c.c. allerdings dem deliktischen Bereich zu.[152] Dies hat insb. zur Folge, dass die Beweislast für die Verletzung der Informationspflichten sowie für das Verschulden auf den Schultern des Geschädigten lastet.[153] In Italien setzt die Haftung aus c.i.c. des Geschäftsführers, neben der Verletzung seiner Offenbarungspflicht, keine gesonderten Kriterien voraus.

---

143 Rowedder/Schmidt-Leithoff/*M. Schmidt-Leithoff/Schneider*, § 64 Rn. 98 a.E.

144 Scholz/*K. Schmitt*, § 64 Rn. 216 m.w.N. zur Rspr.

145 BGH ZIP 1994, 1103.

146 BGH GmbHR 1990, 31.

147 BGH ZIP 1992, 694; GmbHR 1992, 363.

148 BGH ZIP 1991, 1140; ZIP 1990, 1402; ZIP 1989, 1455.

149 Scholz/*K. Schmitt*, § 64 Rn. 216.

150 Cass. civ. del 14 febbraio 2001, n. 2080, in: Mass. Giur. It., 2001; Cass. civ. del 2 agosto 2000, n. 10129, in: Mass. Giur. It., 2000.

151 *Galgano*, S. 329.

152 Cass. civ. del 14 febbraio 2001, n. 2080, in: Mass. Giur. It., 2001; Cass. civ. del 2 agosto 2000, n. 10129, in: Mass. Giur. It., 2000.

153 Vgl. bzgl. des Abbruchs von Vertragsverhandlungen Cass. civ. del 5 agosto 2004, n. 15040, in: Mass. Giur. It., 2004.

Für die Haftung ist somit insb. kein gesteigertes Interesse des Geschäftsführers an dem Vertragsschluss erforderlich. Allerdings ist die zu Deutschland unterschiedliche Beweislastverteilung zu beachten.

2. Auszahlungsverbote bei Unterschreitung des Stammkapitals

a) Rechtslage in Deutschland

In Deutschland unterliegt der Geschäftsführer unterschiedlichen Zahlungsverboten, sollten die Zahlungen zu einer Unterschreitung des Stammkapitals führen. Zunächst besteht in diesem Fall ein grundsätzliches Auszahlungsverbot an die Gesellschafter (§ 30 Abs. 1 S. 1 GmbHG). Der Begriff der Zahlung ist i.R.d. § 30 Abs. 1 GmbHG weit aufzufassen,[154] erfasst ist damit auch beispielsweise die Bestellung einer dinglichen Sicherheit für einen Darlehensrückzahlungsanspruch.[155] Zudem sieht § 43a GmbHG ein Kreditgewährungsverbot an bestimmte Personen vor, wenn dadurch das Stammkapital ausgezehrt werden sollte. Verboten sind Auszahlungen an Vertreter, Prokuristen oder zum gesamten Geschäftsbetrieb ermächtigte Handlungsbevollmächtigte. Verletzt der Geschäftsführer diese Pflichten, haftet er der Gesellschaft gegenüber aus § 43 Abs. 2 GmbHG.[156]

b) Rechtslage in Italien

In Italien fehlt es an §§ 30 und 43a GmbHG entsprechenden Regelungen für die srl. Die Regelungen in Artt. 2486 i.V.m. 2484 Nr. 4 c.c. sehen allerdings vor, dass, sollte das gesetzliche Mindestkapital der Gesellschaft unterschritten sein, der Geschäftsführer nur noch Maßnahmen vornehmen darf, welche das Gesellschaftsvermögen erhalten. Maßnahmen, welche die Handlungsfähigkeit der Gesellschaft erhalten, sind aber erlaubt.[157] Auszahlungen an die Gesellschafter werden allerdings selten der Erhaltung der Handlungsfähigkeit der srl dienen und damit regelmäßig verboten sein. Verstößt der Geschäftsführer gegen die Pflichten aus Art. 2486 c.c., haftet er aus Art. 2486 Abs. 2 c.c.

154 Roth/Altmeppen/*Altmeppen*, § 30 Rn. 70ff.

155 BGH BB-Online BBL 2017, 1089.

156 *Bellen/Stahl*, BB 2010, 2579, 2582f.

157 Cian/Trabucchi/*De Acutis*, Art. 2486.

3. *Folgen der Unterschreitung des gesetzlichen Mindestkapitals*

a) Pflichten und Haftung in Deutschland

In Deutschland trifft den Geschäftsführer bei Unterschreitung des Mindestkapitals nur die bereits diskutierte Einberufungspflicht der Gesellschafterversammlung gemäß § 49 Abs. 3 GmbHG. Weitere Folgen sind in der deutschen Rechtsordnung nicht zu finden.

b) Pflichten und Haftung in Italien

Fällt in Italien das Kapital der GmbH unter das in Art. 2463 Abs. 1 Nr. 4 c.c. vorgesehene gesetzliche Minimum von 10.000 Euro, ergeben sich für den Geschäftsführer hieraus besondere Konsequenzen.

aa) Einberufung einer Gesellschafterversammlung

Zunächst hat der Geschäftsführer aus Art. 2482*bis* c.c. ohne schuldhaftes Zögern (*senza indugio*) eine Gesellschafterversammlung einzuberufen. Im Rahmen der Versammlung müssen die Gesellschafter einen der folgenden Beschlüsse fassen. Zunächst können die Herabsetzung des Stammkapitals und die gleichzeitige Erhöhung des Kapitals unter das gesetzliche Minimum beschlossen werden.[158] Daneben sieht Art. 2482*bis* c.c. die Möglichkeit einer Umwandlung der srl in eine andere Gesellschaftsform vor, meistens in eine OHG (*snc*).

bb) Pflicht zur Löschung der Gesellschaft und Erhaltung des übrigen Kapitals

Sollte keiner dieser Beschlüsse gefasst werden, liegt gemäß Art. 2484 Abs. 1 Nr. 4 c.c. ein Auflösungsgrund für die Gesellschaft vor. Der Geschäftsführer hat die Auflösung der srl beim Handelsregister anzumelden (Art. 2484 Abs. 3 c.c.). Die Gesellschaft wird nunmehr liquidiert (Art. 2487ff. c.c.). Bis zu der Geschäftsübergabe an den Liquidator gemäß Art. 2487bis c.c., ist die srl nur noch unter dem Gesichtspunkt der Erhaltung des Kapitals zu verwalten (Art. 2486 Abs. 1 c.c.).

cc) Haftung im Auflösungsstadium

Im Auflösungsstadium gemäß Art. 2484 Abs. 1 Nr. 4 c.c. sieht das Gesetz für den Geschäftsführer eine empfindliche Haftung vor.

Zunächst haftet der Geschäftsführer aus Art. 2485 Abs. 1 c.c., falls er es versäumt oder sich darin verspätet, einen Auflösungsgrund umgehend

---

158 *Kalss/Adensamer/Oelkers*, S. 155.

festzustellen und die Löschung aus dem Handelsregister zu beantragen. Er haftet dabei ausdrücklich, sowohl gegenüber der Gesellschaft als auch gegenüber den Gläubigern und anderen Dritten. Zudem haftet der Geschäftsführer aus Art. 2486 Abs. 1 und 2 c.c. für die Verletzung seiner Pflicht, nach Eintritt eines Auflösungsgrundes, nur noch das Vermögen gerichtet auf dessen Erhaltung zu verwalten. Eine Handlung dient nicht mehr der bloßen Erhaltung des Vermögens, sobald sie ein neues unternehmerisches Risiko setzt.[159] Der von dem Geschäftsführer zu ersetzende Schaden ist jeder Abfluss aus dem Gesellschaftsvermögen, welcher nicht auf die bloße Erhaltung des Vermögens abzielt.[160] Der Schadensersatzanspruch ist vertraglicher Natur.[161] Der Geschädigte muss die über die Erhaltung des Vermögens hinausgehende Handlung und den daraus resultierenden Vermögensabfluss darlegen.[162] Der Geschäftsführer kann sich entlasten, wenn er darlegt, inwieweit das Geschäft nur der Vermögenserhaltung diente.[163]

4. *Die Folgen von Kapitalverlusten für den Geschäftsführer in Deutschland und Italien*

Vergleicht man die Rechtslage in Italien und Deutschland bei Eintritt von Kapitalverlusten, überwiegen die Gemeinsamkeiten. Allerdings bestehen auch einige interessante Unterschiede.

a) Unterschiede im Rahmen der Einberufung der Gesellschafterversammlung

aa) Frühzeitige Einberufung und Vorlage eines Finanzberichts in Italien

Zunächst besteht sowohl in Deutschland als auch in Italien eine Einberufungspflicht des Geschäftsführers bei Kapitalverlusten der Gesellschaft. In der italienischen Rechtsordnung hat der Geschäftsführer gemäß Art. 2482*bis* Abs. 2 c.c. bereits bei Unterschreiten eines Drittels des Stammkapitals die Gesellschafter einzuberufen. In Deutschland liegt die Grenze gemäß § 49 Abs. 3 GmbHG hingegen erst bei der Hälfte des Stammkapitals. Zudem hat der Geschäftsführer in Deutschland, außer der bloßen Verlustanzeige gemäß § 51 GmbHG, keine gesonderten Pflichten. Er muss die Gesellschafter nicht darüber informieren,

---

159 Cass. civ. del 29 ottobre 2008, n. 25977.

160 Cass. civ. del 29 ottobre 2008, n. 25977.

161 Cass. civ. del 16 febbraio 2007, n. 3694; Cass. civ. del 23 giugno 2008, n. 17033.

162 Cass. civ. del 29 ottobre 2008, n. 25977; Cass. civ. del 16 febbraio 2007, n. 3694.

163 Cass. civ. del 29 ottobre 2008, n. 25977.

wie es zu der Unterschreitung des Stammkapitals kommen konnte. Es besteht allerdings die Möglichkeit, derartige Pflichten in der Satzung festzuschreiben.

In Italien hingegen ist der Geschäftsführer verpflichtet, der Gesellschafterversammlung einen detaillierten Finanzbericht vorzulegen (Art. 248*bis* Abs. 2 c.c.). Der Bericht muss dabei grundsätzlich acht Tage vor dem Termin der Versammlung ausliegen (Art. 2482*bis* Abs. 2 c.c.). Zusammenfassend ist festzustellen, dass der Geschäftsführer bei Kapitalverlusten in Italien die Gesellschafterversammlung früher einzuberufen und umfassender zu informieren hat als in Deutschland.

b) Die Vorteile einer frühzeitigen Einberufung der Gesellschafterversammlung zur Krisenbewältigung

Eine frühzeitige Einberufung der Gesellschafterversammlung vor Insolvenzreife hat Vorteile. Erst wenn die Gesellschafter Kenntnis von den finanziellen Problemen der Gesellschaft erhalten, können sie entsprechende Gegenmaßnahmen beschließen. Beispiele hierfür sind eine Kapitalerhöhung, die Einforderung von Nachschüssen oder der Verzicht auf Gesellschafterforderungen.[164] Es besteht auch die Möglichkeit, dass die Gesellschafter die Liquidation der Gesellschaft beschließen. Letztlich ist aber auch die Auflösung der Gesellschaft eine Maßnahme zur Bewältigung der Krise und schützt den Rechtsverkehr vor einer mittellosen Gesellschaft. Je früher eine solche Einberufung erfolgt, desto effektiver werden die Maßnahmen ausfallen. Nach dem Verlust eines erheblichen Teils des Stammkapitals ist eine weitere Eigenkapitalzehrung wahrscheinlich und die Gesellschaft verliert immer mehr die Möglichkeit, Liquiditätslücken durch Fremdfinanzierung zu schließen.[165]

Der Gesellschafterversammlung die finanziellen Schwierigkeiten frühzeitig zur Kenntnis zu bringen, bietet die Möglichkeit zu einem internen Diskurs. Nicht selten verschweigen die Geschäftsführer Missstände, insb. wenn diese auf eigenen Entscheidungen beruhen. Befinden sich die Gesellschafter im Ausland und der Geschäftsführer im Inland, verstärkt sich das Problem der Verschleierung. Eine frühe Einberufungspflicht kann die Probleme sichtbar machen und steht für eine frühzeitige Prävention und eine Lösung der finanziellen Schwierigkeiten der Gesellschaft aus sich heraus.

Die Vorteile einer möglichst frühen Aufklärung der Anteilseigner einer Gesellschaft hat auch der europäische Gesetzgeber erkannt. Er hat zunächst in

164 *Zitzmann*, S. 114.
165 *Müller*, ZGR 1985, 191, 195.

der Richtlinie 77/91/EWG in Art. 17 zumindest für die Aktiengesellschaft die Regelung von Einberufungs- und Informationspflichten des Verwaltungsorgans gegenüber den Anteilseignern bei qualifizierten Verlusten vorgesehen.[166] In der nachfolgenden Kapital-RL 30/2012/EU in Art. 19 und in der aktuellen GesR-RL 1132/2017 in Art. 58 sind entsprechende Vorgaben ebenfalls festgeschrieben.

aa) Heraufsetzung des Schwellenwerts in § 49 Abs. 3 GmbHG

Um eine möglichst frühzeitige Einberufung zu gewährleisten, kann in Erwägung gezogen werden, den Schwellenwert in § 49 Abs. 3 GmbHG, wie in Italien, auf zwei Drittel des Stammkapitals heraufzusetzen. Die Forderung, den Schwellenwert in § 49 Abs. 3 GmbHG neu zu bestimmen, wird in der deutschen Literatur vertreten.[167] Die grundsätzlich strengen deutschen Vorschriften sehen hier lediglich das in Art. 58 Abs. 2 GesR-RL 1132/2017 vorgesehene Mindestmaß vor. Die Heraufsetzung des Schwellenwerts auf zwei Drittel steht jedoch nicht in der Diskussion. Eine entsprechende Änderung wäre aber durchaus erwägenswert. Sie würde sich leicht in die bestehenden Regelungen einfügen lassen und eine frühere Einberufung der Gesellschafterversammlung bei Kapitalverlusten gewährleisten.

bb) Umfassende Informationspflichten des Geschäftsführers in der Gesellschafterversammlung

Neben dem unterschiedlichen Schwellenwert für die Einberufung hat der Geschäftsführer in Italien die Pflicht, die Gesellschafter umfassend über die finanzielle Notlage zu informieren.[168]

Umfassendere Auskünfte würden auch in Deutschland den Gesellschaftern ermöglichen, eine sachgerechtere Entscheidung zu treffen.[169] Eine solche Regelung wäre ebenfalls ohne Konflikte in das bestehende Gesetz zu integrieren und mit einer Innenhaftung aus § 43 Abs. 2 GmbHG sanktionierbar.[170] Nachteile einer solchen Änderung sind nicht ersichtlich, außer womöglich einem Mehraufwand für den Geschäftsführer.

---

166 *Kalss/Andensamer/Oelkers*, S. 137.

167 *Veil*, ZGR 2006, 374, 382 allerdings ohne konkrete Vorschläge; vgl. *Förster*, S. 295 und S. 479.

168 S.o. § 2 B II 1 a) bb).

169 *Veil*, ZGR 2006, 374, 382.

170 *Veil*, ZGR 2006, 374, 382.

III. Pflichten und Haftung im Zusammenhang mit Sanierungsmaßnahmen

1. Prüfung von Sanierungsmaßnahmen

a) Rechtslage in Deutschland

Eine ausdrückliche Pflicht des Geschäftsführers zur Vornahme von Sanierungsmaßnahmen findet sich in den deutschen Gesetzen nicht. Den Geschäftsführer treffen aber gemäß § 43 Abs. 1 GmbHG die Pflichten eines ordentlichen Geschäftsmanns. Dieser hat die Gesellschaft unternehmerisch zu leiten und finanzielle Schwierigkeiten frühzeitig zu erkennen.[171] Im Anschluss sind die Möglichkeiten einer Sanierung der Gesellschaft zu prüfen und gegebenenfalls die notwendigen Schritte einzuleiten.[172] Es ist aber zu beachten, dass die letztliche Entscheidung, ob die GmbH weitergeführt wird oder nicht, den Gesellschaftern vorbehalten bleibt.[173]

b) Rechtslage in Italien

In Italien stellt sich die Lage für den Geschäftsführer ähnlich dar. Ist eine finanzielle Schieflage der Gesellschaft festgestellt worden, hat der Geschäftsführer die Geschäftsplanung an die neuen Gegebenheiten anzupassen und einen Krisenplan zu erstellen.[174] Im Rahmen dieses Planes muss er sich mit der Frage auseinandersetzen, ob die Gesellschaft weitergeführt werden kann und inwieweit eine Weiterführung wirtschaftlich sinnvoll erscheint.[175] Das Ergebnis seiner Untersuchung hat der Geschäftsführer anschließend den Gesellschaftern zu präsentieren. Die Entscheidung, inwieweit die Gesellschaft aus wirtschaftlichen Erwägungen weiterzuführen ist, liegt auch in Italien bei den Gesellschaftern (*domanda pregiudiziale).*[176] Die Gesellschafter haben aus Art. 2479 Abs. 2 Nr. 5 c.c. die Entscheidungen zu treffen, welche den Zweck der Gesellschaft ändern (*sostanziale modificazione dell'oggetto sociale*). Allerdings besteht in der srl eine große Freiheit in der Aufgabenverteilung durch die Satzung.[177] Der Sanierungsbeschluss

171 Lutter/Hommelhoff/*Kleindiek*, Anh. zu § 64 Rn. 78.
172 Lutter/Hommelhoff/*Kleindiek*, § 43 Rn. 35.
173 i.E. *Veil,* ZGR 2006, 374, 385; *Westermann,* DZWiR 2006, 485, 487.
174 *Luciano,* Riv. soc. 2017, 405, 406.
175 *Luciano,* Riv. soc. 2017, 405, 406.
176 *Luciano,* Riv. soc. 2017, 405, 410.
177 *Libonati,* S. 474, 485.

kann somit auch ausschließlich dem Zuständigkeitsbereich der Geschäftsführer zugewiesen werden.

2. *Die Folgen von Sanierungsbeschlüssen für den Geschäftsführer in Deutschland und Italien*

a) *Beschluss zur Weiterführung und Sanierung der Gesellschaft*

Haben die Gesellschafter in Deutschland die Weiterführung der GmbH beschlossen, ist der Beschluss der Gesellschafter für den Geschäftsführer im Rahmen seiner Folgepflicht bindend; dies ergibt sich aus § 37 Abs. 1 GmbHG.[178] Auch in Italien hat der Geschäftsführer umgehend die geeigneten Sanierungsmaßnahmen zu erarbeiten, sollten die Gesellschafter die Sanierung beschließen.[179]

b) *Beschluss zur Unterlassung von Sanierungsmaßnahmen*

Fraglich ist, ob der Geschäftsführer auch dem Beschluss Folge zu leisten hat, wenn die Gesellschafter beschließen, die Gesellschaft nicht retten zu wollen.

Zunächst ist für die Rechtslage in Deutschland zu beachten, dass grundlegende Sanierungsentscheidungen im Zuständigkeitsbereich der Gesellschafter liegen.[180] Sie tragen die Verantwortung für die Unternehmenspolitik.[181] Die Gesellschafter können sich also durchaus dafür entscheiden, ihre Gesellschaft insolvent gehen zu lassen. Nach h.M. trifft die Gesellschafter einer GmbH gerade keine allgemeine Sanierungspflicht.[182] Beschließt die Gesellschafterversammlung, dass Sanierungsmaßnahmen für die GmbH unterlassen werden sollen, ist auch dieser Beschluss für die Geschäftsführung bindend.[183] Ein Beschluss der Gesellschafter hat auch die Entlastung des Geschäftsführers zur Folge. Er darf nun grundsätzlich die Sanierungsmaßnahmen unterlassen.[184] Bei seinen laufenden Pflichten, wie der Bilanzierung (§ 41 i.V.m. § 252 Abs. 1 Nr. 2 HGB) hat der Geschäftsführer zu beachten, dass die Gesellschaft nicht saniert werden soll.[185]

---

178 Lutter/Hommelhoff/*Kleindiek*, § 37 Rn. 17; Wimmer/Dauerheim/Wagner/Gietl/*Gietl*, Kapitel 9 Rn. 153.

179 Umfassend zu den Sanierungspflichten in der spa: *Luciano*, S. 135ff.

180 *Veil*, ZGR 2006, 374, 385; *Westermann*, DZWiR 2006, 485, 487.

181 Roth/Altmeppen/*Altmeppen*, § 37 Rn. 22.

182 *Westermann*, DZWiR 2006, 485, 487 a.A. *Drenckhan*, GmbHR 2006, 1296, 1298ff.

183 Wimmer/Dauerheim/Wagner/Gietl/*Gietl*, Kapitel 9 Rn. 153.

184 Lutter/Hommelhoff/*Kleindiek*, § 43 Rn. 36.

185 Bork ZIP 2000, 1709, 1713.

Auch in Italien liegt die Entscheidung über die Weiterführung der Gesellschaft mangels einer anderweitigen Regelung in der Satzung bei den Gesellschaftern.[186] Entscheiden sie sich gegen eine Weiterführung der Gesellschaft, wird die Aktivität der srl als unmöglich angesehen (Art. 2484 Abs. 3 c.c.). Die Geschäftsführer sind verpflichtet, die Gesellschaft aus dem Handelsregister löschen zu lassen.[187]

3. *Haftung wegen unterlassener Prüfung eventueller Sanierungsmaßnahmen*

Unterlässt der Geschäftsführer die Prüfung von Sanierungsmaßnahmen, kann er sich aus § 43 Abs. 2 GmbHG wegen Verletzung einer Organpflicht schadensersatzpflichtig machen.[188] Die praktische Bedeutung dieses Haftungsanspruchs ist allerdings äußerst gering.[189] Haben sich die Gesellschafter für oder gegen eine Sanierung entschieden, haftet der Geschäftsführer aus § 43 Abs. 2 GmbHG, sollte er den Beschluss ignorieren.[190]

Die Pflicht nach Bekanntwerden der Krise einen Sanierungsplan zu erstellen und diesen den Geschäftsführern zu präsentieren, gehört auch in Italien zu den Organpflichten des Geschäftsführers.[191] Somit haftet der Geschäftsführer bei einer Verletzung gegenüber der srl aus Art. 2476 Abs. 1 c.c. Darüber hinaus können auch Gläubiger eigene Schäden geltend machen, falls diese sich aus dem Unterlassen der Umsetzung eines Gesellschafterbeschlusses ergeben.[192]

IV. Pflichten und Haftung bei Insolvenzreife

1. *Insolvenzreife in Deutschland und Italien*

Zunächst stellt sich die Frage, wann das Gesetz in Deutschland und Italien eine Insolvenzreife der GmbH festsetzt. Unter Insolvenzreife verstehen wir den Zeitpunkt, ab welchem ein Insolvenzantrag gestellt werden kann. Im Folgenden werfen wir daher einen Blick auf die unterschiedlichen Insolvenzgründe in Deutschland und Italien.

---

186 *Luciano*, Riv. soc. 2017, 405, 410.
187 *Luciano*, Riv. soc. 2017, 405, 410.
188 Lutter/Hommelhoff/*Kleindiek*, § 43 Rn. 35.
189 Lutter/Hommelhoff/*Kleindiek*, § 43 Rn. 35.
190 Roth/Altmeppen/*Altmeppen*, § 37 Rn. 22.
191 *Luciano*, Riv. soc. 2017, 405, 412.
192 *Luciano*, Riv. soc. 2017, 405, 412.

a) Insolvenzgründe in Deutschland

In Deutschland kann das Insolvenzverfahren bei Vorliegen einer Zahlungsunfähigkeit (§ 17 InsO), drohenden Zahlungsunfähigkeit (§ 18 InsO) oder Überschuldung (§ 19 InsO) der Gesellschaft eröffnet werden. Dabei soll für den hier verwendeten Begriff der Insolvenzreife die drohende Zahlungsunfähigkeit[193] ausgeklammert sein. Für besondere Pflichten und eine Haftung hat die drohende Zahlungsunfähigkeit keine Bedeutung, der Geschäftsführer hat ab diesem Zeitpunkt lediglich die Möglichkeit Insolvenzantrag zu stellen.

aa) Zahlungsunfähigkeit

Von den Insolvenzgründen der Zahlungsunfähigkeit und Überschuldung ist die Zahlungsunfähigkeit in der Praxis weitaus relevanter.[194] Gemäß § 17 Abs. 2 InsO ist der Schuldner zahlungsunfähig, wenn er nicht in der Lage ist, die fälligen Zahlungsverpflichtungen zu erfüllen. Dies wird vermutet, wenn er seine Zahlungen eingestellt hat (§ 17 Abs. 2 S. 2 InsO).

(1) Liquiditätsbilanz zum Stichtag

Zur Bestimmung der Zahlungsunfähigkeit werden an einem Stichtag das Vermögen der Gesellschaft und die bestehenden fälligen Zahlungsverpflichtungen gegenübergestellt.[195] Dem Wortlaut nach sind nur Zahlungsverpflichtungen relevant, andersartige Forderungen der Gläubiger werden grundsätzlich nicht erfasst.[196] Auch für das Vermögen der Gesellschaft sind zunächst nur die bestehenden Geldmittel der Gesellschaft von Bedeutung.[197] Die Zahlungsunfähigkeit ist ein reiner Illiquiditätstatbestand.[198]

(2) Einschränkende Auslegung

Ergibt der Vergleich am Stichtag, dass die Gesellschaft nicht alle relevanten Verbindlichkeiten bedienen kann, ist sie dem Gesetz nach nun zahlungsunfähig. Dieses Ergebnis ist aus wirtschaftlicher Sicht wenig überzeugend, da eine Liquiditätslücke innerhalb kurzer Zeit wieder geschlossen sein kann. Zudem würde nach dem bloßen Gesetzeswortlaut eine Lücke in jeder Höhe die Zahlungsunfähigkeit

---

193 Zur drohenden Zahlungsunfähigkeit s.o. § 2 A II 1 b.

194 Scholz/*Bitter*, vor § 64 Rn. 2; *Pape*, WM 2008, 1949.

195 Andres/Leithaus/*Leithaus*, Insolvenzordnung, § 17 Rn. 13.

196 Scholz/*Bitter*, vor § 64 Rn. 7; Schmidt/Uhlenbruck/*Uhlenbruck*, Rn. 519.

197 Scholz/*Bitter*, vor § 64 Rn. 13.

198 Scholz/*Bitter*, vor § 64 Rn. 13.

begründen. Eine Lösung bestünde darin, die Zahlungsunfähigkeit durch die Merkmale der Dauerhaftigkeit und Wesentlichkeit zu ergänzen.

Der Gesetzgeber in Deutschland hat jedoch bei § 17 InsO bewusst auf die Merkmale der Dauerhaftigkeit und Wesentlichkeit verzichtet.[199] Die Befürchtung stand im Raum, die Einführung solcher Grenzen würde Schuldner dazu anhalten, die Insolvenz zu verschleppen.[200] Das erklärte Ziel des § 17 InsO, die rechtzeitige Verfahrenseröffnung sicherzustellen, wäre somit gefährdet.[201] Der Gesetzgeber sah allerdings ein, dass nicht jede Liquiditätslücke gleich zu einer Zahlungsunfähigkeit führen durfte. In den Erwägungen zu § 17 InsO wurde ausdrücklich festgestellt, dass eine „vorübergehende Zahlungsstockung“ keine Zahlungsunfähigkeit darstellen solle.[202] Auf Grundlage dieser gesetzlichen Erwägung und aus dem offensichtlichen praktischen Erfordernis heraus besteht heute Einverständnis darüber, dass nicht jede Liquiditätslücke zur Zahlungsunfähigkeit führen kann. Die genauen Abgrenzungskriterien sind jedoch umstritten.[203] Nachdem lange über diesen Punkt Unsicherheit herrschte, hat der BGH sich in einer Grundsatzentscheidung dieser Problematik angenommen und die Kriterien der Zahlungsunfähigkeit in drei Leitsätzen festgeschrieben.[204] Im Ergebnis hat er konkrete prozentuale Grenzen für eine relevante Liquiditätslücke festgelegt. In der Wissenschaft wird die oberste Rechtsprechung gerade mit Blick auf die gesetzgeberischen Erwägungen kritisiert, weil der Gesetzgeber keine Grenzen einführen wollte.[205]

bb) Überschuldung

Neben der Zahlungsunfähigkeit stellt auch die Überschuldung (§ 19 InsO) einen Insolvenzgrund dar. Der Tatbestand der Überschuldung hat in Deutschland eine bewegte Geschichte hinter sich. In der alten KO[206] von 1877 war die Überschuldung in § 193 KO a.F. als Insolvenzgrund für eine Aktiengesellschaft genannt. Für die GmbH war nur die Zahlungsunfähigkeit gemäß § 94 KO a.F. als Insolvenzgrund vorgesehen.[207] In der neuen Insolvenzordnung

---

199 BGH BKR 2006, 15, 16 m.W.n.

200 *Scholz/Bitter*, v. § 64 Rn. 14.

201 Begr. zu § 20 und 21 RegE, BT-Drs. 12/2443 S. 114.

202 Begr. zu § 20 und 21 RegE, BT-Drs. 12/2443 S. 114.

203 BGH BKR 2006, 15, 17 m.W.n.

204 BGH Urt. vom 24. Mai 2005 IX ZR 123/ 4 = BGH BKR 2006, 15ff.

205 MüKoInsO/*Eilenberger*, § 17 Rn. 22; Scholz/*Bitter*, v. § 64 Rn. 16.

206 Gültig in den alten Bundesländern, RGBl. S. 351, auf dem Gebiet der damaligen DDR galt die Vergleichsordnung vom 26. Februar 1935, RGBl. I S. 321.

207 MüKoInsO/*Drukarczyk/Schüler*, § 19 Rn. 4.

wurde die Überschuldung als allgemeiner Insolvenzgrund für juristische Personen in § 19 Abs. 2 InsO wiederaufgenommen.[208] Die letzte Überarbeitung fand im Zuge des FMStG statt.[209] Die Wideraufnahme ist vor dem Hintergrund zu sehen, dass Kapitalgesellschaften aufgrund des fehlenden persönlichen Haftungsrückhalts den Markt verlassen sollen, wenn ihr Vermögen die Schulden nicht mehr deckt.[210]

(1) Merkmale der Überschuldung gemäß § 19 Abs. 2 InsO

Nach dem derzeitigen Gesetzesstand tritt Überschuldung gemäß § 19 Abs. 2 InsO dann ein, wenn das Vermögen des Schuldners die bestehenden Verbindlichkeiten nicht mehr deckt, es sei denn, die Fortführung des Unternehmens ist nach den Umständen überwiegend wahrscheinlich. Zunächst ist also der Überschuldungsstatus zu ermitteln, durch eine Gegenüberstellung des Vermögens der Gesellschaft und aller Verbindlichkeiten.[211] Allerdings werden nur in groben Zügen alle Aktiva und Passiva der Gesellschaft gegenübergestellt, für die Aktiva wird dabei der Liquidationswert angesetzt.[212] Hieran schließt sich die sog. Fortführungsprognose, welche ermittelt, ob das Unternehmen trotz Überschuldungsstatus in Zukunft zahlungsfähig bleiben wird. Bei der Fortführungsprognose wird anhand eines Finanzplans die mittelfristige Zahlungsfähigkeit der Gesellschaft ermittelt.[213] Die Aufteilung in Überschuldungsstatus und Fortführungsprognose wird als zweistufiger Überschuldungsbegriff bezeichnet.[214]

Die Überschuldung ist von den Inhabern der Forderung aus Insolvenzverschleppung geltend zu machen und zu beweisen.[215] Für den Gläubiger ist es oft aufgrund mangelnden Insiderwissens sehr schwierig, die Überschuldung der Gesellschaft darlegen und beweisen zu können.[216] Die Rechtsprechung hat hier durch modifizierte Darlegungs- und Beweislastregeln eine gewisse Abhilfe geschaffen.[217]

---

208 MüKoInsO/*Drukarczyk/Schüler*, § 19 Rn. 4.
209 Scholz/*Bitter*, v. § 64 Rn. 22; MüKoInsO/*Drukarczyk/Schüler*, § 19 Rn. 51.
210 *Kalss/Adensamer/Oelkers*, S. 134.
211 Karsten Schmidt/*Karsten Schmidt*, § 19 Rn. 21 m.W.n.
212 MüKoInsO/*Drukarczyk/Schüler*, § 19 Rn. 40.
213 MüKoInsO/*Drukarczyk/Schüler*, § 19 Rn. 58ff.
214 Scholz/*Bitter*, v. § 64 Rn. 25.
215 BGHZ 126, 181, 200.
216 Scholz/*Bitter*, v. § 64 Rn. 23.
217 Lutter/Hommelhoff/*Kleindiek*, Anh. zu § 64 Rn. 87.

(2) Überschuldung in Italien

Auch in Italien findet sich der Begriff der Überschuldung (*sovraindebitamento*) in den Gesetzestexten, allerdings stellt sie keinen Insolvenzgrund dar. Die Gesetze Nr. 3/2012 und 221/2012 räumen bei Überschuldung Möglichkeiten zum Abschluss einer Entschuldungsvereinbarung ein.[218] Diese Vereinbarung soll eine Alternative bieten, wenn andere Verfahren, wie beispielsweise die Insolvenz mangels Insolvenzfähigkeit, ausgeschlossen sind.[219] Die Entschuldungsvereinbarung war im Schwerpunkt für kleine familienbetriebene Unternehmen gedacht, welche nicht insolvenzfähig sind.[220]

Eine Überschuldung liegt gemäß Art. 6 Abs. 2 lit. a Gesetz 3/2012 vor, wenn ein dauerhaftes Ungleichgewicht zwischen den eingegangenen Verpflichtungen und dem sofort liquidierbaren Vermögen besteht. Eine Fortführungsprognose, wie sie die deutsche Rechtsordnung vorsieht, ist in Italien nicht notwendig.

b) Insolvenzreife in Italien Art. 5 LF

aa) Insolvenzreife nach Art. 5 LF

In Italien ist die Insolvenzreife nicht wie in Deutschland an das Vorliegen unterschiedlicher Insolvenzgründe geknüpft. Art. 5 LF sieht lediglich vor, dass Insolvenzantrag gestellt werden kann, sobald Anhaltspunkte bestehen, welche zeigen, dass der Schuldner nicht mehr in der Lage ist, seine Zahlungsverpflichtungen regelmäßig zu erfüllen (*fatti esetriori i quali dimostrino che il debitore non è più in grado di soddisfare regolarmente le proprie obbligazioni*). Die Nichterfüllung (*inadempimento*) kann einer dieser Anhaltspunkte sein. Die Norm ist seit der Einführung im Jahr 1942 unverändert geblieben.[221]

Die italienische Rechtsprechung und Literatur haben sich des Art. 5 LF angenommen und ihn weiterentwickelt. Der Art. 5 LF ist heute so zu verstehen, dass Insolvenzreife vorliegt, wenn der Schuldner nicht in der Lage ist, regelmäßig und mit gewöhnlichen Mitteln die bestehenden Verpflichtungen zum vereinbarten Zeitpunkt zu erfüllen.[222]

---

218 *Di Maio,* S. 155.

219 Ferro/*Maria Nonno,* Art. 5 S. 87.

220 *Di Maio,* S. 156; zur Insolvenzfähigkeit in Italien s.u., § 2 B IV 2 c) aa) (2).

221 Ferro/*Maria Nonno,* Art. 5 I 1.

222 Cass. 15 marzo 1994, n. 2470; *Gugliemucci,* Lezioni di diritto fallimentare, S. 30.

bb) Erfüllbarkeit

Bei der Frage, ob die srl die Verpflichtungen erfüllen kann, sind zunächst nur die liquiden Geldmittel der Gesellschaft relevant.[223] Vermögenswerte wie Immobilien sind unbeachtlich.[224] Daher kann man für die Insolvenzreife auch nicht auf eine Differenz zwischen Aktiva und Passiva der Gesellschaft abstellen, da erstere auch nicht liquide Vermögenswerte umfassen.[225] Diese liquiden Mittel müssen aber gleichzeitig zu den gewöhnlichen Mitteln der Gesellschaft gehören. Der Begriff „gewöhnlich" kann als „im Geschäftsbetrieb der Gesellschaft üblich" verstanden werden.[226] Erfasst ist zum Beispiel die Rückgabe der Ware als Zahlungsmittel an den Lieferanten, falls dies vereinbart wurde.[227] Kein gewöhnliches Zahlungsmittel liegt vor, wenn kurzfristig außergewöhnliche Maßnahmen zur Rettung der Gesellschaft unternommen werden, wie z.B. die Aufnahme von Notkrediten zu überhöhten Zinsen.[228]

cc) Zeitmoment

Zudem wird auch ein Zeitmoment in den Art. 5 LF gelesen. Für ein notwendiges Zeitmoment spricht der Gesetzeswortlaut, welcher die „Regelmäßigkeit" der Nichterfüllung fordert. Das Zeitmoment haben Lehre und Rechtsprechung weiter ausgearbeitet. Demnach muss die Unfähigkeit, die bestehenden Verbindlichkeiten zu erfüllen, dauerhaft bestehen und nicht lediglich temporär sein.[229] Ist der Schuldner in der Lage, seine Verpflichtungen in einem zumutbaren Zeitraum zu erfüllen, soll er nicht insolvenzreif sein.[230] Daher kann für die Insolvenzreife nicht nur auf die Verlustbilanz abgestellt werden; eine Gesellschaft kann über mehrere Monate hinweg Verluste einfahren, nur um am Ende des Jahres doch einen großen Gewinn zu erwirtschaften.[231] Für einen angemessenen Zeitraum werden bis zu zwei Jahre vorgeschlagen.[232]

---

223 Cass. 15 marzo 1994, n. 2470; *Gugliemucci,* Lezioni di diritto fallimentare, S. 32.
224 Cass. 15 marzo 1994, n. 2470; *Gugliemucci,* Lezioni di diritto fallimentare, S. 32.
225 Cass. 6 ottobre 1981, n. 5241; Cass. 15 maggio 1991, n. 5445; Cass. 15 marzo 1994, n. 2470; Cass. 28 maggio 1998, n. 5287; *Gugliemucci,* Lezioni di diritto fallimentare, S. 32.
226 *Gugliemucci,* Lezioni di diritto fallimentare, S. 30.
227 Cass. 28 novembre 1984, n. 6185; Cass. 6 gennaio 1983, n. 68.
228 *Gugliemucci,* Lezioni di diritto fallimentare, S. 30.
229 Ferro/*Maria Nonno,* Art. 4 IV 24; *Gugliemucci,* Lezioni di diritto fallimentare, S. 30.
230 Cass. 24 marzo 1983, n. 2470.
231 *Gugliemucci,* Lezioni di diritto fallimentare, S. 30.
232 *Gugliemucci,* Lezioni di diritto fallimentare, S. 29.

dd) Nichterfüllung der Forderungen

Ähnlich wie im deutschen § 17 InsO sieht der italienische Art. 5 LF vor, dass die Nichterfüllung (*inadempimento*) gemäß Art. 5 LF ein starkes Anzeichen für die Insolvenzreife darstellt. Der italienische Gesetzgeber hat bei der Neuregelung der Insolvenzreife in dem Gesetz von 1942 zunächst bewusst die Insolvenzreife von der bloßen Zahlungseinstellung abgekoppelt.[233] Diese Entscheidung wurde begrüßt.[234] Die starre Anknüpfung an die Zahlungseinstellung war umstritten, weil sie die dynamische betriebswirtschaftliche Realität nicht hinreichend wiederspiegelte.[235] Die Einstellung der Zahlungen stellt daher nur noch einen Anhaltspunkt für die Insolvenzreife dar. Es müssen aber zusätzliche Anforderungen erfüllt sein. Der Gläubiger muss erst einen Rechtstitel gegen den Schuldner erworben haben.[236] Werden gegen den Titel Rechtsmittel eingelegt, so kann dies gegen die Insolvenzreife gemäß Art. 5 LF sprechen.[237]

c) Vergleich der Insolvenzreife in Deutschland und Italien

Vergleicht man die Anforderungen an die Insolvenzreife in Deutschland und Italien, ergeben sich interessante Parallelen. Zunächst ähnelt Art. 5 LF von seinen Grundanforderungen der Zahlungsunfähigkeit aus § 17 InsO. Bei beiden stelle die Zahlungseinstellung einen starken Anhaltspunkt für die Insolvenzreife dar. Es sticht aber ins Auge, dass der Tatbestand der Überschuldung aus § 19 InsO in Italien für die Insolvenzreife keinerlei parallele Norm findet. Der Tatbestand der Überschuldung wird auch in Deutschland skeptisch gesehen, insb. wird die Schwierigkeit der Durchführung einer korrekten Fortführungsprognose kritisiert.[238] Daher kommt in der Praxis dem Insolvenzgrund der Überschuldung eine geringe Bedeutung zu.[239] Im Zeitraum von 2000–2011 wurden durchschnittlich nur 2,4 % aller Eröffnungsanträge allein auf eine Überschuldung gestützt.[240] Zum Vergleich beträgt dieser Wert in Bezug auf die Zahlungsunfähigkeit 72,6 %.[241]

---

233 *Terranova*, S. 3f.
234 *Terranova*, S. 3.
235 *Terranova*, S. 3f.
236 Vgl. Cass. 4 settembre 1998, n. 8781; Cass. 26 febbraio 1980, n. 1328.
237 Cass. 15 marzo 1994, n. 2470; *Gugliemucci*, Lezioni di diritto fallimentare, S. 34.
238 MüKoInsO/ *Drukarczyk/Schüler*, § 19, Rn. 95f.
239 Scholz/*Bitter*, v. § 64 Rn. 21.
240 MüKoInsO/*Drukarczyk/Schüler*, § 19 Rn. 21.
241 MüKoInsO/*Drukarczyk/Schüler*, § 19 Rn. 21.

Was hingegen an der italienischen Rechtsordnung auffällt, ist, dass die Insolvenzreife erst deutlich nach der Insolvenzreife nach deutschem Rechtsverständnis eintritt. Zunächst weil für eine regelmäßige Nichterfüllung i.R.d. Art. 5 LF ein Zeitraum von bis zu zwei Jahren diskutiert wird. Zudem wird für die Feststellung der Zahlungseinstellung in Italien ein Titel gefordert. Bei der teilweise sehr langen Verfahrensdauer in Italien kann die Notwendigkeit eines Titels bedeuten, dass die Insolvenzreife erst lange nach Zahlungseinstellung eintreten kann.

Allerdings ist der deutsche § 15a InsO tatsächlich in gewisser Hinsicht zu streng. Die kurze Karenzfrist in § 15a InsO geht an den wirtschaftlichen Gegebenheiten vorbei.[242] In drei Wochen kann keine Gesellschaft saniert werden. Möglicherweise wäre als Mittelweg zwischen den beiden extremen Ansätzen im deutschen und italienischen Recht eine Karenzfrist von drei bis sechs Monaten für die Sanierung der Gesellschaft am geeignetsten. Ein solcher Zeitraum würde der Gesellschaft eine realistischere Chance einer Sanierung geben, aber gleichzeitig die lebensunfähige Gesellschaft nicht allzu lange am Markt verbleiben lassen.

2. *Insolvenzantragspflicht und Insolvenzantragsstellung*

a) *Insolvenzantragspflicht in Deutschland*

In Deutschland ergibt sich eine Insolvenzantragspflicht in § 15a InsO ausdrücklich aus dem Gesetz. Die Norm ist durch das MoMiG eingeführt worden und ist seit dem 1.11.2008 in Kraft. Der Insolvenzantrag ist nach Eintritt der Zahlungsunfähigkeit oder Überschuldung ohne schuldhaftes Zögern, spätestens aber innerhalb von drei Wochen, zu stellen. Die Antragspflicht für den Geschäftsführer der GmbH stellt keine rechtliche Neuheit dar. Früher war diese in § 64 Abs. 1 GmbHG a.F. geregelt.[243]

b) *Insolvenzantragspflicht in Italien*

aa) *Keine Reglung einer Insolvenzantragspflicht in Italien*

In Italien hingegen, hat der Gesetzgeber 1942 auf die Regelung einer Insolvenzantragspflicht verzichtet. Trotz dieser Entscheidung des Gesetzgebers wird die Existenz einer Insolvenzantragspflicht in der italienischen Rechtsliteratur äußerst breit diskutiert.

---

242 *Hirte*, ZInsO 2010, 1986, 1989, 1993.

243 *Stöber*, ZHR 176 (2012), 326, 333.

bb) Herleitung einer Insolvenzantragspflicht in der Rechtsliteratur

(1) Insolvenzantragspflicht aus Art. 6 LF

Ungeachtet der Entscheidung des Gesetzgebers hat die italienische Rechtsliteratur Versuche unternommen, eine Insolvenzantragspflicht aus den bestehenden insolvenzrechtlichen Regelungen abzuleiten. Art. 6 LF normiert das Recht des Schuldners einen Insolvenzantrag zu stellen. Stimmen in der Literatur wollen aus Art. 6 LF eine zivilrechtliche Pflicht zur Insolvenzantragsstellung ableiten.[244] Hiergegen wendet sich die h.M. in der Lehre mit einem Verweis auf den Wortlaut des Art. 6 LF.[245] In der Tat erklärt die Norm nur, dass die Insolvenz auf Antrag des Schuldners erklärt wird (*Il fallimento è dichiarato su ricorso del debitore*). Während im alten italienischen Konkursrecht noch eine Insolvenzantragspflicht ausdrücklich vorgesehen war, ist diese in den aktuellen Rechtsnormen tatsächlich nicht mehr zu finden.[246]

(2) Insolvenzantragspflicht aus den strafrechtlichen Normen Artt. 216 Abs. 1 Nr. 4, 224 LF

Andere Stimmen in der italienischen Rechtsliteratur wollen eine Insolvenzantragspflicht aus dem Insolvenzstrafrecht ableiten. Gemäß Artt. 216 Abs. 1 Nr. 4, 224 LF macht sich der Geschäftsführer einer (*bancarotta semplice*) strafbar, wenn er den Insolvenzantrag nicht stellt (*astenendosi dal richiedere la dichiarazione del proprio fallimento*) und dies die Notlage des Unternehmens verschlimmert (*aggravato il proprio dissesto*). Aus der strafrechtlichen Sanktion wird der allgemeine Gedanke einer Insolvenzantragspflicht abgeleitet.[247] Der Geschäftsführer soll verpflichtet sein, Insolvenzantrag zu stellen, sobald das Unterlassen des Insolvenzantrags den Vermögensverfall in der Gesellschaft verschlimmert.[248] Auch dieser Ansatzpunkt ist allerdings umstritten.[249] Hätte der Gesetzgeber eine Insolvenzantragspflicht gewollt, hätte er diese ausdrücklich in den zivilrechtlichen Normen der Insolvenzordnung geregelt.

---

244 *Di Lauro*, S. 47; *Jaeger*, S. 158.
245 *Hirte/Vicari*, Giur. comm. 1996, II, 377, 395.
246 Satta/*Vaccarella/P. Luiso*, Diritto fallimentare, S. 51.
247 *Kindler*, S. 386; Kindler/Nachmann/*Kindler/Conow*, Länderbericht Italien Rn. 191.
248 *Kindler*, S. 386; Kindler/Nachmann/*Kindler/Conow*, Länderbericht Italien Rn. 191.
249 Cass. 27 febbraio 2002, n. 2906, Foro it. 2002, I, 3156, 3160–3161; *Stöber*, ZHR 176 (2012), 326, 333.

(3) Mittelbare Antragspflicht aufgrund einer zivilrechtlichen Haftung und strafrechtlicher Sanktionierung

Die oberste Rechtsprechung hat sich in ihren Urteilen der Frage nach einer Insolvenzantragspflicht nicht angenommen. Allerdings findet sich eine Entscheidung zu der Haftung wegen Verschleppung des Insolvenzantrags.[250] Das Gericht lässt den Geschäftsführer haften, der Maßnahmen verspätet vornimmt, um den Verlusten der Gesellschaft Einhalt zu gebieten, was zu einem Schaden der Gesellschaft führt (*ritardo nella adozione delle misure necessarie a contenere le perdite, il quale ha arrecato danno alla società*).[251] Über die zivilrechtliche Haftung besteht daher zumindest mittelbar eine Pflicht, Insolvenzantrag zu stellen.[252]

Im Ergebnis versucht die italienische Rechtsliteratur eine Insolvenzantragspflicht für den Geschäftsführer einer srl zu konstruieren. Der Gesetzgeber hat sich allerdings bei der Einführung der LF im Jahre 1942 gegen eine Insolvenzantragspflicht entschieden[253]. Sie wurde mit der Neufassung der LF im Jahre 1942 bewusst abgeschafft.[254] Die Rechtsprechung hat in keinem seiner Urteile eine Insolvenzantragspflicht angenommen. Der Geschäftsführer, der nach der Insolvenzreife seiner Gesellschaft keinen Insolvenzantrag stellt, hat aber strafrechtliche Sanktionen und eine zivilrechtliche Haftung zu befürchten.[255] Wir können somit festhalten, dass in Italien zumindest mittelbar für den Geschäftsführer die Pflicht besteht, bei Insolvenzreife einen Insolvenzantrag zu stellen. Allerdings sei bereits an dieser Stelle angemerkt, dass die mittelbare Insolvenzantragspflicht zeitlich erst nach derjenigen nach deutschem Recht entsteht.

c) Insolvenzantragsstellung

Nachdem im Ergebnis der Geschäftsführer sowohl in Italien als auch in Deutschland in der Krise einen Insolvenzantrag zu stellen hat, wird nun das Verfahren bei Insolvenzantragsstellung untersucht. Auch hier verbergen sich Haftungsgefahren, sollten dem Geschäftsführer bei Antragsstellung Fehler unterlaufen.[256]

---

250 Cass. 27 febbraio 2002, n. 2906, Foro it. 2002, I, 3156, 3160–3161.
251 Cass. 27 febbraio 2002, n. 2906, Foro it. 2002, I, 3156, 3160–3161.
252 Ausführlich hierzu unten § 2 IV 2. b) bb) (3).
253 *Azzolina,* Il fallimento, S. 490.
254 *Azzolina,* Il fallimento, S. 490.
255 Zur Haftung s.u. § 2 IV 3 b) aa).
256 Zur Haftung s.u. § 2 IV 3 b) bb).

aa) Ausschluss der Insolvenzfähigkeit

In bestimmten Fällen ist die Insolvenzfähigkeit einer GmbH oder srl womöglich ausgeschlossen. In diesem Fall kann der Geschäftsführer keinen Insolvenzantrag stellen und folglich besteht auch keine Möglichkeit einer damit verbundenen Haftung.

(1) Rechtslage in Deutschland

In Deutschland ist die GmbH uneingeschränkt insolvenzfähig. Gemäß § 11 I InsO kann das Insolvenzverfahren über das Vermögen jeder juristischen Person eröffnet werden. Hiervon werden nicht nur die GmbH (§ 13 Abs. 1 GmbHG) und andere deutsche Gesellschaftsformen erfasst, sondern auch ausländische Gesellschaftsformen, wie die englische limited oder die italienische srl.[257] Sogar die bereits errichtete aber noch nicht eingetragene Vor-GmbH ist insolvenzfähig.[258] Nur bei Personenhandelsgesellschaften ohne eigene Rechtspersönlichkeit besteht in Deutschland grundsätzlich keine Antragspflicht.[259] Mischformen, wie die GmbH & Co.KG, unterliegen einer Insolvenzantragspflicht der geschäftsführenden Gesellschafter, solange sie nicht zumindest über eine natürliche Person als persönlich haftenden Gesellschafter verfügen.[260]

(2) Rechtslage in Italien

In Italien sind gemäß Art. 1 LF die Regelungen zur Insolvenz auf Unternehmer (*imprenditore*) anwendbar, sobald diese eine kommerzielle Tätigkeit (*attivita commerciale*) ausüben. Die srl wird in Bezug auf die Insolvenz wie ein Unternehmer behandelt und unterfällt bei Insolvenzfähigkeit mit ihrer Vermögensmasse der Insolvenz Art. 1, 146, 147 LF i.V.m. Art. 2331 Abs. 1, 2464 Abs. 2 c.c.

Ausdrücklich nicht insolvenzfähig sind gemäß Art. 1 LF öffentliche Körperschaften (*enti publiche*). Von der Insolvenz ausgenommen sind auch Unternehmen, die gemäß Art. 2 und 3 LF unter das Regime einer Zwangsauflösung im Staatsinteresse fallen (*liquidazione coatta amministrativa*) und größere Unternehmen die gemäß Art. 2 der Verordnung mit Gesetzeskraft vom 8.7.1999 Nr. 270 von der außerordentlichen Zwangsverwaltung *(amministrazione straordinaria)* betroffen sind.

---

257 EuGH Slg. 2002, I-9919 = NJW 2002, 3614 – Überseering; BGH NJW 2003, 1461; Römermann, NZI 2010, 241, 242.

258 BGH GmbHR 2003, 1488; Scholz/*Bitter*, v. § 64 Rn. 4.

259 MüKoInsO/*Eilenberger*, § 15a Rn. 49.

260 *Römermann*, NZI 2010, 241, 242.

Von Bedeutung für die srl ist der Umstand, dass von der Insolvenzfähigkeit Kleinunternehmer ausgenommen sind.[261] Die LF stellt bei dem Kleinunternehmer auf das steuerbare Einkommen ab (Art. 1 lit. a bis c LF).[262] Wurden in eine GmbH mehr als 300.000 Euro investiert, fällt sie nicht mehr unter den Begriff des Kleinunternehmers (Art. 1 lit a LF). Erwirtschaftete die GmbH in den letzten drei Jahren durchschnittlich einen Rohbetrag von über 200.000 Euro, so ist sie ebenfalls kein Kleinunternehmer (Art. 1 lit b). Die GmbH ist auch kein Kleinunternehmer i.S.d. Art. 1 LF, wenn sie Zahlungsverpflichtungen über 500.000 Euro aufweist. Diese müssen allerdings nicht fällig sein (Art. 1 lit. c LF). Betragen die fälligen Verbindlichkeiten der GmbH weniger als 30.000 Euro, ist die Eröffnung eines Insolvenzverfahrens im Übrigen generell ausgeschlossen (Art. 15 Abs. 5 LF).

In Italien sind im Ergebnis viele kleinere Gesellschaften mit beschränkter Haftung als Kleinunternehmer nicht insolvenzfähig. Man stellt sich daher zunächst die Frage, wie der Rechtsverkehr und die Gläubiger geschützt werden, wenn diese Gesellschaften insolvenzreif werden. Man muss jedoch an dieser Stelle bedenken, dass sich der italienische Gesetzgeber für einen Schutz des Rechtsverkehrs über an den Kapitalstand der Gesellschaft gebundene Löschungspflichten entschieden hat.[263]

bb) Verfahren bei Insolvenzantragsstellung

Ist die Gesellschaft insolvenzfähig, stellt sich die Frage, wie der Insolvenzantrag konkret zu stellen ist. Womöglich birgt die falsche Insolvenzantragsstellung auch Haftungsrisiken für den Geschäftsführer.

(1) Inhalt und einzureichende Unterlagen

(a) Rechtslage in Deutschland

Mit Inkrafttreten des ESUG am 1.3.2012 haben sich einige Vorgaben an die einzureichenden Unterlagen bei Insolvenzantragsstellung geändert.[264] Stellt der Geschäftsführer in Deutschland Insolvenzantrag, müssen die Tatsachen dargelegt werden, aus denen sich der Eröffnungsgrund ergibt. Das Gesetz sieht dies für bestimmte Fälle zunächst ausdrücklich vor (§§ 15 Abs. 2 Satz 1, § 317 Abs. 2 Satz 1, § 333 Abs. 2 Satz 2 InsO). Der Geschäftsführer der GmbH muss den

---

261 *Correnti/Schulte-Frohlinde*, ZInsO 2006, 1020, 1022.
262 *Correnti/Schulte-Frohlinde*, ZInsO 2006, 1020, 1022.
263 S.u., § 3 B III 2 b).
264 *Cymutta*, BB 2012, 3151 mit einem guten Überblick über die geänderte Rechtslage.

gesetzlichen Eröffnungsgrund, auf welchen er den Antrag stützt, in substantiierter, nachvollziehbarer Form darlegen.[265] Wird der Antrag wegen Überschuldung oder Zahlungsunfähigkeit gemäß § 15a InsO gestellt, hat er zur Darlegung der Zahlungsunfähigkeit (17 InsO) in der Antragsbegründung seine Liquiditätslage nachvollziehbar darzustellen.[266] Die gegenwärtig fälligen Zahlungsverpflichtungen sind den jeweils verfügbaren finanziellen Mitteln gegenüberzustellen.[267] Wird der Eigenantrag mit Überschuldung begründet, ist zusätzlich eine aktuelle Übersicht des Vermögensstands vorzulegen.[268] Des Weiteren hat der Schuldner gemäß § 13 Abs. 1 Satz 3 InsO seinem Antrag ein Verzeichnis der Gläubiger und ihrer Forderungen beizufügen, unabhängig davon, bis zu welchem Punkt der Schuldner diese als begründet ansieht oder die Forderungen fällig sind.[269] Für bestimmte Fälle regelt § 13 InsO weitere Erfordernisse an die einzureichenden Unterlagen.

(b) Rechtslage in Italien

In Italien schreibt Art. 14 LF vor, welche Unterlagen bei Insolvenzantragsstellung einzureichen sind. Dem zuständigen Konkursgericht sind die in Art. 2214 c.c. gesetzlich vorgeschriebenen Buchführungs- und Steuerunterlagen der letzten drei Jahre vorzulegen. Diese umfassen die Bilanzen und die Gewinn- und Verlustaufstellung.[270] Alle bisherigen Unterlagen sind einzureichen, wenn das Unternehmen kürzer als drei Jahre existieren sollte. Dazu sind eine detaillierte Aufstellung der geschäftlichen Aktivitäten, eine Liste der Gläubiger und der Höhe ihrer Forderungen, sowie eine Liste der Bruttoerträge der letzten drei Jahre vorzulegen. Letztlich ist auch eine Aufstellung mit allen Personen erforderlich, die dingliche und persönliche Rechte (*diritti personali*) an Gegenständen geltend machen, die sich im Besitz des Schuldners befinden. Dabei sind die Sache und der Titel, auf dem das Recht beruht, genau zu bezeichnen.

(2) Gesellschafterbeschluss

Ist in Deutschland der Geschäftsführer nach § 15a verpflichtet, Insolvenzantrag zu stellen, bedarf es keines Gesellschafterbeschlusses. Eine Anweisung der Gesellschafterversammlung, einen Antrag zu unterlassen, ist unzulässig.[271] Es

265 MüKoInsO/*Schmahl/Vuia*, § 13 Rn. 101.
266 BGH NJW 2003, 1187.
267 BGH NJW 2003, 1187.
268 MüKoInsO/*Schmahl/Vuia*, § 13 Rn. 103.
269 MüKoInsO/*Schmahl/Vuia*, § 13 Rn. 103 m.W.n.
270 Maffei/Alberti/*Zaccaria/Troiano*, Art. 14 Rn. 1.
271 Braun/*Bußhardt*, § 17 Rn. 50 m.W.n.

wäre allerdings denkbar, dass der Geschäftsführer für eine Antragstellung wegen drohender Zahlungsunfähigkeit nach § 18 InsO eines Gesellschafterbeschlusses bedarf.[272] Im Fall einer rechtswidrigen Einflussnahme der Gesellschafter auf den Geschäftsführer bei Insolvenzantragsstellung ist eine Haftung aus §§ 830 Abs. 2, 840 BGB denkbar.[273]

In Italien ist das Erfordernis eines Gesellschafterbeschlusses für die Insolvenzantragsstellung des Geschäftsführers umstritten.[274] Für das Erfordernis eines Gesellschafterbeschlusses sprach nach alter Rechtslage der Umstand, dass der Insolvenzantrag zu einer Auflösung der GmbH führte.[275] Im neuen Art. 2484 c.c. ist der Insolvenzantrag als Auflösungsgrund mittlerweile abgeschafft. Gegen die Erforderlichkeit eines Gesellschafterbeschlusses verweist ein Teil der italienischen Literatur zudem auf Art. 152 lit. b) LF.[276] Die Regelung des Art. 152 lit. b) LF betrifft den gerichtlich bestätigten Vergleich mit den Gläubigern im Insolvenzverfahren (*concordato fallimentare*). Der Vergleich kann ohne Beteiligung der Gesellschafter allein durch den Geschäftsführer allein durch den Geschäftsführer vorgenommen werden.[277] Im Ergebnis wird nach der Änderung des Art. 2484 c.c. mittlerweile kein Gesellschafterbeschluss vor Insolvenzantragsstellung notwendig sein.

(3) Rücknahme des Insolvenzantrags vor Insolvenzeröffnung

In Deutschland kann ein Insolvenzantrag gemäß § 13 Abs. 2 InsO zurückgenommen werden, bis das Verfahren eröffnet oder rechtskräftig abgewiesen wurde. Das Gesetz erlaubt die Rücknahme somit auch, wenn der Geschäftsführer zur Antragsstellung aufgrund des § 15a Abs. 1 InsO verpflichtet war. In Italien darf ein Insolvenzantrag grundsätzlich ohne rechtliche Hindernisse zurückgenommen werden.[278] Eine Rücknahme des Insolvenzantrags ist nicht mehr möglich, wenn dies zu einem Schaden der Gesellschaft führt.[279]

---

272 OLG München ZIP 2013, 1121, Römermann/*Wellensiek/Schluck-Amend*, § 23 Rn. 173.
273 Bachmann/Veil/Casper/Schaefer/*Veil*, S. 44f.
274 Sandulli/Santoro/*Clemente/Arpea*, Art. 6 Nr. 5 S. 78.
275 Pajardi/Bocchiola/Paluchowski, Codice del fallimento, S. 123.
276 Sandulli/Santoro/*Clemente/Arpea*, Art. 6 Nr. 5 S. 78.
277 Sandulli/Santoro/*Clemente/Arpea*, Art. 6 Nr. 5 S. 78.
278 *Tedeschi*, Manuale di diritto fallimentare, S. 228.
279 *Tedeschi*, Manuale di diritto fallimentare, S. 228.

3. *Haftung des Geschäftsführers für Pflichtverstöße bei Insolvenzreife*

Es sind unterschiedliche Haftungsszenarien im Zusammenhang mit einem Insolvenzantrag denkbar. Zu denken ist zunächst an die mit der Insolvenzantragspflicht verbundene Insolvenzverschleppung. Die Insolvenzverschleppung wird in der folgenden Analyse einen der zentralen Punkte darstellen. Darüber hinaus wird sich aber auch mit anderen potentiell eine Haftung auslösenden Verhaltensweisen befasst, wie einer fehlerhaften oder verfrühten Insolvenzantragsstellung oder einer Zahlung bei Insolvenzreife.

a) *Überblick über die potentiellen Haftungstatbestände bei Insolvenzreife in Deutschland und Italien*

aa) *Tatbestände für eine Innenhaftung*

(1) *Einschlägige Haftungsnormen in Deutschland*

In Deutschland kann sich eine Innenhaftung des Geschäftsführers in der Insolvenz gegenüber der GmbH zunächst aus § 43 Abs. 2 GmbHG ergeben. Die Norm regelt eine Haftung des Geschäftsführers, der seine Organpflichten verletzt und der Gesellschaft dadurch einen Schaden verursacht. Zudem kommt eine Haftung aus § 64 S. 1 GmbHG in Betracht. Der Geschäftsführer haftet für Zahlungen, die nach Eintritt der Zahlungsunfähigkeit oder Überschuldung getätigt werden, außer diese sind mit der Sorgfalt eines ordentlichen Geschäftsmannes vereinbar. Für Zahlungen an Gesellschafter, die zur Zahlungsunfähigkeit der Gesellschaft führen mussten, haftet der Geschäftsführer unter Umständen aus § 64 S. 3 GmbHG. Die Haftung aus § 64 S. 3 GmbHG wird als sog. „Insolvenzverursachungshaftung" bezeichnet.[280]

(2) *Einschlägige Haftungsnormen in Italien*

In Italien steht der Gesellschaft gegen den Geschäftsführer verbunden mit der Insolvenzreife nur ein Haftungsanspruch aus Art. 2476 Abs. 1 c.c. zur Verfügung. Dieser sieht eine Haftung des Geschäftsführers für die Verletzung seiner gesetzlichen und gesellschaftsvertraglichen Organpflichten vor (*danni derivanti dall`inosservanza dei doveri imposti dalla legge e dell`atto costitutivo*). Art. 2476 Abs. 1 c.c. entspricht damit im Wesentlichen dem § 43 Abs. 2 GmbHG. Auch i.R.d. Art. 2476 Abs. 1 c.c. ergeben sich die Organpflichten aus dem Gesetz oder dem Gesellschaftsvertrag.[281]

---

280 *Stöber*, ZHR 176 (2012), 326, 334.

281 Cass. civ. del 17 gennaio 2007, n. 1045, in: Mass. Giur. It., 2007; Trib. Milano, 22 marzo 2004.

bb) Tatbestände für eine Außenhaftung

(1) Rechtslage in Deutschland

In Deutschland kann sich eine Außenhaftung des Geschäftsführers einer GmbH aus § 823 Abs. 2 i.V.m. § 15a InsO oder § 266 StGB ergeben. Eine wenig beachtete Norm ist die Haftung gegenüber einem Gläubiger aus § 26 Abs. 3 InsO für den Vorschuss der Verfahrenskosten des Insolvenzverfahrens. Daneben ist auch eine Haftung aus § 826 BGB denkbar. Von den aufgeführten Anspruchsgrundlagen ist eine Haftung aus § 823 Abs. 2 i.V.m. § 15a InsO allerdings mit großem Abstand in der Praxis am relevantesten.

(2) Rechtslage in Italien

(a) Keine ausdrückliche Haftungsnorm zur Außenhaftung der Geschäftsführung bei der srl

Die italienischen Reglungen bezüglich der Außenhaftung des Geschäftsführers unterscheiden sich von den deutschen. Es finden sich im Recht der srl nämlich keine besonderen Regelungen, welche die Außenhaftung des Geschäftsführers ausdrücklich bestimmen.

(b) Außenhaftung des Geschäftsführers nach Art. 2394 c.c. in der spa

Im Recht der Aktiengesellschaft findet sich hingegen in Italien ein direkter Haftungsanspruch der Gläubiger gegen den Geschäftsführer. Der Geschäftsführer haftet aus Art. 2394 Abs. 1 und 2 c.c., wenn er gegen die Pflichten zur Wahrung des Vermögens der Gesellschaft verstößt (*obblighi inerenti alla conservazione dell'integrità del patrimonio sociale*) und dadurch die Gläubiger keine Befriedigung ihrer Forderungen mehr erlangen können (*il patrimonio sociale risulta insufficiente al soddisfacimento dei loro crediti*). Der Geschäftsführer muss bei der wirtschaftlichen Entscheidung pflichtwidrig (*illegittimo*) gehandelt haben.[282] In der bloßen falschen Entscheidung liegt dabei keine Pflichtwidrigkeit, er muss gegen seine Organpflichten verstoßen haben.[283] Ein Beispiel wäre ein Verstoß gegen die Pflicht, sich bei jeder Entscheidung ordnungsgemäß zu informieren.[284]

282 Cass. civ. del 6 dicembre 2000, n. 15487, in: Giust. civ. 2001 I, 2716.
283 Cass. civ. del 6 dicembre 2000, n. 15487, in: Giust. civ. 2001 I, 2716.
284 Cass. civ. del 6 dicembre 2000, n. 15487, in: Giust. civ. 2001 I, 2716.

(c) Der Streit um die Außenhaftung des Geschäftsführers gegenüber den Gläubigern der srl in Italien

Obwohl eine solche in den Regelungen der srl nicht zu finden ist, wird in Italien stark diskutiert, ob eine Haftung der Geschäftsführer sich nicht doch aus den bestehenden rechtlichen Regelungen ableiten lässt.

(aa) Novellierung der Geschäftsführerhaftung 2003

Die Diskussion entzündet sich an einer Gesetzesänderung der Geschäftsführerhaftung im Jahr 2003. Zuvor war die Haftung für beide Kapitalgesellschaftsformen parallel geregelt.[285] In den Haftungsnormen zu der srl (Artt. 2462ff. c.c.) findet sich allerdings nach der Reform von 2003 keine Art. 2394 c.c. entsprechende Regelung mehr. In Bezug auf die Innenhaftung des Geschäftsführers bei Verletzung seiner Organpflichten existieren hingegen mit Artt. 2476 c.c. und 2392 c.c parallele Normen für beide Kapitalgesellschaften.

Über das Bestehen einer Außenhaftung gegenüber den Gläubigern besteht trotz fehlender ausdrücklicher Rechtsnorm Einigkeit. Auch die bestehenden Rechtsnormen weisen in diese Richtung. Art. 2476 Abs. 6 c.c. sieht vor, dass die Regelungen zum Schadensersatzanspruch der Gesellschaft in Art. 2476 Abs. 1 bis 5 c.c. Ansprüche einzelner Gesellschafter oder Dritter auf Ersatz ihres Schadens unberührt lassen. Es müssen demnach Schadensersatzansprüche Dritter gegen den Geschäftsführer existieren.

(bb) Haftung über die deliktische Generalklausel Art. 2043 c.c.

Eine Haftung könnte auf die deliktische Generalklausel des Art. 2043 c.c. gestützt werden.[286] Die Norm sieht einen Schadensersatzanspruch für denjenigen vor, der aufgrund vorsätzlichen oder fahrlässigen Verhaltens eine rechtswidrige Schädigung erfährt. Die allgemeine Haftungsnorm schützt auch Gläubiger in Bezug auf die Integrität ihrer Forderung.[287] Der Gesetzgeber soll bei der Reform des Gesellschaftsrechts 2003 beabsichtigt haben, den Gläubigerschutz einzuschränken.[288] Den Gläubigern sollte nunmehr lediglich bei einer direkten Schädigung

---

285 *Mollo,* Giur. comm., 2008, 806.

286 Bianchi/*Angelillis/Sandrelli,* Art. 2476 S. 778f.; Cian/Trabucchi/*Menti*, Art. 2476 I Rn. 11.

287 Cass. del 26 gennaio 1971, n. 174 („Caso Meroni"); Cass. del 24 giugno 1972, n. 2135; Cian/Trabucchi/*Thiene,* Art. 2043 VI 2 Rn. 1; *Kindler*, Einführung in das italienische Recht, § 17 Rn. 24.

288 *Di Amato,* Giur. comm. 2003, 30, *Mollo,* Giur. comm. 2008, 806, 807.

durch den Geschäftsführer ein Anspruch aus Art. 2476 Abs. 6 i.V.m. Art. 2043 c.c. eingeräumt werden.[289]

(cc) Analoge Anwendung des Art. 2394 c.c.

Eine starke Strömung in der Literatur will Art. 2394 c.c. analog auf die srl anwenden.[290] Hiergegen kann man zunächst das offensichtliche Argument einwenden, dass der Gesetzgeber bei der Neuregelung des Gesellschaftsrechts auf eine Parallelnorm zu Art. 2394 c.c. für die srl verzichtet hat.[291] Dies könnte aber durchaus auf ein Versehen des Gesetzgebers zurückzuführen sein, denn den Gesetzesmaterialien ist nämlich keinerlei Andeutung eines bewussten Verzichts zu entnehmen.[292] Darüber hinaus sprechen eine Vielzahl von Argumenten für eine analoge Anwendung des Art. 2394 c.c. auf die srl. Zunächst sieht das Gesetz selbst in Artt. 2485, 2486, 2491 c.c. während der Liquidation einer srl Direktansprüche der Gläubiger gegen die Geschäftsführer vor.[293] Es ist nicht ersichtlich, warum in diesen speziellen Fällen das Gesetz Direktansprüche der Gläubiger zulassen sollte, im allgemeinen Fall der Forderungsbeeinträchtigung aber nicht.[294] Zugunsten einer analogen Anwendung spricht darüber hinaus, dass die *ratio legis* eines effektiven Schutzes der Gläubiger sowohl in der spa als auch in der srl von Bedeutung ist.[295] Ein weiteres starkes Argument für eine analoge Anwendung des Art. 2394 c.c. auf die srl ist die andernfalls eintretende ungerechtfertigte Benachteiligung der Gläubiger einer srl.[296] Die Gläubiger der srl hätten in Italien ohne analoge Anwendung des Art. 2394 c.c. nur auf den schwächeren Anspruch aus Art. 2043 c.c. Zugriff.

(d) Baldige Klärung durch den Gesetzgeber

Starke Argumente sprechen in der Tat für eine analoge Anwendung des Art. 2394 c.c. Allerdings kann die gesetzgeberische Entscheidung, keine

---

289 *Mollo,* Giur. comm. 2008, 806, 807.

290 Roma, 8 giugno 2015, n. 12474; Trib. Milano, 18 gennaio 2012, in Giur. comm. 2012, II, 391; Trib. Pescara, 15 novembre 2006, in Foro it. 2007, I, 2262; *Romano,* Codici Commentati Giuffrè, Art. 2381 Nr. 8.

291 Corte appello Napoli del 28 giugno 2008, Trib. Torino, 8 giugno 2011, in Giur. it. 2012, 332; Trib. Milano, 25 gennaio 2006, in Soc. 2007, 320.

292 Relazione al D. Lgs. n. 6/2003.

293 *Mollo,* Giur. comm. 2008, 806, 807.

294 *Romano,* Codici Commentati Giuffrè, Art. 2381 Nr. 8.

295 Trib. Roma, 8 giugno 2015, n. 12474; Trib. Milano, 18 gennaio 2012, in Giur. comm. 2012, II, 391; Trib. Pescara, 15 novembre 2006, in Foro it. 2007, I, 2262.

296 Trib. Roma, 8 giugno 2015, n. 12474.

parallele Norm für Art. 2394 c.c. vorzusehen, nicht mit einem bloßen Verweis auf einen redaktionellen Fehler begründet werden. Zutreffend wurde bemängelt, dass der Gesetzgeber es auch in den Reformen des Insolvenzrechts in den Jahren 2006–2007 unterlassen hat, die Haftung der Organe der srl zu regeln.[297] Die oberste Rechtsprechung in Italien lässt den Meinungsstreit ohne weitere Begründung offen.[298]

Nun scheint der Gesetzgeber dieses Problem endlich in Angriff nehmen zu wollen. Auf Grundlage des beauftragenden Gesetzes vom 11.10.17 wird dieses Problem hoffentlich bald behoben sein. Gemäß Art. 14 der Norm soll Art. 2394 c.c. auf die srl in Zukunft angewendet werden. Für eine endgültige Klärung in dieser Frage muss allerdings die konkrete Umsetzung des beauftragenden Gesetzes abgewartet werden.

b) Haftung aufgrund verspäteter oder fehlerhafter Insolvenzantragsstellung

aa) Haftung bei verspäteter Insolvenzantragsstellung

(1) Innenhaftung

(a) Rechtslage in Deutschland

In Deutschland kann sich eine Innenhaftung des Geschäftsführers gegenüber der GmbH zunächst aus § 43 Abs. 2 GmbHG ergeben. Die Insolvenzantragsstellung ist eine Organpflicht des Geschäftsführers einer GmbH i.S.d. § 43 Abs. 2 GmbHG.[299] Eine wenig beachtete Norm ist die Haftung des Geschäftsführers einer GmbH aus § 26 Abs. 3 InsO. Die Norm sieht bei Antragsverschleppung eine Haftung des Geschäftsführers für den Vorschuss vor, welchen ein Gläubiger leistet, um trotz Massearmut die Eröffnung des Insolvenzverfahrens zu ermöglichen. In der Praxis kommt es aber äußerst selten zu einem Vorschuss durch einen der Gläubiger.[300] Daneben kann der Geschäftsführer bei Verspätung des Insolvenzantrags gemäß § 26 Abs. 4 InsO gezwungen werden, einen Vorschuss für die Durchführung des Insolvenzverfahrens zu leisten. Dies hat sich in der Praxis aber ebenfalls als wenig relevant erwiesen.[301]

---

297 *Abriani*, S. 169.

298 Cass. 27 febbraio 2002, n. 2906, in: Foro it. 2002, I, 3156, 3160; Cass. civ. del 26 agosto 2016, n. 17359.

299 Lutter/Hommelhoff/*Kleindiek*, § 43 Rn. 8.

300 *Jula*, S. 323.

301 *Cymutta*, BB 2012, 3151, 3155.

(b) Rechtslage in Italien
In Italien kann die Verschleppung des Insolvenzantrags eine Haftung des Geschäftsführers aus der allgemeinen Norm des Art. 2476 c.c. auslösen;[302] allerdings nicht wegen der Verletzung einer Insolvenzantragspflicht, weil eine solche in der italienischen Rechtsordnung nicht existiert. Vielmehr haftet der Geschäftsführer, wenn er durch das Unterlassen eines Insolvenzantrags eine Verschlimmerung des Vermögensverfalls der Gesellschaft verursacht.[303] Jedenfalls wird dies im Zusammenhang mit der parallelen Haftungsnorm der spa Art. 2392 c.c. so gesehen.[304]

(2) Außenhaftung

(a) Rechtslage in Deutschland
In Deutschland kann sich eine Außenhaftung des Geschäftsführers bei Insolvenzverschleppung primär aus § 823 Abs. 2 i.V.m. § 15a InsO oder § 266 StGB ergeben. Daneben ist auch eine Haftung aus § 826 BGB denkbar. Allerdings ist im Rahmen des § 826 BGB zu beachten, dass kein sittenwidriges Unterlassen vorliegt, wenn der für die Stellung des Konkursantrages verantwortliche Geschäftsführer den Antrag unterlassen hat, weil er die Krise den Umständen nach als überwindbar und daher Bemühungen um ihre Behebung durch einen Sanierungserfolg als berechtigt ansehen durfte.[305] Bei den deliktischen Haftungstatbeständen kommt dem Anspruch aus § 823 Abs. 2 i.V.m. § 15a InsO die größte Bedeutung zu. Die Norm § 15a InsO ist nach überwiegender Ansicht Schutzgesetz i.S.d. § 823 Abs. 2 BGB.[306]

(b) Rechtslage in Italien
Der oben geschilderte Streit bezüglich der Außenhaftung des Geschäftsführers gegenüber den Gesellschaftsgläubigern wirkt sich auch auf die Außenhaftung wegen Insolvenzverschleppung aus.

(aa) Rechtsgrundlage für eine Haftung
Diskutiert wird auch hier eine analoge Anwendung des Art. 2394 c.c.[307] oder eine direkte Anwendung der allgemeinen deliktischen Haftungsnorm des

302 *Stöber*, ZHR 176 (2012), 326, 346; *Correnti*, ZinsO 2006, 1020, 1026f.
303 Kindler/Nachmann/*Kindler/Conow*, Länderbericht Italien Rn. 192.
304 *Correnti*, ZInsO 2006, 1020, 1026f.; *Hirte/Vicari*, Giur. comm. 1996, II, 377, 395.
305 Vgl. BGH NJW 1989, 3277 m.W.n.
306 Vgl. jeweils zu § 64 I GmbHG BGHZ 29, 100, 102f.; BGHZ 75, 96, 106, BGHZ 100, 19, 21; MükoInsO/*Klöhn*, § 15a Rn. 140 m.w.N.
307 Stöber, ZHR 176 (2012), 326, 334; Correnti/Schulte-Frohlinde, ZInsO 2006, 1020, 1026; Kindler/Nachmann/*Kindler/Conow*, Länderbericht Italien Rn. 195.

Art. 2043 c.c.[308] Im Ergebnis wird der Lösung über eine analoge Anwendung des Art. 2394 c.c. auch bei der Insolvenzverschleppungshaftung der Vorzug zu geben sein. Insb. scheint es dogmatisch konsequenter, die Haftung wegen Unterlassung des Insolvenzantrags als Teil der Vermögensbewahrungspflicht des Geschäftsführers zu sehen.[309] Mit der Umsetzung der Ermächtigungsnorm vom 11.10.2017 wird Art. 2394 c.c. mit hoher Wahrscheinlichkeit auch auf die srl anwendbar sein.

(bb) Die Insolvenzverschleppungshaftung nach Auffassung des Kassationshofes

Das bereits viel zitierte Urt. des Kassationshofs bietet leider den einzigen konkreten Anhaltspunkt für die Anforderungen an die Insolvenzverschleppungshaftung und soll daher an dieser Stelle nochmals genauer beleuchtet werden.[310]

Aus dem Urt. ergeben sich drei Voraussetzungen für die Haftung des Geschäftsführers, der es unterlässt, einen Insolvenzantrag zu stellen. Zunächst bedarf es eines Vermögensverfalls (*dissesto*), der unumkehrbar (*irreversibile*) sein muss.[311] Im entschiedenen Fall wurde ein unumkehrbarer Vermögensverfall erst angenommen, als die Schulden der Gesellschaft das Vierfache des bestehenden Gesellschaftskapitals betrugen. Wir können daraus schließen, dass das primäre Kriterium für eine Unumkehrbarkeit des Vermögensverfalls ein sehr großes Missverhältnis zwischen Verpflichtungen und Gesellschaftsvermögen sein muss. Leider wird in dem Urteil nicht erklärt, welche Verpflichtungen und Vermögensgegenstände relevant sind oder auch wann nun genau eine „Unumkehrbarkeit" gegeben ist. Der Vermögensverfall muss darüber hinaus erkennbar (*vistoso*) für den Geschäftsführer sein.[312] Konkretere Kriterien werden auch hier nicht genannt. In dem relevanten Urteil stand fest, dass der Geschäftsführer über die finanzielle Situation der Gesellschaft umfassend informiert war.

(3) Haftung der Geschäftsführung erst nach Insolvenzreife in Italien

Die Haftung des Geschäftsführers in Italien bei Insolvenzverschleppung greift erst wesentlich später als die Insolvenzverschleppungshaftung in Deutschland. In Deutschland beginnt die Haftung spätestens drei Wochen nach Eintritt der Insolvenzreife gemäß § 15a InsO. In Italien hingegen haftet der Geschäftsführer erst, wenn das Unterlassen des Insolvenzantrags zu einem Schaden für die

308 Cass. 27 febbraio 2002, n. 2906, Foro it. 2002, I, 3156ff.; *Stöber*, ZHR 176 (2012), 346.

309 Vgl. Cass. 27 febbraio 2002, n. 2906, Foro it. 2002, I, 3156ff.

310 Cass. 27 febbraio 2002, n. 2906, Foro it. 2002, I, 3156ff.

311 Cass. 27 febbraio 2002, n. 2906, Foro it. 2002, I, 3156, 3160; Maffei/Alberti/*Zaccaria/Troiano*, Art. 6 II Rn 2.

312 Cass. 27 febbraio 2002, n. 2906, Foro it. 2002, I, 3156, 3160.

Gesellschaft führt. Dieser Grundsatz gilt sowohl für die Innen- als auch für die Außenhaftung bei Insolvenzverschleppung.

Wie festgestellt, kann das Unterlassen des Insolvenzantrags erst einen Schaden darstellen, wenn der Vermögensverfall unumkehrbar geworden ist.[313] Die Insolvenzreife ist aber sowohl in Deutschland als auch in Italien ein umkehrbarer Zustand. Nicht umsonst soll das Insolvenzverfahren idealerweise eine Sanierung der Gesellschaft zur Folge haben. Das Kriterium der Unumkehrbarkeit führt dazu, dass eine Haftung erst greift, wenn tatsächlich gar kein Gesellschaftsvermögen mehr vorhanden ist. Die oberste Rechtsprechung in Italien setzt mit seiner Entscheidung konsequent den Willen des Gesetzgebers um. Dieser hätte eine Haftung ohne weiteres an die Insolvenzreife koppeln können, hat dies aber unterlassen. Die Insolvenzverschleppungshaftung in Italien zielt nicht auf die Stellung eines Insolvenzantrags bei Insolvenzreife ab. Eine Gesellschaft kann damit auch lange nach Zahlungsunfähigkeit am Markt verbleiben. Lediglich in besonders schweren Fällen, wo sich die Gesellschaft nach Zahlungsunfähigkeit in erheblichem Maß weiter verschuldet, wird der Geschäftsführer eine Haftung zu befürchten haben.

bb) Haftung bei fehlerhafter und verfrühter Insolvenzantragsstellung

(1) Fehlerhafte Antragsstellung

Das teilweise komplizierte Verfahren bei Insolvenzantragsstellung[314] bietet großen Raum für Fehler. Wird der Insolvenzantrag nicht korrekt gestellt, stellt sich die Frage, welche Konsequenzen dies für das Insolvenzverfahren hat und ob der Geschäftsführer womöglich haftet.

(a) Konsequenzen für das Insolvenzverfahren in Deutschland und Italien

Das deutsche Insolvenzgericht wird bei einem fehlerhaften Antrag den Antragsteller gemäß § 139 Abs. 3 ZPO mit einer Zwischenverfügung auf den Mangel hinweisen und ihm eine angemessene Frist zur Beseitigung setzen.[315] Wird der Mangel nicht beseitigt, wird der Antrag als unzulässig abgewiesen.[316] Das Fehlen des Verzeichnisses des § 13 Abs. 1 Satz 3 InsO oder die Richtigkeitserklärung nach § 13 Abs. 1 Satz 7 InsO ist der Antrag unzulässig.[317] Ist das eingereichte

---

313 S.o. § 2 B IV 3 b) aa) (2) (b) (bb).

314 S.o. § 2 B IV 2 c).

315 Uhlenbruck/*Uhlenbruck*, § 13 Rn. 57.

316 BGH NJW 2003, 1187.

317 *Frind*, ZInsO 2011, 2249, 2252; a.A. für das Fehlen der Richtigkeitserklärung *Müller/Rautmann*, ZInsO 2012, 918, 920.

Verzeichnis unrichtig oder unvollständig, führt dies nicht zu der Unzulässigkeit des Antrags, solange „gebührende Anstrengungen“ bei der Zusammenstellung unternommen wurden.[318] Werden die Angaben des Katalogs in § 13 Abs. 1 Satz 4 InsO vergessen, hat dies nur dann die Unzulässigkeit des Antrags zur Folge, wenn die Angaben aufgrund des § 13 Abs. 1 Satz 6 InsO verpflichtend waren.[319] Die Eröffnung des Insolvenzverfahrens führt zu einer Heilung aller unerkannt gebliebenen Mängel bei der Antragsstellung.[320]

Werden in Italien gemäß Art. 14 LF unzureichende Unterlagen beigefügt, bleibt der Insolvenzantrag zulässig.[321] Fehlen Unterlagen, eröffnet das Gericht dennoch das Insolvenzverfahren und verpflichtet den Antragssteller im Eröffnungsbeschluss gemäß Art. 16 Abs. 1 Nr. 3 LF, die Unterlagen nachzureichen. Das Gericht ist bei seiner Entscheidung, das Insolvenzverfahren zu eröffnen, nicht an die eingereichten Unterlagen gebunden.[322] Es ist daher wenig verwunderlich, wenn die in Art. 14 LF geforderten Unterlagen in vielen Fällen nicht oder unvollständig eingereicht werden.[323]

(b) Haftung des Geschäftsführers in Deutschland und Italien

Wird der Insolvenzantrag in Deutschland fehlerhaft gestellt, treffen den Geschäftsführer eine Reihe an Haftungsrisiken. Zunächst kann sich ein Dritter auf eine Haftung aus § 823 Abs. 2 i.V.m. § 15a InsO berufen.[324] Auch ein Anspruch der GmbH gegen den Geschäftsführer aus § 64 S. 1 GmbHG ist denkbar, wenn er im Anschluss Zahlungen vornimmt.[325] Daneben sieht § 15a Abs. 3 Alt. 2 InsO für das nicht richtige Stellen eines Insolvenzantrags strafrechtliche Sanktionen vor.

In Italien bleibt die Missachtung des Art. 14 LF ohne Sanktion.[326] Fordert das Insolvenzgericht den Geschäftsführer allerdings gemäß Art. 16 Abs. 1 Nr. 3 LF mit dem Eröffnungsbeschluss auf, die Unterlagen nachzureichen, muss er dies tun, anderenfalls macht er sich aus Art. 220 LF strafbar.[327]

---

318 BT-Drucks. 17/7511, S. 45.
319 BT-Drucks. 17/7511, S. 33.
320 MüKoInsO/*Schmahl/Vuia*, § 13 Rn. 111.
321 Maffei/Alberti/*Zaccaria/Troiano*, Art. 14 Rn. 4 m.W.n.
322 Jorio/*Lamanna*, Band I, S. 293.
323 Comm LF Scialoja/Branca/*Tedeschi*, S. 401.
324 *Cymutta*, BB 2012, 3151.
325 *Blöse*, GmbHR 2012, 471, 474.
326 Comm LF Scialoja/Branca/*Tedeschi*, S. 400.
327 Maffei/Alberti/*Zaccaria/Troiano*, Art. 14 Rn. 4 m.W.n.

(2) Haftung bei verfrühter Insolvenzantragsstellung

Der Geschäftsführer kann auch voreilig Insolvenzantrag stellen, ohne dass die GmbH oder srl tatsächlich insolvenzreif sind und für diesen Fehler zur Rechenschaft gezogen werden.[328]

(a) Haftung in Deutschland

In Deutschland kommt bei einer verfrühten Stellung eines Insolvenzantrags eine Haftung aus § 43 Abs. 2 GmbHG in Betracht.[329] Eine Haftung soll sich ergeben, wenn der Geschäftsführer einen Insolvenzantrag stellt, ohne vorherige Sanierungsmaßnahmen geprüft zu haben.[330] Dieser Ansicht steht aber entgegen, dass der Geschäftsführer auch im gerichtlichen Sanierungsverfahren (§§ 217ff. InsO) Sanierungsmöglichkeiten prüfen darf.[331] Stellt er einen Insolvenzantrag, obwohl keine Zahlungsunfähigkeit oder Überschuldung vorliegt, ist eine Haftung dennoch meist ausgeschlossen. Gemäß § 18 Abs. 3 InsO darf der Geschäftsführer auch einen Insolvenzantrag stellen, wenn nur eine drohende Zahlungsunfähigkeit vorliegt.[332] Eine Verantwortlichkeit bleibt allenfalls denkbar, wenn noch nicht einmal eine drohende Zahlungsunfähigkeit gegeben ist.[333] In vielen Fällen wird der GmbH aber kein Schaden aufgrund der verfrühten Antragsstellung entstanden sein. Das Gericht wird die Eröffnung des Verfahrens schlicht ablehnen. Ein kleinerer Schaden kann allerdings aufgrund der mit der Antragsstellung verbundenen Kosten entstehen.[334] An eine schwerwiegendere Schädigung ist allenfalls zu denken, falls wegen des Insolvenzantrags ein Investor abspringt.[335] Rein praktisch scheint es jedoch nicht sehr wahrscheinlich, dass der Geschäftsführer bei Verhandlungen mit einem Investor, an denen er sehr wahrscheinlich beteiligt sein wird, plötzlich einen Insolvenzantrag stellt.

(b) Haftung in Italien

In Italien wird bei fehlender Insolvenzreife der Antrag gemäß Art. 15 LF von dem Insolvenzgericht abgelehnt und dem Schuldner werden die Kosten auferlegt.[336]

---

328 Einen guten Überblick zur Rechtslage in Deutschland Gottwald InsR Hb/*Haas/Kolmann/Pauw*, § 92 Rn. 154.

329 Gottwald InsR Hb/*Haas/Kolmann/Pauw*, § 92 Rn. 154; *Jula*, S. 326; *Meyke*, S. 46 Rn. 103.

330 Vgl. *Goette*, in: 50 Jahre Bundesgerichtshof Festschrift, S. 123, 137.

331 Gottwald InsR Hb/*Haas/Kolmann/Pauw*, § 92 Rn. 155.

332 Gottwald InsR Hb/*Haas/Kolmann/Pauw*, § 92 Rn. 156.

333 MüKo/*H.F. Müller*, § 64 Rn. 197.

334 *Meyke*, S. 46 Rn. 103.

335 *Jula*, S. 326.

336 Maffei Alberti/*Faccioli/Zaccaria*, Art. 15 IX Rn. 10.

Hat der Geschäftsführer hierdurch der Gesellschaft einen Schaden verursacht, ist auch in Italien denkbar, dass er dieser gegenüber aus Art. 2476 Abs. 1 c.c. haftet. Auch in Italien wird allerdings selten ein Schaden anzunehmen sein, abgesehen von den Kosten für die Ablehnung des Insolvenzantrags.

c) Haftung für Zahlungen bei Insolvenzreife

aa) Zahlungsverbot in Deutschland

In Deutschland hat der Geschäftsführer gemäß § 64 S. 1 GmbHG der Gesellschaft für alle Zahlungen Ersatz zu leisten, welche er nach Eintritt der Zahlungsunfähigkeit oder Überschuldung tätigt. Mit Eintritt der Insolvenzantragspflicht gemäß § 15a InsO sind ihm demnach grundsätzlich Zahlungen an Gläubiger untersagt. Die dreiwöchige Karenzfrist des § 15a InsO ist i.R.d. § 64 S. 1 GmbHG nicht beachtlich, die Zahlungen müssen sofort eingestellt werden.[337]

Eine Haftung aus § 64 S. 1 GmbHG bleibt auch nach Stellung des Insolvenzantrags bis Eröffnung des Insolvenzverfahrens möglich.[338] Der Zweck von § 64 S. 1 GmbHG, eine Schmälerung der Masse zu verhindern, bleibt auch während des Insolvenzeröffnungsverfahrens bestehen.[339]

bb) Kein Zahlungsverbot bei Insolvenzreife in Italien

Im aktuellen Recht der srl existiert keine § 64 S. 1 GmbHG entsprechende Norm, welche ein Zahlungsverbot an den Eintritt der Insolvenzreife knüpft. Allerdings besteht für den Geschäftsführer die Gefahr einer bereits oben erwähnten Haftung aus Art. 2486 Abs. c.c. Unterschreitet das Eigenkapital der Gesellschaft des gesetzliche Mindestkapital, darf der Geschäftsführer die Geschäfte nur noch im Sinne einer Erhaltung des verbleibenden Kapitals führen. Zahlungen, welche nicht der Erhaltung des Kapitals dienen, sind verboten. Das gesetzliche Mindestkapital ist bei Insolvenzreife oftmals unterschritten, wodurch Art. 2486 c.c. als Zahlungsverbot dienen kann.

d) Insolvenzverursachungshaftung in Deutschland und Italien

Führen Zahlungen direkt zu der Insolvenz der eigenen Gesellschaft, führt dies womöglich zu einer Haftung des Geschäftsführers. Eine Haftung wird

---

337 Lutter/Hommelhoff/*Kleindiek*, § 43 Rn. 37.

338 Lutter/Hommelhoff/*Kleindiek*, § 64 Rn. 12 m.W.n.

339 Lutter/Hommelhoff/*Kleindiek*, § 64 Rn. 12.

in Anbetracht der unternehmerischen Freiheit sowohl in Italien als auch in Deutschland allerdings mit Vorsicht zu betrachten sein.

aa) Insolvenzverursachungshaftung in Deutschland

In Deutschland kann sich eine sog. „Insolvenzverursachungshaftung" zunächst aus § 64 S. 3 GmbHG ergeben.[340] Der Geschäftsführer haftet für Zahlungen an Gesellschafter, welche zu der Zahlungsunfähigkeit der GmbH geführt haben. Eine Haftung ist gemäß § 64 S. 2 und 3 GmbHG ausgeschlossen, wenn die Zahlung mit der Sorgfalt eines ordentlichen Geschäftsmanns vereinbar war. Der Geschäftsführer hat vor der Auszahlung an den Gesellschafter eine Solvenzprognose vorzunehmen.[341] Er muss die Zahlung verweigern, wenn der Eintritt der Zahlungsunfähigkeit nach Auszahlung überwiegend wahrscheinlich ist.[342] Neben einer Haftung aus § 64 S. 3 GmbHG haftet der Geschäftsführer womöglich auch aus § 43 Abs. 2 GmbHG wegen Verletzung seiner Organpflichten.[343] Allerdings muss er hier einen konkreten Schaden für die Gesellschaft darlegen, während im Rahmen des § 64 S. 3 GmbHG die Zahlung bereits als Schaden aufgefasst werden kann.[344] Im Dunstkreis der „Insolvenzverursachungshaftung" findet sich das von der Rechtsprechung entwickelte Rechtsinstitut der „Haftung wegen Existenzvernichtung".[345] Die „Existenzvernichtungshaftung" betrifft allerdings nur den Gesellschafter und nicht den Geschäftsführer.[346] Eine Haftung gegenüber den Gläubigern wegen Verursachung der Insolvenz ist für die GmbH in Deutschland nicht gegeben. Bei der AG hingegen könnten die Gläubiger sich in einem solchen Fall auf § 93 Abs. 5 AktG berufen.

bb) Verletzung der Vermögensbewahrungspflicht in Italien

In Italien findet sich im Recht der srl keine Parallelnorm zu § 64 S. 3 GmbHG. Eine Haftung im Innenverhältnis für Zahlungen, die zur Insolvenzreife der Gesellschaft geführt haben, ist nicht vorgesehen. Allenfalls kann der Geschäftsführer aus Art. 2486 c.c. haften, sollte das gesetzliche Mindestkapital unterschritten sein und die Zahlung nicht der Erhaltung des Gesellschaftskapitals dienen.

---

340 *Stöber*, ZHR 176 (2012), 326, 335.
341 Lutter/Hommelhoff/*Kleindiek*, § 43 Rn. 33.
342 Lutter/Hommelhoff/*Kleindiek*, § 43 Rn. 33.
343 Roth/Altmeppen/*Altmeppen*, § 64 Rn. 64.
344 MüKoGmbHG/ *H.-F. Müller*, § 64 Rn. 180.
345 BGH NJW 2002, 3024.
346 BGH NJW 2002, 3024.

Eine Haftung aus Art. 2394 c.c. im Außenverhältnis ist nur aufgrund der Zahlung nicht möglich. Sollte der Geschäftsführer allerdings gegen eine zusätzliche Pflicht vor der Zahlung verstoßen haben, können die Gläubiger versuchen ihren Quotenschaden geltend zu machen. Ein Beispiel wäre, wenn der Geschäftsführer sich vor der Zahlung nicht hinreichend informiert hat.[347]

e) Haftung des Geschäftsführers bei Insolvenzanfechtung

Sowohl in Deutschland als auch in Italien können Rechtsgeschäfte nach Eröffnung des Insolvenzverfahrens vom Insolvenzverwalter angefochten werden.[348] Es stellt sich die Frage, ob es zu einer Haftung des Geschäftsführers kommen kann, welcher das angefochtene Rechtsgeschäft abgeschlossen hat.

aa) Erstattungsanspruch nach § 64 S. 1 GmbHG bei Insolvenzanfechtung in Deutschland

In Deutschland begründet die Insolvenzanfechtung grundsätzlich keine deliktischen Ansprüche.[349] Die Insolvenzanfechtung nach §§ 129ff. InsO wird allerdings oftmals mit einem Erstattungsanspruch aus § 64 S. 1 GmbHG einhergehen.[350] Beide erfüllen den Zweck der Wiederherstellung der Insolvenzmasse und weisen auf der Tatbestandsebene große Übereinstimmungen auf.[351] Eine Haftung des Geschäftsführers gegenüber einem Gläubiger wäre allenfalls bei einer bewussten Täuschung denkbar. Der Gläubiger kann sich bei einer bewussten Täuschung auf eine Haftung aus c.i.c. (Art. 1337 c.c.) stützen.

bb) Keine Haftung bei Insolvenzanfechtung in Italien

In Italien existiert keine § 64 S. 1 GmbHG entsprechende Rechtsgrundlage. Denkbar sind allenfalls Ansprüche auf Grundlage der deliktischen Generalklausel, da diese auch Forderungsrechte schützt.[352] Allerdings wird es meist an einer Widerrechtlichkeit der Handlung des Geschäftsführers fehlen. Die Insolvenzanfechtung als schädigende Handlung wird nicht durch den Geschäftsführer begangen. In dem Vertragsschluss die schädigende Handlung zu sehen, ist

347 Vgl. Cass. civ. del 28 marzo 1960, n. 669.

348 Einen Überblick über die Insolvenzanfechtung in Italien bietet MüKoInsO/*Santonocito-Pluta/Mare-Ehlers*, Länderberichte Italien, Rn. 90ff.

349 BGH NJW 1990, 990, 991 m.W.n.

350 *Gehrlein,* ZInsO 2015, 477, 479, 483.

351 *Gehrlein,* ZInsO 2015, 477, 479, 483.

352 *Kindler,* Einführung in das italienische Recht, § 27 Rn. 24.

schwierig, weil hier das verletzte Forderungsrecht erst begründet wird. Erschwerend hinzu kommt, dass die allgemeine Insolvenzanfechtung gemäß Art. 2091ff. c.c. von Seiten des Betroffenen eine Kenntnis der Möglichkeit einer Schädigung der Insolvenzgläubiger voraussetzt. Der von der Insolvenz betroffene Gläubiger wird sich folglich kaum auf eine widerrechtliche Schädigung zu seinen Lasten berufen können. Etwas anderes gilt auch in Italien bei einer bewussten Täuschung durch den Geschäftsführer, abermals ist an eine Haftung aus c.i.c. (Art. 1337 c.c.) zu denken.

f) Haftung für Verletzung der Pflicht zur Buchführung

Die Pflicht zu einer ordnungsgemäßen Buchführung ergibt sich in Deutschland aus § 41 GmbHG und in Italien aus Art. 2214 c.c. Der Geschäftsführer hat zu jedem Zeitpunkt der Unternehmenstätigkeit Bücher zu führen. Die Krise der Gesellschaft ändert zunächst nichts an dieser Verpflichtung. Die Buchführungspflicht und insb. die hieraus resultierende Haftung hat dennoch in der Krise eine besondere Bedeutung. Zunächst kann der Geschäftsführer gerade in der Krise versuchen, durch fehlerhafte oder komplett unterlassene Buchführung Verluste zu kaschieren oder einen unrechtmäßigen Abfluss von Kapital aus der Gesellschaft zu verschleiern. Bei der Eröffnung des Insolvenzverfahrens und der Überprüfung der Bücher durch den Insolvenzverwalter werden diese Unregelmäßigkeiten oftmals erst aufgedeckt.[353] Der Insolvenzverwalter oder die Gläubiger werden nun versuchen, den Geschäftsführer haftbar zu machen.

aa) Eingeschränkte Außenhaftung bei Verletzung der Buchführungspflicht in Deutschland

In Deutschland kommt für die Verletzung der Buchführungspflicht gegenüber der Gesellschaft eine Haftung gemäß § 43 Abs. 2 GmbHG in Betracht.[354] Ist strittig, ob der Geschäftsführer im Rahmen des Verschuldens die Sorgfalt eines ordentlichen und gewissenhaften Geschäftsleiters angewandt hat, trifft den Geschäftsführer entsprechend § 93 Abs. S. 2 GmbHG die Beweislast.[355] Allerdings muss die Gesellschaft den entstandenen Vermögensschaden und die Kausalität nachweisen.[356]

353 BGH DB 1985, 2291.
354 BGHZ 165, 85, 92; *Adler/Düring/Schmaltz*, § 41 Rn. 5.
355 *Adler/Düring/Schmaltz*, § 41 Rn. 5.
356 *Adler/Düring/Schmaltz*, § 41 Rn. 5.

Eine Außenhaftung des Geschäftsführers der GmbH gegenüber den Gläubigern aus § 823 Abs. 2 i.V.m. § 41 GmbHG ist umstritten.[357] Die Rechtsliteratur in Deutschland nimmt allerdings an, dass § 41 GmbHG neben dem öffentlichen Interesse, insb. auch das Interesse der Gläubiger, schützen soll.[358] Darüber hinaus bestehe ein Bedürfnis nach einer direkten Außenhaftung des Geschäftsführers bei fehlerhafter Buchführung und masseloser Insolvenz.[359] Der BGH sieht in § 41 GmbHG allerdings keine gläubigerschützende Vorschrift.[360] Eine Haftung kommt nur in Frage, wenn der Gläubiger auf die fehlerhafte Buchführung konkret vertraut hat.[361] Zu beachten ist in Deutschland auch die Gefahr einer Strafbarkeit aus §§ 283 Abs. 1 Nr. 5 und 6, 283b Abs. 1 Nr. 5 bis 7 StGB für den Geschäftsführer, sollte er seine Buchführungspflichten verletzen.[362]

bb) Möglichkeit einer Innen- und Außenhaftung des Geschäftsführers in Italien

Die Verletzung der Buchführungspflicht kann für den Geschäftsführer in Italien zu einer Haftung führen. Die Pflichtverletzung allein reicht jedoch nicht aus, um eine Haftung zu begründen, weil diese nicht geeignet ist, einen Schaden zu verursachen.[363] Der Geschäftsführer haftet gegenüber den Gläubigern der Gesellschaft aber in Fällen, wo durch die fehlerhafte Buchführung ein Absinken unter das gesetzliche Mindestkapital verschleiert wird.[364] Die Gesellschaft ist in diesem Fall gemäß Art. 2484 Abs. 1 Nr. 4 c.c eigentlich aus dem Handelsregister zu löschen. Ein Schaden ist in allen abgeschlossenen Geschäften der Gesellschaft zu sehen.[365] Relevanter als die Haftung sind in Italien strafrechtliche Sanktionen bei unvollständiger oder unterlassener Buchführung aus Artt. 216, 217, 223, 224 und 227 LF.[366]

---

357 Baumbach/Hueck/*Haas*, § 41 Rn. 19 mit Überblick über den Meinungsstand.
358 Bork/Schäfer/*Witt*, § 41 Rn. 2 m.W.n.
359 Wimmer/Dauerheim/Wagner/Gietl/*Gietl*, Kapitel 9 Rn. 150.
360 BGHZ 125, 366, 378.
361 Baumbach/Hueck/*Haas*, § 41 Rn. 19.
362 *Bellen/Stehl*, BB 2010, 2579, 2581.
363 Cass. 28 maggio 1998, n. 5287; i.E. auch Trabucchi/*Pitter*, Art. 2216 II Rn. 5.
364 C. App. Milano del 11 novembre 2007 in: Soc., 2008, S. 590.
365 Cass. 28 maggio 1998, n. 5287.
366 Trabucchi/*Pitter*, Art. 2216 II Rn. 5.

g) *Haftung für Missachtung der Auskunftspflichten bei Insolvenzreife*

Eine weitere Frage, die sich im Rahmen der Haftung in der Insolvenz stellt, betrifft die Auskunftspflichten des Geschäftsführers. Inwieweit ist der Geschäftsführer verpflichtet, Vertragspartner und Gesellschaft über die Insolvenzreife zu informieren und haftet er, falls er eine solche Pflicht verletzt?

aa) Auskunftspflichten bei Insolvenzreife

(1) Rechtslage in Deutschland

In Deutschland besteht eine Verpflichtung, die eigene Vermögenslage dem Vertragspartner zu offenbaren, wenn das Verhalten des Vertragspartners bei den Vertragsverhandlungen und die von ihm zu treffenden Entscheidungen davon wesentlich beeinflusst werden können (§ 242 BGB).[367] Bei bestehender Insolvenzfähigkeit aufgrund von Zahlungsunfähigkeit oder Überschuldung ist der Geschäftspartner über die finanzielle Lage aufzuklären.[368] Wer eine in Zukunft fällige Verpflichtung eingeht, muss auch eine drohende Zahlungsunfähigkeit offenbaren.[369] Die einer GmbH obliegende Offenbarungspflicht hat ihr Geschäftsführer als ihr vertretungsberechtigtes Organ zu erfüllen.[370]

(2) Rechtslage in Italien

In Italien haben sich die Parteien bei Abschluss des Vertrages aus Art. 1337 c.c. gemäß den Grundsätzen von Treu und Glauben (*buona fede*) zu verhalten. Für den Geschäftsführer kann sich hieraus die Pflicht ergeben, unaufgefordert den anderen Vertragsteil über die finanzielle Situation der Gesellschaft zu informieren. Bei Insolvenzreife der Gesellschaft ist der Geschäftsführer auch in Italien verpflichtet, den Vertragspartner über die Insolvenzreife der Gesellschaft gemäß Art. 5 LF zu informieren.[371]

bb) Haftung bei Verletzung der Aufklärungspflichten bei Insolvenzreife

(1) Rechtslage in Deutschland

In Deutschland ist an eine Haftung aus c.i.c. oder sittenwidriger Schädigung nach § 826 BGB zu denken. Für eine Haftung aus c.i.c. muss der Geschäftsführer

---

367 BGH, NJW 1984, 2248.

368 BGH, NJW 1983, 676; BGH, NJW 1984, 2284; BGH, NJW 1988, 2234; Hachenburg/*Ulmer*, § 64 Rn. 66.

369 BAG NJW 1975, 708.

370 BGH NJW-RR 1991, 1312.

371 Cass. civ. del 11 ottobre 1994, n. 8295.

aber ein besonderes persönliches Vertrauen in Anspruch nehmen oder ein starkes wirtschaftliches Eigeninteresse am Abschluss des Vertrags aufweisen.[372] Der Geschäftsführer müsste dem Verhandlungsgegner eine zusätzliche, von ihm persönlich ausgehende Gewähr für die Richtigkeit und Vollständigkeit seiner Erklärungen geben, die für den Willensentschluss des Vertragspartners relevant war.[373] Neben der Haftung aus c.i.c. kommt in seltenen Fällen eine Haftung aus § 826 BGB in Betracht.[374]

(2) Rechtslage in Italien
In Italien begründet die Verletzung der Pflichten aus Art. 1337 c.c. einen Haftungsanspruch des Geschädigten.[375] Im Rahmen einer Haftung aus Art. 1337 c.c. ist der Vertrauensschaden des Geschäftspartners zu ersetzen.[376] Ein Beispiel wäre der Forderungsausfall einer Bank, von welcher der Geschäftsführer unter Verheimlichung des Vermögensverfalls die Auszahlung eines Darlehens erwirkt hat.[377] Im Unterschied zu der Rechtslage in Deutschland, erfordert die Haftung aus c.i.c. in Italien kein besonderes Interesse des Geschäftsführers.[378]

C. Gemeinschaftshaftung

In vielen Gesellschaften mit beschränkter Haftung ist nicht nur ein einzelner Geschäftsführer aktiv. Neben den Pflichten und der Haftung des Einzelnen stellt sich somit die gesonderte Frage nach den kollegialen Pflichten und der Gemeinschaftshaftung der Geschäftsführung.

I. Problemaufriss

1. Notwendigkeit einer Geschäftsverteilung

Betriebswirtschaftliche Erwägungen im Rahmen der sog. Organisationslehre fordern eine Geschäftsverteilung.[379] Es kann nur so der Tatsache Rechnung getragen werden, dass die zeitlichen Kapazitäten der einzelnen Geschäftsführer begrenzt sind und es praktisch nicht möglich ist, dass jeder sich mit allen

372 BGH NHW 1986, 588; BGH NJW-RR 1991, 1312.
373 BGH, NJW 1987, 1141; BGH, NJW-RR 1988, 615; BGH, NJW-RR 1989, 110.
374 BGH NJW-RR 1991, 1312 m.W.n.
375 Cian/Trabucchi/*Zaccaria,* Art. 1337 VI Rn. 1 m.W.n.
376 Cian/Trabucchi/*Zaccaria,* Art. 1337 VI Rn. 1 m.W.n.
377 Cass. civ. del 28 marzo 1960, n. 669; Trib. Milano del 23 settembre 1983.
378 MüKoAktG/*Spindler,* § 77 Rn. 33f.
379 *Leuering/Dornhegge,* NZG 2010, 13.

Geschäftsführungsangelegenheiten beschäftigt.[380] Bei einem breiten Spektrum an Aufgabenbereichen steigert eine individuelle Zuweisung an den Geschäftsführer auch die Motivation und die Identifikation mit der Aufgabe, was sich positiv auf die Produktivität auswirkt.[381] Die Geschäftsverteilung kann der Vorstand in einer Geschäftsordnung regeln (vgl. § 77 AktG). In Ziff. 4.2.1 S. 2 DCGK wird für eine reibungslose Funktion des Vorstands bestehend aus mehreren Personen eine Geschäftsordnung sogar empfohlen.

2. Gemeinschaftliche Haftung

Sind mehrere Geschäftsführer aktiv, stellt sich die Frage nach besonderen gemeinschaftlichen Pflichten und einer gemeinsamen Haftung. Verletzt ein einzelner Geschäftsführer eine Pflicht, stellt sich die Frage nach der Gesamtverantwortung. Diese Problematik wird vor dem Hintergrund der erwähnten starken Aufgabenverteilung nur komplexer und diskussionswürdiger. Warum sollte ein Geschäftsführer für das Fehlverhalten eines Mitgeschäftsführers haften, welcher in einem komplett anderen Ressort tätig ist und von dessen Aufgaben er wenig versteht. Dies scheint besonders bei großen Gesellschaften, wie die deutsche Robert Bosch GmbH oder italienische Edizione srl der Familie Benetton, relevant zu sein. Bei stärker ausdifferenzierten Strukturen auf Geschäftsführungsebene ist es äußerst problematisch, eine pauschale gemeinschaftliche Haftung anzunehmen. Allerdings werden auf diese großen Gesellschaften anwendbare Grundsätze, schwer auf kleine Familienbetriebe übertragbar sein.

II. Gemeinsame Haftung der Geschäftsführer

1. Gemeinsame Haftung der Geschäftsführung

a) Gesamtschuldnerische Haftung

aa) Gesetzliche Vorschriften in Deutschland

Zunächst sieht in Deutschland § 43 Abs. 2 GmbHG vor, dass die Geschäftsführer solidarisch haften. Der veraltete Wortlaut solidarisch meint eigentlich gesamtschuldnerisch, wie in der entsprechenden aktienrechtlichen Norm § 93 Abs. 2 AktG.[382] Für eine Haftung muss jedem Geschäftsführer damit noch weiterhin

380 *Leuering/Dornhegge,* NZG 2010, 13.

381 *Leuering/Dornhegge,* NZG 2010, 13.

382 *Freund,* GmbHR 2013, 785.

ein eigener Pflichtverstoß vorwerfbar sein.[383] Im Rahmen der im Rahmen einer Krise relevanten Ansprüche aus Außenhaftung (§ 823 Abs. 2 i.V.m. § 15a InsO) ist keinerlei Gesamthaftung angeordnet; auch hier gilt, dass jedem Geschäftsführer eine Verletzungshandlung vorwerfbar sein muss.

bb) Gesetzliche Vorschriften in Italien

In Italien ist die Rechtslage ähnlich. Für Haftungsansprüche der Gesellschaft gegen die Geschäftsführer aus Art. 2476 Abs. 1 c.c. sieht das Gesetz ausdrücklich vor, dass die Geschäftsführer gemeinsam verantwortlich sein sollen (*sono solidalmente responsabili*). Dies bedeutet aber nach überwiegender Auffassung nicht, dass ein Fehlverhalten eines Geschäftsführers automatisch den Mitgeschäftsführern zugerechnet wird.[384] Jedem Geschäftsführer muss weiterhin eine eigene Pflichtverletzung und eine eigene Schuld vorwerfbar sein.[385] Für Haftungsansprüche der Gläubiger gegen den Geschäftsführer findet sich weder in Art. 2394 noch in Art. 2043 c.c. ein Hinweis auf eine Gesamtverantwortlichkeit wie in Art. 2476 c.c. bzw. Art. 2392 c.c. Für diese Ansprüche wird demnach erst recht gelten, dass jedem Geschäftsführer ein eigener Pflichtverstoß und ein eigenes Verschulden zurechenbar sein müssen.

2. Gesamtverantwortlichkeit aufgrund Gesamtgeschäftsführung

Allerdings sind mehrere Geschäftsführer ausweislich einer entgegenstehenden Abrede im Gesellschaftsvertrag gemeinsam geschäftsführungsbefugt.[386] Die Norm des § 35 Abs. 2 GmbHG sieht für das Außenverhältnis die Gesamtvertretung aller Geschäftsführer vor. Die Regelung wird analog auf das Innenverhältnis angewandt, womit auch in der GmbH grundsätzlich das Prinzip der Gesamtgeschäftsführungsbefugnis gilt.[387] Gesamtgeschäftsführung ist allerdings nicht gleichzusetzen mit einer gemeinsamen Haftung. Für eine Haftung muss jeder Geschäftsführer weiterhin eigenständig einen Haftungstatbestand erfüllen. Die Gesamtgeschäftsführung führt daher nur zu einer gemeinsamen Haftung, wenn die Verletzungshandlung von allen Geschäftsführern beschlossen wurde.

---

383 *Freund,* GmbHR 2013, 785.

384 Vgl. zu Art. 2392 c.c. betreffend die Spa: Cass. del 8 luglio 2009, n. 16050; Corte App. Napoli del 26 novembre 1990; *Bonelli,* in: Tr. Colombo-Portale, 4, 391ff.; a.A. *Borgioli,* Riv. soc. 1978, 1075, 1081 ff.; *Weigmann,* S. 193.

385 Cendon Giur/*Demuro,* Kapitel 1, 1.2.1., S. 10 m.W.n.

386 MüKOGmbHG/*Stephan/Tieves,* § 37 Rn. 78f.

387 BFH GmbHR 1986, 288; *Drescher,* S. 64 Rn. 298; *Peters,* GmbHR 2008, 682, 684.

In Italien ist die Geschäftsführungsbefugnis für die srl in Art. 2475 c.c. geregelt. Die Norm sieht vor, dass bei mehreren Geschäftsführern zunächst ein Verwaltungsrat (*consiglio d'amministrazione*) gebildet wird. Die Geschäftsführungsbefugnis kann nun entweder getrennt (*disgiuntiva*) i.S.d. Art. 2257 c.c. oder verbunden (*congiuntiva*) i.S.d. Art. 2258 c.c. geregelt werden. Keine der beiden Formen hat jedoch zur Folge, dass der Verwaltungsrat immer gemeinsam haftet. Es bleibt dabei, dass jedem Geschäftsführer eine Pflichtverletzung, ein Verschulden und ein kausaler Schaden vorwerfbar sein müssen. Auch in Italien führt eine Gesamtgeschäftsführung damit nicht zu einer Gesamtverantwortung aller Geschäftsführer. Allerdings ergeben sich aufgrund der Gesamtgeschäftsführung Pflichten der Geschäftsführer, wo ein Verstoß zu einer Haftung führen kann.[388]

3. *Zurechnung des Fehlverhaltens eines anderen Geschäftsführers*

a) *Rechtslage in Deutschland*

In Deutschland findet die Zurechnung eines Fehlverhaltens eines Anderen nur statt, wenn dieser als Gehilfe aufgefasst werden kann. Eine Zurechnung erfolgt entsprechend § 278 BGB im vertraglichen[389] und gemäß § 831 BGB im deliktischen Bereich. Beide Normen scheiden bei der Zurechnung des Verhaltens eines Mitgeschäftsführers jedoch aus, weil dieser keinen Gehilfen darstellt.[390] Auch andere Zurechnungsnormen sind nicht anwendbar.[391]

b) *Rechtslage in Italien*

In Italien existiert mit Art. 2049 c.c. eine Parallelnorm zu § 831 BGB Art. 2049 c.c. ist eine wörtliche Übersetzung des Art. 1384 Abs. 5 aus dem französischen Code civil.[392] Die Norm ist aber auf den Geschäftsführer nicht anwendbar, da sie nur das Fehlverhalten von Angestellten (*commessi*) zurechnet. Ein Geschäftsführer wird regelmäßig nicht als Angestellter der anderen Geschäftsführer anzusehen sein, weil diesen die Weisungs- und Überwachungsbefugnis fehlen wird.[393] Im Ergebnis kann auch in Italien das Fehlverhalten eines Geschäftsführers nicht den Mitgeschäftsführern zugerechnet werden.

---

388 S.u., § 2 C III.

389 MüKoBGB/*Grundman*, § 278 Rn. 50.

390 BGHZ 13, 61, 65; Baumbach/Hueck/*Zöllner/Noack*, § 43 Rn. 28; Bork/Schäfer/*Klöhn*, § 43 Rn. 56; Krieger/Schneider/*Vettel*, § 18 Rn. 79; *Thümmel*, S. 50.

391 Krieger/Schneider/*Vettel*, § 18 Rn. 79.

392 *Matusche-Beckmann*, S. 313.

393 Cendon Comm/*Sella*, Art. 2049 Nr. 2 m.w.N. aus der Rspr.

III. Die Pflichten des einzelnen Geschäftsführers in der Gemeinschaft

Als Zwischenergebnis haftet der Geschäftsführer nicht für einen Pflichtverstoß eines Mitgeschäftsführers, nicht aufgrund gesetzlicher Anordnung, nicht aufgrund einer Gesamtgeschäftsführung und nicht aufgrund einer Zurechnung. Allerdings bestehen für den Geschäftsführer gewisse Pflichten gegenüber seinen Mitgeschäftsführern. Eine Haftung könnte sich aus der Verletzung eben dieser Pflichten ergeben. Im Rahmen der Pflichten des Geschäftsführers ist generell zwischen dem Fall der gemeinsamen Geschäftsführung und der Einzelgeschäftsführung zu unterscheiden.

1. Mitwirkungspflicht bei gemeinsamer Geschäftsführung in Deutschland und Italien

Liegt eine Gesamtgeschäftsführung (*amministrazione congiunta*) in einer GmbH oder srl vor, bedeutet dies sowohl in Deutschland als auch in Italien, dass der Geschäftsführer vollumfänglich an Beschlüssen und dessen Vollzug mitzuwirken hat.[394] Verstößt ein Geschäftsführer gegen seine Pflichten, so handeln die übrigen Geschäftsführer regelmäßig ebenfalls pflichtwidrig. Entweder sie haben es pflichtwidrig unterlassen, an der Geschäftsführung mitzuwirken oder sie waren an der maßgeblichen Entscheidung beteiligt. In Deutschland ist an eine Haftung aus § 43 Abs. 2 GmbHG zu denken, in Italien aus der parallelen Vorschrift Art. 2476 Abs. 1 c.c.

2. Überwachungs- und Informationspflichten bei Einzelgeschäftsführung

Die Gesamtgeschäftsführung wird allerdings die Ausnahme sein. In vielen Fällen wird bei mehreren Geschäftsführern dem Einzelnen ein bestimmter Aufgabenbereich zugewiesen; beispielhaft ist die Aufteilung zwischen kaufmännischer und technischer Geschäftsführung. In der Praxis ist die Ressortverteilung mittlerweile die Regel.[395] Insb. bei der grenzüberschreitenden Gründung einer Tochtergesellschaft ist die Ressortverteilung fast unumgänglich, solle die Muttergesellschaft einen Geschäftsführer lediglich zur Kontrolle entsenden wollen.

---

394 *Ghidini*, S. 370f; *Lütke*, wistra 2008, 409, 410 m.W.n.
395 *Peters*, GmbHR 2008, 682.

a) Ausgestaltung einer Aufgaben- und Ressortverteilung

aa) Verbot einer Beschränkung der Vertretungsmacht im Rahmen der Ressortverteilung

Sowohl in Deutschland als auch in Italien ist bei einer Ressortverteilung zwischen der Geschäftsführungsbefugnis (*amministrazione*) im Innenverhältnis und der Vertretungsmacht im Außenverhältnis (*rappresentanza*) zu unterscheiden.

(1) Beschränkungsverbot der Vertretungsmacht in Deutschland und Italien

In Deutschland stellt eine Geschäftsverteilung nur die Zuweisung der alleinigen Geschäftsführungsbefugnis gemäß § 37 Abs. 1 GmbHG in diesem Bereich dar.[396] Die Vertretungsmacht aus § 35 Abs. 1 GmbHG kann gemäß § 37 Abs. 2 GmbHG nicht beschränkt werden, damit ist auch die Beschränkung auf ein Ressort ausgeschlossen. Eine Geschäftsverteilung hat in Deutschland nur im Innenverhältnis eine Bedeutung.

In Italien existiert mit Art. 2475*bis* c.c. eine § 37 Abs. 2 GmbHG entsprechende Regelung. Diese schließt eine Beschränkung der Vertretungsmacht gegenüber Dritten ausdrücklich aus (*limitazioni di poteri degli amministratori […] non sono opponibilli ai terzi*). Unabhängig davon, ob diese Beschränkung in irgendeiner Form öffentlich bekannt gemacht wurde (*anche se publicate*). Auch in Italien hat eine Ressortverteilung nur Auswirkungen auf das Innenverhältnis.

(2) Kein Beschränkungsverbot der Geschäftsführungsbefugnis im Innenverhältnis in Deutschland und Italien

Einer Beschränkung der Geschäftsführungsbefugnis im Innenverhältnis steht § 37 Abs. 1 GmbHG nicht entgegen; diese ist grundsätzlich erlaubt.[397] Auch in Italien kann die Geschäftsführungsbefugnis gemäß Art. 2475 Abs. 3 c.c. bei mehreren Geschäftsführern gemeinsam (*congiuntamente*) oder getrennt (*disgiuntamente*) vorgesehen werden. Wird sich für eine gemeinsame Geschäftsführung entschieden, so bilden die Geschäftsführer aus Art. 2475 Abs. 3 c.c. einen Verwaltungsrat (*consiglio d`amminitrazione*). Wie sich die Gesellschaft auch entscheidet, eine Übertragung der Geschäftsführungsbefugnis ist in der srl, unabhängig von der Organisation der Verwaltung, grundsätzlich erlaubt.[398]

---

396 Roth/Altmeppen/*Altmeppen*, § 37 Rn. 33; *Leuering/Dornhegge*, NZG 2010, 13.

397 Lutter/Hommelhoff/*Kleindiek* § 37 Rn. 33; Roth/Altmeppen/*Altmeppen*, § 37 Rn. 33, Scholz/*Schneider/Schneider*, § 37 Rn. 29.

398 Cian Trabucchi/*Menti*, Art. 2475 Rn. 15.

bb) Wege und Form der Ressortverteilung

(1) Ressortverteilung durch Satzung oder Gesellschafterbeschluss

(a) Rechtslage in Deutschland

In Deutschland ist zunächst eine Zuweisung eines Geschäftsbereichs im Gesellschaftsvertrag erlaubt.[399] Daneben ist wegen der größeren Flexibilität weit verbreitet, eine Verteilung im Wege eines Gesellschafterbeschlusses zu vereinbaren, hierzu bedarf es gemäß § 53 Abs. 2 GmbHG analog einer Dreiviertelmehrheit.[400] Das Ressort kann dem Geschäftsführer auch im Dienstvertrag zugewiesen werden.[401] Es besteht auch die Möglichkeit, dass die Geschäftsführer selbst eine Aufgabenverteilung beschließen.[402] Die Entscheidung muss allerdings einstimmig ausfallen (vgl. § 77 Abs. 2 S. 3 AktG).[403] Aufgrund der größeren Flexibilität bietet es sich an, in der Satzung oder dem Gesellschafterbeschluss lediglich vorzusehen, dass die Geschäftsführer sich im Wege eines Geschäftsverteilungsplans die Ressorts selbst zuweisen können.[404] Umstritten ist, welcher Form die Vereinbarungen bedürfen, die eine Ressortverteilung festlegen. Wird eine in der Satzung vorgesehene Regelung abgeändert, bedarf es gemäß § 53 Abs. 2 GmbHG der notariellen Form. Teilweise wird zudem generell für jede Aufgabenverteilung innerhalb der Geschäftsführung die Schriftform gefordert.[405]

(b) Rechtslage in Italien

In Italien findet sich keine ausdrückliche Regelung in Bezug auf die srl, welche die Zuweisung von Ressorts ausdrücklich regelt. Die überwiegende Meinung in der Literatur wendet den für die spa einschlägigen Art. 2381 c.c. auf die srl an.[406] Art. 2381 c.c. sieht die Möglichkeit der Aufgabenverteilung im Verwaltungsrat einer spa vor (*consiglio d`amministrazione può delegare proprie attribuzioni*). Der Geschäftsführung wird eine breite Gestaltungsmöglichkeit bei der Aufgabenverteilung zugewiesen. Sie kann die Aufgaben an mehrere Geschäftsführer gemeinsam (*comitato esecutivo*) oder individuell übertragen (*amministratore*

---

399 *Peters,* GmbHR 2008, 682, 683.

400 Scholz/*Schneider,* § 37 Rn. 59.

401 *Lohr,* NZG 2000, 1204, 1210.

402 Baumbach/Hueck/*Zölnner/Noack,* § 37 Rn. 24; Roth/Altmeppen/*Roth,* § 37 Rn. 35.

403 Baumbach/Hueck/*Zölnner/Noack,* § 37 Rn. 24; Roth/Altmeppen/*Roth,* § 37 Rn. 35.

404 Bork/Schäfer/*Jacoby,* § 37 Rn. 5.

405 Vgl. BFH GmbHR 1986, 288.

406 Cottino/Bonfante/Cagnasso/Monatlenti/*Cagnasso,* Art. 2475 S. 1862f.; Niccolini/Stagno d`Alcontres/*Ambrosini,* Art. 2476 S. 1593.

delegato).[407] Auch wenn dies nicht unmittelbar aus dem Wortlaut ersichtlich ist, regelt Art. 2381 Abs. 2 c.c. nur die Erteilung von Aufgaben innerhalb der Geschäftsführung, nicht die Zuweisung an organfremde Dritte.[408] Die Aufgabenverteilung innerhalb der Geschäftsführung kann aus Art. 2381 Abs. 2 c.c. nur aufgrund eines Gesellschafterbeschlusses oder einer Regelung in der Satzung ermöglicht werden (*se lo statuto o l'assemblea lo consentono*). Neben dem Gesellschafterbeschluss oder der Erwähnung in der Satzung herrscht Uneinigkeit über die weiteren Voraussetzungen für eine Aufgabenzuweisung. Ein Hauptstreitpunkt ist, inwieweit die Gesellschafterversammlung allein eine Aufgaben- und Ressortverteilung vorsehen kann, ohne irgendeine Form der Zustimmung der Geschäftsführung.[409] Einigkeit besteht darüber, dass zumindest der oder die unmittelbar betroffenen Geschäftsführer einer Aufgabenweisung zustimmen müssen.[410]

(2) Ressortverteilung ohne Satzung oder Gesellschafterbeschluss

(a) Rechtslage in Deutschland

Besteht rein faktisch eine interne Arbeitsteilung, ändert sich in Deutschland nichts an den Pflichten der Geschäftsführer.[411] Auch das Vorliegen einer diesbezüglichen ausdrücklichen Abrede, etwa in Form einer Geschäftsordnung, hat keine rechtliche Wirkung. Es bleibt bei einer Gesamtverantwortung der Geschäftsführer.[412]

(b) Rechtslage in Italien

In Italien sind die Auswirkungen einer Zuständigkeitsabrede der Geschäftsführer ohne Gesellschafterbeschluss oder Regelung in der Satzung (*delega atipicha*) auf die Verantwortlichkeit des Einzelnen umstritten.[413] Ein kleiner Teil der Literatur sieht die Möglichkeit einer Abstufung der Verantwortlichkeit innerhalb der Geschäftsführung.[414] Der weit überwiegende Teil nimmt wie in Deutschland an, an, dass eine, entgegen den formellen Voraussetzungen des Art. 2381 c.c.

---

407 *Campobasso,* S. 384.
408 Cian/Trabucchi/*Sandei,* Art. 2381 V Nr. 2 a.E. m.W.n.
409 Zum Meinungsstand Cian/Trabucchi/*Sandei,* Art. 2381 V Nr. 2 a.E. m.W.n.
410 Sandulli/Santoro/*Romano,* S. 405ff.
411 Vgl. BGH GmbHR 1990, 298, 299; *Pelz,* RNotZ 2003, 415, 419 m.W.n.
412 *Pelz,* RNotZ 2003, 415, 419.
413 Marchetti/Bianchi/Ghezzi/Notari/*De Nicola,* Art. 2381 S. 129.
414 Marchetti/Bianchi/Ghezzi/Notari/*De Nicola,* Art. 2381 S. 129.

vereinbarte Geschäftsverteilung, keinerlei Auswirkungen auf die Haftung der Geschäftsführer hat.[415]

(3) Übertragbare Aufgaben

(a) Übertragbare Aufgaben in Deutschland

Bezüglich der konkret zu übertragenden Aufgaben ist in Deutschland zunächst zu beachten, dass nicht jede Aufgabe ressortfähig ist.[416] Von den relevanten krisenspezifischen Pflichten kann der Geschäftsführer insb. die Insolvenzantragspflicht (§ 15a InsO) und die Pflicht zur Masseerhaltung (§ 64 S. 1 GmbHG) nicht einem anderen zuweisen.[417] Neben dieser Anforderung ist die konkrete Ausgestaltung der Ressorts weitgehend frei.[418] Jedem geschaffenen Ressort muss aber mindestens ein Geschäftsführer zugewiesen sein.[419] Eine Möglichkeit ist die Unterteilung in einen technischen und kaufmännischen Aufgabenbereich oder eine ausdifferenziertere Zuweisung in beispielsweise Produktion, Vertrieb, Marketing.[420]

(b) Übertragbare Aufgaben in Italien

Auch in Italien sieht das Gesetz in Art. 2381 Abs. 3 c.c. ausdrücklich vor, dass bestimmte Pflichten immer die gesamte Geschäftsführung treffen. Im Rahmen einer Unternehmenskrise besonders relevant und ausdrücklich aufgeführt sind die Pflichten zur Masseerhaltung bei Eintritt einer Unterkapitalisierung Artt. 2482*bis* und 2447 c.c. Daneben darf auch die allgemeine Pflicht, das Vermögen der Gesellschaft zu bewahren in Art. 2394 c.c. (*obblighi inerenti alla conservazione dell'integrità del patrimonio sociale*), nicht delegiert werden.[421] Die Pflicht einen Insolvenzantrag zu stellen, um das Vermögen der Gesellschaft nicht weiter zu schädigen, wird der Geschäftsführer damit auch nicht einem anderen zuweisen können.[422]

---

415 Vgl. Cass. civ. del 4 aprile 1998, n. 3483; *Bianchi*, S. 53; Comm c.c. Scialoja/Branca/*Franzoni*, Art. 2381 S. 86, *Morandi in:* Maffei Alberti, Il nuovo diritto della società, S. 53.

416 *Loher,* NZG 2000, 1204, 1210; *Thümmel,* S. 104.

417 *Haas,* S. 282; vgl. *Thümmel,* S. 104.

418 *Peters,* GmbHR 2008, 682, 683.

419 BFH GmbHR 1985, 309.

420 *Peters,* GmbHR 2008, 682, 683.

421 Trib. Milano del 27 settembre 2011.

422 Vgl. Cass. 27 febbraio 2002, n. 2906, Foro it. 2002, I, 3156.

b) *Überwachungs- und Informationspflichten bei Ressortverteilung in Deutschland und Italien*

aa) *Überwachungs- und Informationspflichten in Deutschland*

(1) *Überwachungspflichten*

Nach alter Rechtsauffassung blieb die Vereinbarung einer Ressortverteilung ohne Konsequenzen für die Haftung des Geschäftsführers. Dieser haftete ungeachtet der internen Vereinbarungen aufgrund einer Verletzung seiner Überwachungspflichten, wenn einem Mitgeschäftsführer ein Fehlverhalten vorgeworfen wurde.[423] Der Bundesgerichtshof hat diese starre Ansicht revidiert und mittlerweile sind interne Zuständigkeitsregelungen für die Haftung der einzelnen Geschäftsführer beachtlich.[424] Der Grundsatz der Gesamtverantwortung wird durchbrochen und es gilt eine Einzelverantwortung für den zugewiesenen Aufgabenbereich.[425]

Allerdings bleibt eine Überwachungspflicht gegenüber den anderen Mitgeschäftsführern bestehen.[426] Die Überwachungspflicht intensiviert sich, wenn sich die Gesellschaft in einer Krise befindet.[427] Allerdings bedeutet die Überwachungspflicht nicht, dass jede einzelne Handlung der Mitgeschäftsführer umfassend überwacht werden muss.[428] Dies würde dem Sinn einer Einzelgeschäftsführungsbefugnis zuwider laufen, die Geschäftsführer sollen sich gerade auf ihren Aufgabenbereich konzentrieren dürfen.[429] Darüber ist die Kontrolle der anderen Ressorts auch fachlich regelmäßig nicht möglich.[430] Dies gilt bei praktischer Betrachtung bereits schon bei der einfachen Aufteilung in kaufmännische und technische Geschäftsführung. Der technische Geschäftsführer wird große Probleme haben, den Zeitpunkt einer Zahlungsunfähigkeit oder Überschuldung

---

423 Vgl. BGH wistra 1990, 342, 346.

424 BGH wistra, 1997, 102ff.

425 Baumbach/Hueck/*Noack/Zöllner*, § 37 Rn. 32.

426 RGZ 98, 98; BGH ZIP 1987, 1050; OLG Koblenz, GmbHR 1991, 416; Lutter/Hommelhoff/*Kleindiek*, § 37 Rn. 32; Roth/Altmeppen/*Altmeppen* § 43 Rn. 21.

427 OLG Schleswig-Holstein GmbHR 2002, 216, 218; Lutter/Hommelhoff/*Kleindiek*, § 37 Rn. 32; a.A. *Lütke*, wistra 2008, 409, 411; Überwachungspflicht konkretisiert sich erst in der Krise.

428 OLG München ZIP 2012, 672; Lutter/Hommelhoff/*Kleindiek*, § 37 Rn. 32; *Lütke*, wistra 2008, 409, 411.

429 Scholz/*Schneider*, § 43 Rn. 36.

430 *Lütke*, wistra 2008, 409, 411.

bestimmen zu können. Ein Geschäftsführer muss demnach erst in die Zuständigkeit eines Mitgeschäftsführers eingreifen, wenn sich konkrete Anhaltspunkte für ein Fehlverhalten in dessen Ressort ergeben.[431] Bei der Erkennbarkeit dieser Anhaltspunkte sind aber wiederum die einzelnen Fähigkeiten des Geschäftsführers in Betracht zu ziehen.[432] Bei der Überprüfung des Fehlverhaltens wird der ressortfremde Geschäftsführer sich der Hilfe qualifizierter Dritter bedienen müssen.[433]

(2) Informationspflichten

Neben der Überwachungspflicht im Einzelfall hat der Geschäftsführer weiterhin die allgemeine Pflicht sicherzustellen, dass er Kenntnis über die wirtschaftliche und die finanzielle Situation der GmbH erlangen kann.[434] Der Geschäftsführer hat Frühwarnsysteme zur Erkennung von Problemen einzurichten, welche den Fortbestand der Gesellschaft gefährden. Hiervon zeichnet ihn ein Geschäftsverteilungsplan nicht frei.[435]

Im Ergebnis muss der Geschäftsführer in Deutschland also Unstimmigkeiten im Einzelfall nachgehen und generell für die Möglichkeit sorgen, über den allgemeinen Zustand der Gesellschaft informiert zu sein.

(3) Informations- und Vorlageanspruch des Geschäftsführers

Um seinen Überwachungs- und Informationspflichten Pflichten nachzukommen, stehen dem Geschäftsführer ein Informations- und Vorlageanspruch gegen seine Mitgeschäftsführer zu.[436] Beispielsweise können nachgeordnete Mitarbeiter befragt werden[437]. Jeder Geschäftsführer darf alles wissen und hat Anspruch, über alles informiert zu werden.[438] Daneben besteht bei Fehlentwicklungen in anderen Ressorts immer ein allgemeines Interventionsrecht.[439]

---

431 BGH NJW 1997, 130.

432 *Lütke,* wistra 2008, 409, 412.

433 Vgl. BGH wistra, 2007, 347; *Lütke,* wistra 2008, 409, 412.

434 BGH WM 1995, 709.

435 *Peters,* GmbHR 2008, 682, 685.

436 OLG Karlsruhe, NZG 2000, 264, 266 m. Anm. *Waldner*; Bork/Schäfer/*Jacoby,* § 37 Rn. 6.

437 OLG Koblenz, ZIP 2008, 272.

438 Scholz/*Schneider,* § 37 Rn. 25.

439 Lutter/Hommelhoff/*Kleindiek,* § 37 Rn. 32.

(4) Haftung bei Verletzung der Überwachungs- und Informationspflichten
Verstößt der Geschäftsführer gegen seine Überwachungs- oder Informationspflichten, haftet er in Deutschland der Gesellschaft aus § 43 Abs. 2 GmbHG.[440] Allerdings wird die Darlegung eines kausalen Schadens Probleme aufwerfen. Die Gesellschaft muss darlegen, welcher konkrete Schaden ihr aufgrund des Verstoßes gegen die Überwachungspflicht entstanden ist. Das Problem wird an dem Beispiel deutlich, dass ein Geschäftsführer pflichtwidrig eine i.R.d. § 64 S. 1 GmbHG relevante Zahlung in Auftrag gegeben hat. Der Mitgeschäftsführer hat nun seine Überwachungspflicht verletzt. Der Geschädigte müsste nun darlegen, wie eine Überwachung die Zahlung konkret verhindert hätte.

bb) Überwachungs- und Informationspflichten in Italien

(1) Überwachungspflichten
Auch in Italien wird der Geschäftsführer in der Pflicht gesehen, seine Mitgeschäftsführer zu überwachen (*vigilare sul generale andamento della gestione*).[441] Hieran hat der Umstand nichts geändert, dass die Überwachungspflichten nicht mehr ausdrücklich im Gesetz erwähnt werden, sie bestehen unverändert fort.[442]

(2) Informationspflichten
Neben der Überwachungspflicht bestehen auch in Italien Informationspflichten für den Geschäftsführer gemäß Art. 2381 c.c. Der sechste Absatz regelt den allgemeinen Grundsatz, dass die Geschäftsführer informiert handeln müssen (*gli amministratori sono tenuti ad agire in modo informato*). Bestehen Anhaltspunkte, dass ein Mitgeschäftsführer sich fehlerhaft verhalten hat, muss sich der Geschäftsführer hierüber genauere Informationen einholen und die notwendigen Gegenmaßnahmen einleiten (Artt. 2381 Abs. 3 und 6 c.c.).[443] Der Geschäftsführer darf nicht mit dem Verweis auf das fremde Ressort untätig bleiben.[444] Auch in Italien muss der Geschäftsführer sich in die Lage versetzen, über die allgemeinen Vorgänge außerhalb seines Ressorts informiert werden zu können. Bestehen konkrete Anhaltspunkte für ein Fehlverhalten eines Mitgeschäftsführers, muss er sich dann genauer informieren und nachforschen.

---

440 Roth/Altmeppen/*Altmeppen*, § 43 Rn. 21f. m.W.n.

441 *Romano*, Codici Commentati Giuffrè, Art. 2392 Nr. 6.

442 Trib. Napoli, 3 febbraio 2010 in: Resp. civ. e prev. 2010, 1348.

443 *Romano*, Codici Commentati Giuffrè, Art. 2392 Nr. 6.

444 *Romano*, Codici Commentati Giuffrè, Art. 2381 Nr. 8.

(3) *Haftung wegen Verstoß gegen die Überwachungs- und Informationspflichten*

Bezüglich der Haftung des Geschäftsführers gegenüber der Gesellschaft wurde nach alter Rechtsauffassung in Italien primär auf die Verletzung eben dieser Überwachungspflicht abgestellt.[445] Der Geschäftsführer haftete demnach für ein Fehlverhalten seiner Kollegen, außer er konnte beweisen, dass er aufgrund einer bewussten Behinderung seine Überwachungspflichten nicht erfüllen konnte.[446] Auch auf eine strikte Aufgabenverteilung konnte man sich als Geschäftsführer im Rahmen seiner Überwachungspflichten nicht berufen.[447]

Der Kassationshof hat in seiner Rechtsprechung allerdings kürzlich eine Wende vollzogen und stellt mittlerweile für eine Haftung nicht mehr auf die Überwachungspflichten ab. Der Geschäftsführer ist lediglich verpflichtet, das Notwendige zu unternehmen, um alle geschäftsrelevanten Informationen von den Mitgeschäftsführern zu erhalten.[448] Bei einem Fehlverhalten der Mitgeschäftsführer haftet er demnach nur, wenn er hiervon Kenntnis hatte oder es versäumt hat, das Notwendige zu unternehmen, um die notwendigen Informationen hierüber zu erhalten.[449] Im Ergebnis hat dies zu einer Abmilderung geführt. Der Geschäftsführer muss seine Mitgeschäftsführer nicht mehr überwachen, sondern sich lediglich über die Vorgänge in der Gesellschaft informieren. Verstößt der Geschäftsführer gegen seine Informationspflicht, wird sich auch in Italien die Darlegung eines Schadens der Gesellschaft als Hürde für die Geltendmachung von Schadensersatzansprüchen erweisen. Von Vorteil für die Gläubiger wird hingegen sein, dass ihnen gemäß Art. 2394 c.c. ein direkter Schadensersatzanspruch zusteht, wenn das Gesellschaftsvermögen nicht zu ihrer Befriedigung ausreicht.

cc) *Überwachungs- und Informationspflichten bei entsandten Geschäftsführern*

Fraglich ist, ob die dargestellten Grundsätze auch ohne weiteres auf den entsandten Geschäftsführer anzuwenden sind. Dieser ist oftmals nur selten bei der Gesellschaft vor Ort und könnte daher nur vermindert haften müssen.

---

445 *Romano*, Codici Commentati Giuffrè, Art. 2392 Nr. 6.
446 Cass civ del 11 aprile 2010, n. 22911; Trib. Napoli, 3 febbraio 2010.
447 *Romano*, Codici Commentati Giuffrè, Art. 2381 Nr. 8.
448 Cass. civ. del 31 agosto 2016, n. 17441 in: Diritto & Giustizia 2016, 1 settembre.
449 Cass. civ. del 31 agosto 2016, n. 17441 in: Diritto & Giustizia 2016, 1 settembre.

(1) Ausländischer Geschäftsführer bei einer GmbH oder srl

Zunächst ist es in Deutschland grundsätzlich möglich, einen ausländischen Geschäftsführer in einer GmbH zu ernennen.[450] Stammt dieser aus der EU, ist eine Ernennung ohne Einschränkungen möglich.[451] Bei nicht EU-Bürgern wird teilweise gefordert, dass eine Einreise ohne Einschränkungen möglich sein muss, beispielsweise aufgrund visumsfreier Einreise von bis zu drei Monaten.[452]

Auch in Italien ist die Ernennung eines Geschäftsführers einer srl teilweise problematisch, wenn dieser nicht aus einem Staat in der EU stammt. Will der Geschäftsführer weiterhin im Ausland verbleiben, so muss zwischen Italien und seinem Heimatland ein Gegenseitigkeitsverhältnis (*reciprocità*) bestehen. In diesem Fall genießt er nämlich aus Art. 16 R.D. n. 262/1942 die vollen zivilrechtlichen Rechte (*diritti civili*) wie ein italienischer Staatsbürger. Für das EU-Ausland und die Staaten der westlichen Hemisphäre ist dies unproblematisch erfüllt. Für andere Staaten ist das Gegenseitigkeitsverhältnis im Einzelfall zu klären.

(2) Haftung bei entsandtem Geschäftsführer aus dem Ausland

Bezogen auf die Haftung wird der entsandte Geschäftsführer nicht anders behandelt als ein nationaler Geschäftsführer. Er haftet wie jeder andere Geschäftsführer für die Verletzung seiner Überwachungs- und Informationspflichten. Eine Unkenntnis aufgrund seines Aufenthalts im Ausland ist bei einer Verletzung seiner Organpflichten in Deutschland unbeachtlich.[453] Auch in Italien finden sich keine Beispiele in der Literatur und Rechtsprechung, warum der Geschäftsführer aus dem Ausland anders zu behandeln wäre als der Geschäftsführer vor Ort. Besonders für den ausländischen Geschäftsführer ist daher eine umfassende Regelung seiner Zuständigkeiten wichtig.

IV. Unmöglichkeit der Zurechnung eines Pflichtverstoßes einem einzelnen Geschäftsführer

Bei einer gemeinsamen Geschäftsführung wird möglicherweise nicht mehr zu klären sein, welches Geschäft durch welchen Geschäftsführer durchgeführt wurde. In Bezug auf die Haftung kann dies zu Problemen führen. Man stelle sich den Fall vor, eine GmbH habe trotz bestehender Überschuldung noch Zahlungen an einen Gläubiger vorgenommen. Die Geschäftsführung soll nun aus § 64

450 LG Hildesheim, GmbHR 1995, 655.

451 OLG Frankfurt NZG 2001, 757; OLG Stuttgart NZG 2006, 789.

452 OLG Hamm NJW-RR 2000, 37, 38; OLG Zweibrücken NJW-RR 2001, 1689.

453 Vgl. OLG Hamburg Urt. vom 17.04.2002 – 5 U 24/01 im Fall eines Geschäftsführers welcher sich in der Türkei aufhielt.

S. 1 GmbHG in Haftung genommen werden, allerdings lässt sich nicht mehr feststellen, welcher Geschäftsführer die Zahlung angewiesen hat.

1. Keine Zurechnung über § 830 BGB in Deutschland

Die deutsche Norm des § 830 BGB regelt das Problem der Unaufklärbarkeit der Schadensverursachung.[454] Haben mehrere durch eine unerlaubte Handlung einen Schaden verursacht, haften sie gemeinschaftlich, auch wenn sich nicht ermitteln lässt wessen Handlung genau den Schaden verursacht hat. Allerdings müssen alle Haftungsvoraussetzungen für jeden einzelnen erfüllt sein, also ein eigener Pflichtverstoß und ein eigenes Verschulden.[455] Kann somit nicht festgestellt werden, wer den Pflichtverstoß begangen hat, ist § 830 BGB nicht einschlägig.

Teilweise wird in der Rechtsliteratur die Ansicht vertreten, dass § 830 Abs. S. 2 BGB auch bei mehreren Geschäftsführern anzuwenden sei. Die Geschäftsführer würden grundsätzlich gemeinsam haften, außer der einzelne Geschäftsführer könne seine Nichtschuld beweisen.[456]

Im oben dargestellten Fall einer Zahlung bei Überschuldung, würden alle Geschäftsführer der GmbH aus § 64 S. 1 GmbHG haften, außer sie könnten nachweisen, nicht die Zahlung in Auftrag gegeben zu haben. Zunächst ist § 830 BGB aber auf § 64 S. 1 GmbHG nach h.M. nicht anwendbar.[457] Darüber hinaus ist § 830 BGB allgemein vom Wortlaut her nur bei Unklarheiten über die Kausalität zwischen Handlung und Schaden anzuwenden, nicht aber bei Unsicherheit in Bezug auf die Verletzungshandlung der einzelnen Schädiger.

2. Keine Zurechnung über Art. 2055 c.c. in Italien

In Italien regelt Art. 2055 c.c. ähnlich § 830 BGB wie die Haftung mehrerer bei Unklarheiten über die Kausalität ausgestaltet ist.[458] Auch hier kommt es im Ergebnis zu einer gemeinsamen Schuld (*obbligate in solido*). Allerdings müssen auch in Italien die übrigen Haftungsvoraussetzungen für jeden Betroffenen

---

454 BGB Erman/*Schiemann,* § 830 Rn. 6.

455 BGH NJW 1995, 1286, 1994, 932.

456 RGZ 123, 222; *Drescher,* S. 64 Rn. 296; Scholz/*Schneider,* § 43 Rn. 248.

457 BGH ZIP 2008, 1026, 1027; 2007, 631, 633 die Entscheidungen betreffen die Vorgängernorm § 64 Abs. 2 GmbHG; Lutter/Hommelhoff/*Kleindiek,* § 64 Rn. 8; Scholz/*Schmidt,* § 64 Rn. 55.

458 Cass. civ. del 21 giugno 2013, n. 15687.

erfüllt sein.[459] Im Fall mehrerer Geschäftsführer bedeutet dies, dass Art. 2055 c.c. nur Anwendung findet, wenn ermittelt werden kann, dass jeder Geschäftsführer eine bestimmte Pflichtverletzung begangen hat.

V. Pflichten gegenüber den Mitgeschäftsführern bei Eintreten und Ausscheiden aus der Gesellschaft

Beim Ausscheiden oder Eintreten eines Geschäftsführers in eine GmbH mit mehreren Geschäftsführern stellt sich die Frage, inwieweit den Geschäftsführer Pflichten gegenüber seinen Mitgeschäftsführern treffen.

a) *Pflichten eines ausgeschiedenen Geschäftsführers in Deutschland und Italien*

In Deutschland treffen den Geschäftsführer auch nach seinem Ausscheiden aus der Gesellschaft einige Verpflichtungen gegenüber der Gesellschaft.[460] Die einzig relevante in Bezug auf die übrigen Geschäftsführer ist eine Informationspflicht. Der Geschäftsführer hat generell die Gesellschaft über alle Angelegenheiten der Geschäftsführung im Bilde zu halten.[461] Der Geschäftsführer ist nach seinem Ausscheiden den Mitgeschäftsführern weiterhin auskunftspflichtig.[462] Bei einem Ausscheiden des Geschäftsführers bei Insolvenzreife, hat er seinen Nachfolger zu informieren und darauf hinzuwirken, dass dieser den ggf. gebotenen Insolvenzantrag stellt.[463]

In Italien regelt Art. 2381 Abs. 6 c.c. die Informationspflicht aller Organe der Gesellschaft gegenüber den Geschäftsführern. Diese Informationspflicht gilt, solange die Organstellung besteht. Die Organstellung endet nach dem Grundsatz der *prorogatio* mit dem Ausscheiden des Geschäftsführers aus der Gesellschaft und der Bestellung eines neuen Geschäftsführers.[464] Die Informationspflicht des Geschäftsführers endet somit auch nach dessen Ausscheiden erst, wenn sein Nachfolger bestellt ist. Allerdings wird der alte Geschäftsführer dem neuen weiterhin auskunftspflichtig bleiben. Der neue Geschäftsführer haftet nämlich für Missstände in der Gesellschaft, sollte er nach Amtswechseln nicht alles

459 Cian/Trabucchi/*Thiene*, Art. 2055, Rn. 1.
460 Umfassend *Palzer*, S. 15ff. 93ff.
461 Baumbach/Hück/*Zöllner/Noack*, § 51a Rn. 3ff. m.W.n.
462 BGH WM 1963, 161; *Palzer*, S. 28 m.W.n.
463 MüKoGmbHG/*H.-F. Müller*, § 64 Rn. 60–62.
464 Cass. civ. del 4 novembre 2003, n. 8912, Cass civ. del 28 aprile 1997, n. 3652.

unternommen haben, um sich zu informieren.[465] Dem neuen Geschäftsführer muss demnach ein Auskunftsanspruch gegen den alten Geschäftsführer zustehen.

b) Eintritt eines neuen Geschäftsführers in der Krise in Deutschland und Italien

Mit Eintritt eines Geschäftsführers in die Gesellschaft wird dieser zum Gesellschaftsorgan mit allen damit verbundenen Pflichten und Gefahren einer Haftung. Der Geschäftsführer hat sich daher, unter Beachtung einer eventuellen Ressortzuständigkeit, über den Zustand der Gesellschaft zu informieren. Hier kann insb. sein Auskunftsrecht gegen den ausgeschiedenen Geschäftsführer relevant sein. In Deutschland ist zu beachten, dass den eingetretenen Geschäftsführer gegebenenfalls die Pflicht trifft, Insolvenzantrag zu stellen.

Auch in Italien hat sich der Geschäftsführer über die Gegebenheiten in der neuen Gesellschaft zu informieren. Sollte dem ausgeschiedenen Geschäftsführer ein Fehlverhalten vorwerfbar sein, haftet er unter Umständen dafür. Der eingetretene Geschäftsführer ist nämlich für Fehlverhalten und die Verursachung von Schäden eines ausgeschiedenen Geschäftsführers verantwortlich, wenn er nicht das Mögliche unternommen hat, um das Verhalten rückgängig zu machen oder die Schäden abzumildern.[466] Diese Haftung wird aus Art. 2392 Abs. 2 c.c. abgeleitet.[467] In der srl entspricht Art. 2392 Abs. 2 c.c. dem Art. 2476 Abs. 1 c.c.

VI. Innenregress

Haften die Geschäftsführer gemeinsam, werden sie Regressansprüche gegeneinander geltend machen wollen. Insb. bei einer gemeinsamen Haftung trotz Ressortverteilung, werden die Geschäftsführer die Verteilung zumindest im Rahmen des Innenregresses zur Geltung bringen wollen.

1. Gesamtschuldnerschaft der Geschäftsführer

Die Geschäftsführer haften gemeinsam als Gesamtschuldner und können Regressansprüche aus § 426 I, II BGB gegeneinander geltend machen.[468] Neben

465 Cass. 27 febbraio 2002, n. 2906, Foro it. 2002, I, 3156, 3166.

466 Cass. 27 febbraio 2002, n. 2906, Foro it. 2002, I, 3156, 3166; Cendon Giur/*Demuro,* Kapitel 1, 1.2.1, S. 11.

467 Cendon Giur/*Demuro,* Kapitel 1, 1.2.1, S. 11.

468 Lutter/Hommelhoff/*Kleindiek*, § 43 Rn. 38.

einem Ausgleichanspruch aus § 426 Abs. 1 regelt § 426 Abs. 2 BGB einen Übergang der Forderung des Gläubigers auf den zahlenden Gesamtschuldner.

Auch in Italien haften die Geschäftsführer als Gesamtschuldner.[469] Art. 2055 c.c. sieht vor, dass dem, der als Gesamtschuldner den Schaden ersetzt, ein Regressanspruch gegen die übrigen Schuldner zusteht (*colui che ha risarcito il danno ha regresso*). Der Regress erfolgt in Form eines Ausgleichsanspruchs des zahlenden Schuldners gegen die übrigen Gesamtschuldner (Art. 1299 c.c.).

2. Haftungsanteile i.R.d. Gesamtschuldnerausgleichs ohne Vereinbarung

a) Haftungsanteile in Deutschland

aa) Regelung der Haftungsanteile in § 426 BGB

In Deutschland ist der Ausgleichsmaßstab im Innenverhältnis primär durch ausdrückliche oder konkludente Ausgleichsvereinbarungen bestimmt. Ist keine Vereinbarung ersichtlich, sind besondere gesetzliche Ausgleichsregeln zu beachten. Nur hilfsweise ist gemäß § 426 Abs. 1 BGB nach gleichen Anteilen pro Kopf zu teilen.

bb) Analoge Anwendung des § 254 BGB

In Deutschland wird § 254 BGB analog bei einem Gesamtschuldnerausgleich zwischen Geschäftsführern hinzugezogen.[470] § 254 BGB wird damit als besondere gesetzliche Ausgleichregel i.S.d. § 426 Abs. 1 BGB aufgefasst. Die Haftungsanteile der Geschäftsführer bestimmen sich vor dem Hintergrund des Wortlauts von § 254 BGB nach den Umständen des Einzelfalls und insb. nach dem individuellen Verursachensanteil. Auch wenn es sich um eine sehr Einzelfall bezogene Entscheidung des Richters handelt, lassen sich bei einem Ausgleich zwischen den Geschäftsführern einige relevante Kriterien herausarbeiten.[471]

(1) Keine wirksame Ressortverteilung

Wurde keine oder keine wirksame Ressortverteilung[472] vorgenommen, ist diese für die Haftungsanteile generell unbeachtlich.[473] Ohne Ressortverteilung treffen

---

469 Cendon Giur/*Demuro*, Kapitel 1, 1.2.1., S. 10 m.W.n.

470 OLG Jena NZG 1999, 121, 123; Ulmer/Habersack/Löbbe/*Paefgen*, § 43 Rn. 200; *Freund*, GmbHR 2013, 785, 787.

471 *Freund*, GmbHR 2013, 785, 787.

472 Zu den Anforderungen an die Ressortverteilung s.o. § 2 C III 2 a).

473 *Freund*, GmbHR 2013, 785, 787.

die Geschäftsführer aufgrund der Gesamtgeschäftsführung die gleichen Pflichten. Es ist nur konsequent, dass sie auch zu gleichen Anteilen haften. Allerdings können im Einzelfall andere Ergebnisse aufgrund der Billigkeitserwägungen des § 254 BGB in Betracht kommen.[474]

(2) Wirksame Ressortverteilung

Liegt eine wirksame Ressortvereinbarung vor, ist diese i.R.d. des § 254 BGB beachtlich. Haften wegen einer Pflicht aus einem bestimmten Ressort ein ressortzuständiger und ressortfremder Geschäftsführer gleichzeitig, führt dies zu unterschiedlichen Pflichtverstößen. Der Ressortfremde macht sich in den meisten Fällen lediglich aufgrund einer Verletzung seiner Überwachungs- und/oder Informationspflichten haftbar. In dieser Konstellation soll dem Ressortfremden ein geringerer Verursachungsanteil zugerechnet werden; er erhält daher bei einem Ausgleich aus § 426 Abs. 1 BGB eine höhere Quote.[475]

cc) Analoge Anwendung des § 840 Abs. 2 bei Ressortverteilung

Liegt eine wirksame Ressortverteilung vor, so vertritt die h.L. in Deutschland die Auffassung, dass § 840 Abs. 2 BGB einschlägig sein soll. Die Norm sieht bei der Haftung mehrerer die Verantwortung grundsätzlich nicht bei demjenigen, welcher gegen seine Aufsichtspflicht verstößt. Entsprechend würde der ressortfremde Geschäftsführer, der nur seine Aufsichtspflichten verletzt, vom Ressortzuständigen vollen Ausgleich i.R.d. § 426 Abs. 1 BGB verlangen können.[476]

b) Haftungsanteile in Italien

aa) Gesamtschuldnerausgleich nach Art. 2055 c.c.

In Italien regelt Art. 2055 Abs. 2 c.c. entsprechend § 426 BGB, dass demjenigen, der als Gesamtschuldner den Schaden ersetzt, Regeressansprüche gegen die übrigen Schuldner zustehen. Im Gegensatz zu § 426 BGB sieht Art. 2055 Abs. 2 c.c. allerdings ausdrücklich vor, dass die Schwere der individuellen Verfehlung auf das Verhältnis zwischen den Gesamtschuldnern Auswirkungen hat (*nella misura determinata dalla gravità della rispettiva colpa e dall'entità delle conseguenze che ne sono derivate*). Im Zweifel kommt es aber zu einer Teilung zu gleichen Teilen (*nel dubbio, le singole colpe si presumono uguali*). Art. 2055 c.c. wird

---

474 *Freund,* GmbHR 2013, 785, 788.

475 Vgl. *Freund,* GmbHR 2013, 785, 788.

476 Scholz/Schneider, § 43 Rn. 178; Baumbach/Hueck/*Zöllner/Noack,* § 43 Rn. 29 und 139; a.A. Krieger/Schneider/*Altmeppen,* § 7 Rn. 72 m.W.n.

auf die hier relevanten Haftungsansprüche gegen die Geschäftsführer Artt. 2476, 2394 und 2043 c.c. angewandt.[477]

bb) Haftungsanteile nach der Schwere der Schuld

Nach der herrschenden Meinung in Italien bestimmt sich die genaue Höhe der einzelnen Anteile im Rahmen des Gesamtschuldnerausgleichs nach zwei Kriterien: der Schwere der Schuld des Einzelnen (*gravità della rispettiva colpa*) und der Art der Folgen (*entità delle conseguenze*).[478]

Dabei hat bei Schadensersatzansprüchen die Bemessung nach den Folgen Vorrang, solange keiner der Schädiger durch einen eigenen Beitrag den Schaden vergrößert hat.[479] Bei Schadensersatzansprüchen gegen mehrere Geschäftsführer wird keiner durch sein Verhalten den Schaden vergrößern. In den meisten Fällen wird es daher einzig auf die Schwere der Schuld ankommen.

cc) Kriterien zur Bemessung der Schwere der Schuld

Die Bemessung der Schwere der Schuld in Italien ist äußerst umstritten.[480] Zunächst ist zu unterscheiden, ob ein vertraglicher oder ein deliktischer Schadensersatzanspruch vorliegt. Liegt ein vertraglicher Schadensersatzanspruch vor, ist die Schwere der Schuld mit Blick auf Artt. 1298, 1299 c.c. grundsätzlich zu gleichen Teilen anzunehmen.[481] Liegt hingegen ein deliktischer Schadensersatzanspruch vor, so kommt es einzig auf die Schwere der Schuld an.[482] Für die hier relevanten Schadensersatzansprüche bedeutet dies, dass im Rahmen der Haftung aus Artt. 2476 Abs. 1 c.c. und 2394 c.c. wohl grundsätzlich von Regressansprüchen zu gleichen Teilen auszugehen ist.[483] Ausnahmen sind aber nach Ansicht der obersten Rechtsprechung denkbar.[484] Bei der vertraglichen Haftung wird nur grundsätzlich nach Köpfen verteilt.[485] Im Rahmen einer hier relevanten Haftung aus c.i.c. kommt es hingegen nur auf die Schwere der Schuld an. Die Schwere der Schuld entzieht sich leider jeder Kategorisierung und ist

---

477 Cass. civ. del 25 maggio 2005 n. 11018, in: Giust. civ. Mass. 2005, 5; Trib. Roma del 10 febbraio 1987, in: Dir. fall. 1988, II, 338.
478 Cendon Commentario/*Gnani,* Art. 2055 S. 268.
479 Cendon Commentario/*Gnani,* Art. 2055 S. 268.
480 Umfassend Cendon Commentario/*Gnani,* Art. 2055 S. 268.
481 Cass. civ. del 7 febbraio 1975, n. 491, in: Mass. Giur. It., 1975.
482 Cass. civ. del 7 febbraio 1975, n. 491, in: Mass. Giur. It., 1975.
483 Zur vertraglichen Natur des Art. 2394 c.c. s.u. § 2 D II 3 c).
484 Cass. civ. del 7 febbraio 1975, n. 491, in: Mass. Giur. It., 1975.
485 Cass. civ. del 7 febbraio 1975, n. 491, in: Mass. Giur. It., 1975.

von Einzelfall zu Einzelfall unterschiedlich. Der Kassationshof stellt fest, dass die Bemessung der Schwere der Schuld im Ermessen des Richters liegt und legt bewusst keine konkreten Kriterien fest.[486]

2. Regelung der Haftungsanteile im Innenausgleich in Deutschland und Italien

Die vorangegangene Analyse hat gezeigt, dass sowohl in Deutschland als auch in Italien erhebliche Unsicherheiten in Bezug auf die Haftungshöhe im Innenregress zwischen Geschäftsführern bestehen. Diese können womöglich durch eine ausdrückliche Vereinbarung zwischen den Geschäftsführern im Vorhinein ausgeräumt werden.

a) Rechtliche Möglichkeit einer Vereinbarung

In Deutschland ist es möglich, die Regelungen des § 426 BGB für den Innenregress in der Satzung oder dem Anstellungsvertrag zu modifizieren.[487] In der Satzung oder dem Anstellungsvertrag können somit andere Haftungsanteile ohne weiteres vorgesehen werden.[488] Auch in Italien kann Art. 2055 Abs. 2 c.c. durch die Satzung oder nachträgliche Abrede modifiziert werden.[489] Dabei kann die Verteilung im Innenverhältnis unabhängig von den gesetzlichen Kriterien der Schwere der Schuld und der Art der Folgen nach Anteilen geregelt werden.[490]

b) Kopplung der Haftungsanteile an die Ressorts

Eine bloße Ressortvereinbarung kann in Bezug auf die gemeinsame Haftung zu teilweise unbefriedigenden Ergebnissen für die Geschäftsführer führen. Trotz einer ausdrücklichen Vereinbarung kann ein ressortfremder Geschäftsführer für das Verhalten eines ressortzuständigen haften. Eine Lösungsmöglichkeit für dieses Problem wäre eine entsprechende Vereinbarung der Haftungsanteile im Innenregress. Auch wenn der ressortfremde Geschäftsführer nun nach außen hin haftet, kann er sich zumindest im Verhältnis gegenüber seinen Mitgeschäftsführern schadlos halten. Dabei ist zu beachten, dass die Ressortvereinbarung ausdrücklich auf die Haftungsanteile im Innenregress bezogen werden muss. Eine Ressortvereinbarung bezieht sich nämlich nicht automatisch auf

486 Cass. civ. del 11 marzo 1966, n. 697; Cass. civ. del 21 marzo 1977, n. 1110.
487 Lutter/Hommelhoff/*Kleindiek*, § 43 Rn. 38.
488 MüKoGmbHG/*Fleischer*, § 43 Rn. 319; Scholz/*Schneider*, § 43 Rn. 251.
489 Cass. civ. del 27 aprile 2004, n. 7981.
490 Cass. civ. del 27 aprile 2004, n. 7981.

den Innenregress. Im Einzelfall kann eine Vereinbarung der Ressorts auch als Vereinbarung über die Haftungsanteile ausgelegt werden. Mehr Sicherheit bietet allerdings eine ausdrückliche Vereinbarung der Ressorts und der Haftungsanteile im Innenregress.

Es könnte beispielsweise vereinbart werden, dass im Rahmen des Gesamtschuldnerausgleichs zwischen den Geschäftsführern derjenige Geschäftsführer keinen Ausgleich verlangen kann, in dessen Ressort die Pflichtverletzung zu verorten ist. Ideal wäre parallel eine exakte Bestimmung der genauen Ressorts. Allerdings ist verständlich, dass die Geschäftsführer lieber etwas Flexibilität bei der Einteilung der Ressorts bevorzugen.[491] Je ungenauer die Ressorts bestimmt werden, desto unsicherer wird aber die Kopplung des Innenregresses an die Ressortvereinbarung sein.

3. *Verjährung der Regressansprüche*

a) *Verjährungszeitraum*

In Deutschland gilt für einen Regressanspruch aus § 426 Abs. 1 BGB eine dreijährige kenntnisabhängige Regelverjährung (§§ 195, 199 BGB).[492] In Italien hingegen geht die h.M. davon aus, dass Regressansprüche der gleichen Verjährung unterliegen wie die geltend gemachten Schadensersatzansprüche.[493]

b) *Beginn der Verjährung*

aa) *Rechtslage in Deutschland*

Für gewisse Zeit war in Deutschland umstritten, ob der Verjährungsbeginn bei Regressansprüchen an die Entstehung der Gesamtschuld oder an die Zahlung einer der Schuldner anknüpfen sollte.[494] Der Bundesgerichtshof hat den Streit beendet und für den Beginn der Verjährungsfrist die Begründung der Gesamtschuld als maßgeblich angesehen.[495] Problematisch ist allerdings, wann der Geschäftsführer genau Kenntnis von der Gesamtschuld erlangt. Dies ist nach Auffassung der obersten Rechtsprechung regelmäßig dann der Fall, wenn er weiß oder wissen muss, dass ihm oder einem Mitschuldner die Inanspruchnahme droht.[496]

---

491 *Peters*, GmbHR 2008, 682, 683.

492 BGHZ NJW 1972, 942; jedoch zur alten dreißigjährigen Frist.

493 Cendon/*Gnani*, Art. 2055 S. 273 m.W.n.

494 *Dollmann*, GmbHR 2009, 1092.

495 BGH NJW 2010, 60.

496 BGH NJW-RR 2008, 256, 257.

bb) Rechtslage in Italien

In Italien hingegen beginnt die Verjährung erst mit Zahlung der Schuld durch einen Gesamtschuldner.[497] Die Frage einer Kenntnis stellt sich somit nicht, da der Zahlende in jedem Fall Kenntnis seiner eigenen Leistung hat. Für den Geschäftsführer besteht bei einem Vergleich beider Rechtsordnungen in Deutschland ein größeres Risiko, dass er unbemerkt seine Regressansprüche verliert.[498] Er sollte daher entsprechende Gegenmaßnahmen, wie beispielsweise eine Streitverkündung, einleiten.[499]

D. Verschulden und Schaden im Rahmen der Haftung

Der folgende Abschnitt befasst sich mit den allgemeinen Voraussetzungen des Verschuldens und des Schadens im Rahmen der in der Krise relevanten Haftungstatbestände. Untersucht werden die deutschen §§ 43 Abs. 2, 64 S. 1 und 823 Abs. 2 i.V.m. 15a InsO und die italienischen Artt. 2476 Abs. 1, 2394 analog und 2043 c.c.

I. Verschulden

1. Rechtslage in Deutschland

a) Verschulden i.R.d. § 43 Abs. 2 GmbHG

Eine Haftung aus § 43 Abs. 2 GmbHG setzt nach allgemeiner Meinung ein Verschulden i.S.d. § 276 BGB voraus.[500] Der Geschäftsführer muss daher vorsätzlich oder fahrlässig gegen seine Pflichten verstoßen haben, Maßstab ist zunächst die Sorgfalt eines ordentlichen Geschäftsmannes.[501]

b) Erkennbarkeit als zentrales Kriterium der Fahrlässigkeit

Hat der Geschäftsführer nicht bereits vorsätzlich gehandelt, ist ein zentrales Kriterium i.R.d. Fahrlässigkeit die Erkennbarkeit des Pflichtverstoßes.[502] Für die Erkennbarkeit gilt ein objektiver Maßstab;[503] der Geschäftsführer kann sich

497 Vgl. Cass. civ. del 19 settembre 1991, n. 9784, in: Mass. Giur. It., 1991.
498 *Dollmann,* GmbHR 2009, 1092, 1093.
499 *Freund,* GmbHR 2013, 785, 790.
500 Baumbach/Hueck/*Zöllner/Noack,* § 43 Rn. 8 m.W.n.
501 Michalski/*Ziemons,* § 43 Rn. 409ff. m.W.n.
502 BGH ZIP 2000, 184, 185; ZIP 2000, 1896, 1897.
503 MüKoBGB/*Grundman,* § 276 Rn. 55, m.W.n.

damit nicht auf individuelle Schwächen berufen, welche ihn den Pflichtverstoß nicht erkennen ließen. Spezielle individuelle Fähigkeiten sind allerdings zu seinen Lasten beachtlich.[504] Bei den meisten Pflichtverstößen gegen seine Organpflichten wird die Erkennbarkeit allerdings kein Problem darstellen. Hat der Geschäftsführer pflichtwidrig gehandelt, wird regelmäßig ein Verschulden anzunehmen sein.[505]

c) Erkennbarkeit i.R.d. § 64 S. 1 GmbHG und § 823 Abs. 2 i.V.m. § 15a InsO

aa) Erkennbarkeit der Zahlungsunfähigkeit oder Überschuldung der Gesellschaft

Die Erkennbarkeit ist neben § 43 Abs. 2 GmbHG auch im Rahmen der anderen Haftungstatbestände relevant. Gemäß § 64 S. 2 GmbHG führen Zahlungen nach Eintritt der materiellen Insolvenzreife nicht zu einer Haftung, wenn sie mit der Sorgfalt eines ordentlichen Geschäftsmanns vereinbar sind. Der Geschäftsführer kann sich zunächst auf fehlendes Verschulden berufen, wenn er bei Anwendung der Sorgfalt eines ordentlichen Geschäftsmannes die Insolvenzreife nicht erkannt hat. Die Erkennbarkeit der Zahlungsunfähigkeit und Überschuldung ist somit auch hier das zentrale Kriterium.[506] Die Erkennbarkeit ist auch für die Haftung für Insolvenzverschleppung aus § 823 Abs. 2 i.V.m. § 15a InsO ein relevantes Merkmal. Zahlungsunfähigkeit oder Überschuldung müssen für den Geschäftsführer erkennbar gewesen sein,[507] tatsächliche Kenntnis ist nicht erforderlich.[508]

Der Geschäftsführer muss alles im Rahmen seiner Pflichten erforderliche unternommen haben, um die Insolvenzreife erkennen zu können.[509] Entsprechend § 43 Abs. 1 GmbHG ist auf das Verhalten eines ordentlichen Geschäftsmanns abzustellen.[510] Der technische Geschäftsführer hat demnach regelmäßig Erkundigungen einzuholen oder Finanzberichte zu veranlassen.[511]

---

504 Vgl. BGHZ 168, 188 Rn. 17,

505 Baumbach/Hueck/*Zöllner/Noack*, § 43 Rn. 18; Ulmer/Habersack/Löbbe/*Paefgen*, § 43 Rn. 168.

506 BGHZ 143, 184, 185; WM 1994, 1030, 1031.

507 BGH ZIP 2000, 184, 185; ZIP 2000, 1896, 1897.

508 Lutter/Hommelhoff/*Kleindiek*, Anh. zu § 64 Rn. 88.

509 Lutter/Hommelhoff/*Kleindiek*, Anh. zu § 64 Rn. 88.

510 MüKoInsO/*H.-F. Müller*, § 64 Rn. 158.

511 Vgl. BGH NJW 2007, 2118 Rn. 16; Lutter/Hommelhoff/*Kleindiek*, Anh. zu § 64 Rn. 88; MüKoInsO/*H.-F. Müller*, § 64 Rn. 159.

Ein kaufmännischer Geschäftsführer muss die Finanzen der Gesellschaft selbst mittels der regelmäßigen Aufstellung von Liquiditäts- und Vermögensübersichten überwachen.[512] Fehlt es dem Geschäftsführer an mangelnder Sachkunde, um die finanzielle Lage der Gesellschaft beurteilen zu können, handelt er nicht fahrlässig, wenn er sich von fachkundiger Seite beraten lässt.[513] Der Sachkundige muss von dem Geschäftsführer vor seiner Entscheidung ordnungsgemäß und vollständig informiert werden.[514] Von dem Geschäftsführer wird zudem verlangt, die Entscheidung des Sachkundigen auf ihre Plausibilität zu kontrollieren.[515]

bb) Karenzfrist

Selbst wenn der Geschäftsführer die Zahlungsunfähigkeit oder Überschuldung erkennt, haftet er allerdings nicht automatisch. Der § 15a InsO räumt ihm eine Karenzfrist von drei Wochen ein, in der dieser Zustand zu beseitigen ist. Ist der Geschäftsführer aufgrund einer sorgfältigen und gewissenhaften Prüfung der Meinung, die Gesellschaft werde binnen drei Wochen sämtliche Gläubiger voll befriedigen, muss er keinen Insolvenzantrag stellen und darf weiterhin Zahlungen veranlassen.[516] Für die Prognose sind die konkreten wirtschaftlichen Verhältnisse des Schuldners, beispielsweise Außenstände, Bonität der Drittschuldner oder Kreditwürdigkeit des Schuldners, zu berücksichtigen.[517] Ist die Frist von drei Wochen nach Auftreten der Insolvenzlücke abgelaufen, darf der Geschäftsführer grundsätzlich keine Zahlungen mehr leisten und muss Insolvenzantrag stellen.[518] Zahlungen sind allerdings dann erlaubt, wenn sie die Insolvenzmasse nicht schmälern oder erforderlich sind, um das Unternehmen für die Zwecke des Insolvenzverfahrens zu erhalten.[519]

---

512 Lutter/Hommelhoff/*Kleindiek*, Anh. zu § 64 Rn. 88.
513 BGH ZIP 2012, 1174.
514 MüKoInsO/*H.-F. Müller*, § 64 Rn. 162.
515 BGH ZIP 2007, 1265, 1266ff.; 2011, 2097, 2012, 1174.
516 *Burger/Schellenberg*, BB 1995, 261, 263.
517 *Burger/Schellenberg*, BB 1995, 261, 263.
518 BGH BKR 2006, 15, 17.
519 Michalski/*Nerlich*, § 64 Rn. 22.

2. *Rechtslage in Italien*

a) *Erforderlichkeit eines vorsätzlichen oder fahrlässigen Verhaltens für eine Haftung*

Die Verletzung seiner Organpflichten löst nach italienischem Recht für den Geschäftsführer nur eine Haftung aus, wenn er hierbei vorsätzlich (*doloso*) oder fahrlässig (*colposo*) gehandelt hat.[520] Daneben sieht Art. 2476 Abs. 1 c.c. vor, dass der Geschäftsführer sich bei einer Organpflichtverletzung durch andere entlasten kann, wenn er dieser Handlung widerspricht.[521] Eine Haftung aus Art. 2394 c.c.[522] oder aus Art. 2043 c.c.[523] setzt ebenfalls ein vorsätzliches oder fahrlässiges Verhalten des Geschäftsführers voraus. Für die Annahme von Vorsatz genügt es, wenn man sich bewusst ist, durch die eigene Handlung einen Schaden zu verursachen.[524]

b) *Fahrlässigkeit in Italien*

Der Begriff der Fahrlässigkeit hat in Italien eine größere Entwicklung hinter sich. Obwohl er anfangs stark durch subjektive, auf den individuellen Schädiger bezogene, Kriterien geprägt war, geht die Rechtsprechung mittlerweile von einem objektiven Sorgfaltsmaßstab aus.[525] Zentraler Punkt für ein fahrlässiges Verhalten ist mittlerweile auch in Italien die Erkennbarkeit (*previdibilità*) des Schadenseintritts. Hierfür gilt ein objektiver Sorgfaltsmaßstab.[526] Im Rahmen des Art. 2476 c.c. werden für den Sorgfaltsmaßstab eines Geschäftsführers die entsprechenden Normen zu der spa Artt. 2381 und 2392 c.c. hinzugezogen.[527] Diese gelten auch für den spa spezifischen Haftungsanspruch aus Art. 2394 c.c. Der Geschäftsführer handelt objektiv sorgfaltswidrig, wenn er die in seiner Position übliche professionelle Verhaltensregeln nicht beachtet.[528] Diese professionelle

---

520 Tribunale Milano del 30 giugno 2009, n. 8646 in Giustizia a Milano 2009, 7–8, 53; Cian/Trabucchi/*Menti*, Art. 2476 I Rn. 1.

521 Cottino/Bonfante/Cagnasso/Monatlenti/*Cagnasso*, Art. 2476 S. 1880.

522 Cass. civ. del 22 marzo 2010 n. 6870.

523 Cass. civ. del 23 aprile 2004 n. 7733; Cass. civ. del 21 ottobre 2005 n. 20454; Cass. civ. del 23 ottobre 2014 n. 22523.

524 Cian/Trabucchi/*Thiene*, Art. 2043 Abschnitt II Rn. 8.

525 Cian/Trabucchi/*Thiene*, Art. 2043 II Rn. 5.

526 Cian/Trabucchi/*Thiene*, Art. 2043 II Rn. 5.

527 Tribunale di Napoli del 5 agosto 2008; Cian/Trabucchi/*Menti*, Art. 2476 I Rn. 1; a.A. *Mollo*, Giur. comm., 2008, S. 806, 810 demnach gilt der Sorgfaltsmaßstab des guten Familienvaters *(diligenza del buon padre di famiglia)* Art. 1176 c.c.

528 Trib. Pinerolo del 2 novembre 2004 in: Giur. It., 2005, 1660 m. Anm. *Marcellino* m.w.N.

Sorgfalt (*diligenza professionale*) umfasst, sich zunächst über die Vorgänge in der Gesellschaft zu informieren und zudem die Ordnungsmäßigkeit der inneren Organisation zu gewährleisten und zu überwachen.[529] Für den Geschäftsführer muss für eine Haftung wegen Fahrlässigkeit demnach unter Beachtung professioneller Verhaltensregeln erkennbar gewesen sein, dass er gegen eine ihm obliegende Pflicht verstoßen hat.

c) Die Erkennbarkeit bei einer Haftung aufgrund Insolvenzverschleppung

Bei der Frage nach der Fahrlässigkeit ist zu bedenken, dass der Geschäftsführer in Italien einen Insolvenzantrag erst stellen muss, wenn ein unumkehrbarer erkennbarer Vermögensverfall vorliegt.[530] Befindet sich die srl in derartigen finanziellen Schwierigkeiten, wird für den Geschäftsführer, der seine Geschäfte professionell führt, meist erkennbar sein, dass ohne Insolvenzantrag sich die Probleme der Gesellschaft nur weiter verschlimmern können. Das Verschulden wegen Fahrlässigkeit wird kein großes Problem darstellen, sobald eine Haftung wegen Unterlassen eines Insolvenzantrags im Raume steht.

d) Enthaftung nach Art. 2476 Abs. 1 c.c.

Das italienische Recht sieht mit Art. 2476 Abs. 1 c.c. für den Geschäftsführer einen ausdrücklichen Weg, ein Verschulden zu vermeiden. Der Geschäftsführer muss im Fall der Kenntnis eines Fehlverhaltens (*cognizione che l`atto si stava per compiere*), die eigene Ablehnung zum Ausdruck bringen (*abbia fatto constare il proprio dissenso*). Die Ablehnung muss den anderen Organen schriftlich und soweit im Voraus zur Kenntnis gebracht werden, dass diese noch notwendige Schritte unternehmen können.[531] Hat er dies getan, kann er zumindest einer Haftung aus Art. 2476 Abs. 1 c.c. entgehen.

3. Beweislast

a) Verschuldensvermutung in Deutschland

Im Rahmen der Innenhaftung aus § 43 Abs. 2 GmbHG trifft den Geschäftsführer die Beweislast für die Einhaltung der Sorgfalt eines ordentlichen und gewissenhaften Geschäftsleiters.[532] Die Durchbrechung der allgemeinen zivilprozessualen

529 Cian/Trabucchi/*Menti*, Art. 2476 I Rn. 1.

530 Cass. 27 febbraio 2002, n. 2906, Foro it. 2002, I, 3156, 3160; Die Schulden überstiegen das Gesellschaftskapital um das Vierfache.

531 Cottino/Bonfante/Cagnasso/Monatlenti/*Cagnasso*, Art. 2476 S. 1881.

532 BGHZ 152, 280, 283 m.W.n.

Beweislastverteilung beruht auf dem Gedanken der größeren Sachnähe auf Seiten des Geschäftsführers.[533] Diesem Argument wird auch im Rahmen des § 64 S. 1 GmbHG Rechnung getragen. Denn auch hier liegt die Beweislast für die Vereinbarkeit der Zahlung mit der Sorgfalt eines ordentlichen Geschäftsmanns bei dem Geschäftsführer.[534] Bei Ansprüchen aus § 823 Abs. 2 i.V.m. § 15a InsO liegt die Beweislast für das Verschulden anders, als die deliktische Natur vermuten lassen würde. Das Verschulden des Geschäftsführers in Bezug auf die Insolvenzreife wird ebenfalls als widerlegbar vermutet.[535] Die für § 43 Abs. 2 BGB geltende Vermutungsreglung ist auch auf den Anspruch aus § 823 Abs. 2 i.V.m. § 15a InsO anwendbar.[536] Den Geschäftsführer trifft auch hier die volle Darlegungs- und Beweislast seines fehlenden Verschuldens.[537]

b) Verschuldensvermutung bei Art. 2476 c.c. in Italien

In Italien hat der Geschädigte i.R.d. des Art. 2476 Abs. 1 c.c. nur die Pflichtverletzung und den kausalen Schaden darzulegen und zu beweisen.[538] Dabei sieht es die oberste Rechtsprechung allerdings nicht als ausreichend an, die Pflichtverletzung lediglich in ihrer Art darzustellen. Vielmehr muss die konkrete Handlung beschrieben werden.[539] Ist dem Geschädigten dies gelungen, so wird das Verschulden vermutet.[540] Bei Art. 2476 Abs. 1 c.c. handelt es sich um einen Anspruch vertraglicher Natur.[541]

c) Verschuldensvermutung bei Art. 2394 c.c. in Italien

Die Beweislastverteilung i.R.d. Art. 2394 c.c. in Italien ist umstritten. In Literatur und Rechtsprechung wird eine Diskussion um die Frage geführt, ob es sich bei Art. 2394 c.c. um einen deliktischen oder einen vertraglichen Anspruch handelt. In ersterem Fall müsste der Geschädigte das Verschulden beweisen, in letzterem streichen müsste er den Entlastungsbeweis antreten.[542]

---

533 BGHZ 152, 280, 283.

534 Baumbach/Hueck/*Haas*, § 64 Rn. 119 m.W.n.

535 Lutter/Hommelhoff/*Kleindiek*, Anh. zu § 64 Rn. 87.

536 BGHZ 143, 184, 185 (§ 64 Abs. 1 GmbHG a.F.).

537 BGHZ 143, 184, 185 (§ 64 Abs. 1 GmbHG a.F.); WM 1994, 1030, 1031.

538 Cass. civ. del 27 ottobre n. 23180 in: Foro it. 2007, 1, I, 327.

539 Cass. civ. del 27 ottobre n. 23180 in: Foro it. 2007, 1, I, 327.

540 Cass. civ. del 27 ottobre n. 23180 in: Foro it. 2007, 1, I, 327.

541 Cass. civ. del 27 ottobre n. 23180 in: Foro it. 2007, 1, I, 327.

542 *Cottino*, S. 55; Minervini, S. 329 m.W.n.

Der Meinungsstreit befindet sich in einem Umschwung. Während zuvor die h.M. noch den außervertraglichen Ursprung des Anspruchs aus Art. 2394 c.c. annahm,[543] hat die Gegenmeinung mittlerweile einen starken Aufschwung erfahren.[544]. Die oberste Rechtsprechung ging zunächst entgegen der Literaturmeinung zur Zeit der Entscheidung von einem vertraglichen Anspruch aus,[545] änderte diese Ansicht dann zwischenzeitlich.[546] Kurze Zeit später nahm die oberste Rechtsprechung wieder die vertragliche Natur der Haftung an.[547] Dieser letzte Umschwung der Rechtsprechung fügt sich in den Aufschwung der „vertraglichen Theorie" in der Literatur ein. Von einer abschließenden Klärung des Streits kann aber keinesfalls die Rede sein. Derzeit ist aber sicherer anzunehmen, dass, wie in Deutschland, das Verschulden des Geschäftsführers vermutet wird.

II. Schaden

Für einen Schadensersatz ist in der deutschen wie in der italienischen Rechtsordnung neben einem Verschulden auch ein Schaden erforderlich. Einen solchen darzulegen und zu beweisen kann sich als einer der problematischsten Punkte bei der Geltendmachung von Haftungsansprüchen in der Gesellschaftskrise erweisen. Gerade Ansprüche aus Insolvenzverschleppung werden nicht selten an dem Merkmal des Schadens scheitern.[548]

1. Rechtslage in Deutschland

a) Allgemeine Schadensberechnung

Der Schaden bemisst sich nach den allgemeinen Normen der §§ 249ff. BGB; dies gilt für die Schadensersatzansprüche aus § 43 Abs. 2 GmbHG[549] und § 823 Abs. 2 BGB i.V.m. § 15a InsO[550]. Herzustellen ist der Zustand ohne den zum Ersatz verpflichtenden Umstand.[551] Der Schaden bestimmt sich folglich aus der Differenz zwischen der hypothetischen Vermögenslage ohne schädigendes Ereignis

543 *Bonelli*, Gli amministratori di società per azioni, S. 308, *Gambino/Santosuosso*, S. 128; *Galgano*, S. 273, Ghezzi/*De Amato*, S. 655 m.W.n.

544 *Fabiani*, Riv. Soc, 2015, 272, 276 m.W.n.

545 Cass. civ. del 27 novembre 1982 n. 6431; Tribunale di Torino del 13 dicembre 1989.

546 Cass. civ. del 22 ottobre 1998 n. 10488.

547 Cass. civ. del 24 marzo 1999 n. 2772.

548 Spindler/Stilz/*Fleischer*, § 92 Rn. 72.

549 Baumbach/Hueck/*Zöllner/Noack*, § 43 Rn. 15; MüKoGmbHG/*Fleischer*, § 43 Rn. 261.

550 MüKoBGB/*Wagner*, § 823 Rn. 542.

551 Lutter/Hommelhoff/*Kleindiek*, § 43 Rn. 37; MüKoGmbHG/*Fleischer*, § 43 Rn. 263.

und der tatsächlich bestehenden Vermögenssituation.[552] Als unterschiedliche Geschädigte kommen im Rahmen der in dieser Analyse relevanten Haftungsansprüche die Gesellschaft und die Gläubiger in Betracht. Bei der Bemessung des Schadens muss also das hypothetische Vermögen der Gesellschaft oder der Gläubiger ohne Pflichtverletzung und das tatsächliche Vermögen verglichen werden.[553]

b) Schäden bei Insolvenzverschleppung

Dieser Vergleich stellt sich insb. im Fall einer Insolvenzverschleppung als besonders schwierig dar. Ist der zum Ersatz verpflichtende Umstand die verspätete Insolvenzantragsstellung, muss das Vermögen bei hypothetisch rechtzeitigem Antrag mit dem tatsächlich bestehenden Vermögen der Gesellschaft oder der Gläubiger verglichen werden. Die Differenzhypothese stößt bei der Ermittlung eines Schadens wegen Verschleppung des Insolvenzantrags an ihre Grenzen. Erste Schwierigkeiten treten dabei auf, die Vermögenslage einer GmbH bei hypothetischer rechtzeitiger Insolvenzantragsstellung zu bestimmen. Hierfür wäre erforderlich, die genauen Folgen eines Insolvenzantrags zu bezeichnen. Gemäß § 21 InsO hat der Richter auf die Antragsstellung hin vorläufige Maßnahmen zu treffen und diesbezüglich kein Ermessen.[554] In Bezug auf die konkrete Form der Maßnahme, hat der Gesetzgeber dem Richter aber die Wahl gelassen. Er könnte sich folglich auch zur Fortführung der GmbH nach Antragsstellung entscheiden.

aa) Abstrahierung bei der Schadensberechnung

Um dem Problem bei der Schadensberechnung beizukommen, haben in Deutschland sowohl die Rechtsprechung, als auch die h.L., eine gewisse Abstrahierung vorgenommen.[555] Man geht bei der Anwendung der Differenzhypothese stets von der Annahme aus, dass die Gesellschaft im Zeitpunkt der Entstehung der Antragspflicht liquidiert und nicht zunächst fortgeführt worden wäre.[556] Diese Pauschalierung ist aufgrund der Anwendung des § 287 ZPO bei Bestimmung der Schadenshöhe erlaubt.[557] Nun muss aber trotzdem konkret dargelegt werden, welche Vermögenseinbuße für die GmbH entsteht, weil diese zu spät

552 Palandt/*Grüneberg*, v. § 249 Rn. 10 m.W.n.
553 MüKoInsO/*Klöhn*, § 15a Rn. 180.
554 MüKoInsO/*Haarmeyer*, § 21 Rn. 2.
555 MüKoInsO/*Klöhn*, § 15a Rn. 184.
556 Vgl. BGHZ 138, 211, 221; Baumbach/Hueck/*Haas*, § 64 Rn. 133.
557 BGH DStR 2009, 1384.

liquidiert wird.[558] Keinesfalls darf pauschal auf die Vergrößerung der Überschuldung als Schaden abgestellt werden.[559] Bei der Eingehung neuer Geschäfte liegt der Schaden bei den Gläubigern, denen die Gesellschaft die Forderung nicht erfüllen kann.[560] Für die Gesellschaft sind Schäden denkbar, die sich aus den Ansprüchen der Gläubiger wegen der Nichterfüllung ihrer Forderungen ergeben.[561]

(1) Lösung über § 64 S. 1 GmbHG für Schäden der Gesellschaft

In Deutschland wurde mit § 64 S. 1 GmbHG eine gesetzliche Lösung für das Problem des Schadens im Rahmen der Insolvenzverschleppungshaftung geschaffen. Die Geschäftsführung ist demnach zum Ersatz von Zahlungen verpflichtet, die nach Eintritt der Zahlungsunfähigkeit oder Überschuldung geleistet werden. Die Zahlungsunfähigkeit und Überschuldung in § 64 S. 1 GmbHG entsprechen §§ 17 und 19 InsO. Es müssen also anstelle eines sich aufgrund der Insolvenzverschleppung ergebenden Schadens, nur die getätigten Zahlungen nachgewiesen werden. Problematisch ist die Berechnung der Höhe des gemäß § 64 S. 1 GmbHG zu ersetzenden Betrags. Die Rechtsprechung vertrat zuvor die Auffassung, die verbotene Zahlung sei in voller Höhe zu ersetzen.[562] Mittlerweile scheint der Bundesgerichtshof seine Auffassung geändert zu haben und die zu ersetzende Summe in der tatsächlichen Schmälerung der Masse zu sehen.[563] Dies bedeutet insb., dass auch etwaige Gegenleistungen im Austausch für die verbotene Zahlung beachtlich wären.[564] Die Rechtsfrage ist aber noch nicht abschließend geklärt.[565]

(2) Schäden der Alt- und Neugläubiger

Für die Ansprüche der Gläubiger aus § 823 Abs. 2 i.V.m. § 15a InsO ist eine Norm wie § 64 S. 1 GmbHG nicht eingeführt worden. Hier müssen die Schäden noch nach der Differenzhypothese gemäß § 249 BGB bestimmt werden, allerdings wird in bestimmten Fällen eine Abstrahierung vorgenommen.[566] Bei der

558 MüKoInsO/*Klöhn*, § 15a Rn. 184.
559 MüKoInsO/*Klöhn*, § 15a Rn. 184.
560 OLG Koblenz AG 2009 336, 337 a.A. RGZ 161, 129, 147f.
561 Vgl. OLG Naumburg, Beck RS 2007, 00361; Baumbach/Hueck/*Zöllner/Noack*, § 43 Rn. 15.
562 BGHZ 146, 264, 274f.
563 BGH WM 2016, 275, 974; Scholz/*Karsten Schmidt*, § 64 Rn. 11, 16, 63, 189 m.w.N.
564 *Gehrlein*, ZHR 181 (2017), 482, 484.
565 Umfassend zu diesem Problem *Gehrlein*, ZHR 181 (2017), 482, 490ff. m.w.N.
566 Vgl. OLG Koblenz AG 2009 336, 337.

Bestimmung des Schadens ist zwischen Alt- und Neugläubigern zu unterscheiden, weil eine rechtzeitige Stellung des Insolvenzantrags unterschiedliche Folgen auf ihr Vermögen hat. Bei Neugläubigern handelt es sich um Gläubiger, die ihre Forderung nach dem Zeitpunkt erworben haben, in dem der Geschäftsführer hypothetisch Insolvenzantrag hätte stellen müssen.[567] Die Forderung der Altgläubiger ist vor diesem Zeitpunkt entstanden.[568]

(a) Quotenschaden des Altgläubigers

Zunächst müssen wir unterstellen, mit Insolvenzantragsstellung wäre die Liquidierung der GmbH eingetreten.[569] Mit Liquidierung hätte der Altgläubiger seine Forderung zu einer bestimmten Quote erfüllt bekommen. Der Quotenschaden ist folglich die Differenz zwischen dieser Soll-Quote und der Ist-Quote bei Beendigung des Insolvenzverfahrens.[570] Allerdings ist zu beachten, dass bei dieser Art von Schadensberechnung den Altgläubigern keinerlei Schutz für ihre Forderungen (z.B. Zurückbehaltungsrechte, Aus- und Absonderungsrechte) zusteht.[571] Ein weiterer Schaden ist vom Schutzzweck des § 15a InsO nicht erfasst.[572] Verliert der Verkäufer beispielsweise aufgrund der Verschleppung insolvenzfeste Sicherungsrechte wie Vorbehaltseigentum, so kann er diese nicht neben seinem Quotenschaden geltend machen.[573]

(b) Vertrauensschaden des Neugläubigers

Hätte der Geschäftsführer rechtzeitig Insolvenzantrag gestellt, wäre es regelmäßig zu keinem Geschäft mit der insolvenzreifen GmbH gekommen. Neben einem weiterhin denkbaren Quotenschaden, weil die Gesellschaft durch weitere Geschäfte die Quote des Neugläubigers verringern kann, besteht für den Neugläubiger ein Vertrauensschaden.

Diese Differenzierung wurde in der alten Rechtsprechung des BGH nicht vorgenommen, auch den Neugläubigern stand demnach nur ein Quotenschaden zu.[574] Nach einer Rechtsprechungsänderung können Neugläubiger mittlerweile auch ihren Vertrauensschaden geltend machen.[575] Die Neugläubiger sind

---

567 *Freitag*, NZG 2014, 447.
568 *Stöber*, ZHR 176 (2012), 326, 335.
569 Vgl. BGHZ 138, 211, 221; MüKoInsO/*Klöhn*, § 15a Rn. 180.
570 Vgl. BGHZ 126, 181, 190; BGHZ 138, 211, 221.
571 MüKoInsO/*Klöhn*, § 15a Rn. 181.
572 BGHZ 100, 19, 23ff; Lutter/Hommelhoff/*Kleindiek*, Anh. zu § 64 Rn. 92.
573 BGH GmbHR 1996, 211.
574 BGHZ 29, 100, 104ff.; 100, 19, 23ff; *Stöber*, ZHR 176 (2012), 326, 336.
575 BGHZ 126, 181; Stöber, ZHR 176 (2012), 326, 336.

folglich so zu stellen, wie wenn sie mit der insolvenzreifen Gesellschaft nicht kontrahiert hätten.[576] Zu ersetzen ist aber nur das negative Interesse, nicht das Erfüllungsinteresse.[577] Als Vertrauensschaden zu ersetzen sind beispielsweise Waren- und Lohnkosten des Gläubigers,[578] in bestimmten Fällen auch der entgangene Gewinn[579] und die Kosten der Rechtsverfolgung[580]. Die dem Gläubiger zustehende Insolvenzquote ist nicht bei dem Schadensersatzanspruch anzurechnen.[581] Auch Zahlungen der Gesellschaft wegen Altforderungen des Gläubigers auf den Anspruch wegen Insolvenzverschleppung werden angerechnet.[582] Der Anspruch des Gläubigers kann sich aber im Fall eines Mitverschuldens § 254 BGB verringern, falls er leichtfertig mit der insolventen Gesellschaft Geschäfte abgeschlossen hat.[583]

2. Rechtslage in Italien

a) Allgemeine Schadensberechnung

In Italien bedarf es eines gesellschaftsvertraglichen Haftungsanspruchs aus Art. 2476 c.c. eines Schadens nach den allgemeinen Regelungen der Artt. 1218, 1223, 1225, 1226 c.c. Auch Schadensersatzansprüche aus Artt. 2394 und 2043 c.c. bedürfen eines Schadens. Zu ersetzen ist der durch die Pflichtverletzung des Geschäftsführers entstandene Schaden.[584] Ein Vermögensschaden ist dabei eine Verminderung des Vermögens des Geschädigten oder der entgangene Gewinn.[585] Konkret ist demnach auch in Italien die aufgrund der Pflichtverletzung eingetretene Verminderung des Vermögens der Gesellschaft oder der Gläubiger zu ersetzen.

576 BGHZ 126, 181, 192ff.; 138, 211, 214; 164, 50, 60; BGH NJW 1995, 398, 399; NZG 2003, 923.
577 BGH GmbHR 2012, 899 Rn. 24ff.
578 BGH GmbHR 2012, 899 Rn. 23.
579 BGH GmbHR 2012, 566 Rn. 27.
580 BGH GmbHR 2009, 817 Rn. 19.
581 BGH ZIP 2007, 676, 679.
582 BGH ZIP 1060, 1062.
583 BGHZ 126, 181, 200f.
584 Vgl. Cass. 6 dicembre 2000, n. 15487, Rep. Foro it. 2001, Stichwort società, Nr. 758; Stöber, ZHR 176 (2012), 326, 346.
585 Cassazione civile, sez. un. del 11 novembre 2008, n. 23385; T.A.R. Firenze del 15 luglio 2016, n. 1187.

b) *Schäden bei Insolvenzverschleppung*

Auch in Italien ist der Schaden bei der Insolvenzverschleppung problematisch. Wie im deutschen Recht ist schwer bestimmbar, welche Vermögenseinbuße der Gesellschaft oder den Gläubigern konkret entsteht, weil der Geschäftsführer den Insolvenzantrag verspätet gestellt hat. Die Folgen nach der Insolvenzantragsstellung sind in Italien ungewiss. Vorläufige Maßnahmen zur Sicherung des Vermögens der Gesellschaft werden nur aufgrund eines separaten Antrags und im Ermessen des Richters aus Art. 15 Abs. 7 LF durchgeführt.

aa) *Pauschalierung des Schadens bei Insolvenzverschleppung in Italien*

Die Rechtsprechung in Italien geht auch den Lösungsweg einer Pauschalierung des Schadens bei Insolvenzverschleppung. Der ersatzfähige Schaden ist jede Schmälerung der Insolvenzmasse nach dem Zeitpunkt, an dem Insolvenzantrag hätte gestellt werden müssen.[586] Der Gesetzgeber hat hier anders als in Deutschland jedoch nicht eingegriffen, in Italien fehlt es an einer § 64 S. 1 GmbHG entsprechenden Norm.

bb) *Ersatz eines Quoten – und Vertrauensschadens*

In Italien können die Gläubiger je nach Anspruchsgrundlage einen Quoten- und/oder Vertrauensschaden geltend machen.

(1) *Ersatz des Quotenschadens i.R.d. Art. 2394 c.c.*

Im Rahmen des Art. 2394 c.c. wird dem Gläubiger der Schaden ersetzt, welcher sich aus der Verminderung des Gesellschaftsvermögens ergibt, sollte der Gläubiger nicht mehr die volle Befriedigung ihrer Forderungen erhalten können.[587] Der Geschäftsführer haftet für jedes Verhalten, welches dazu geführt hat, dass das Vermögen der Gesellschaft nicht mehr zur Befriedigung der Gläubiger ausreicht.[588] Die oberste Rechtsprechung sieht den Schaden der Gläubiger in jedem Vermögensabfluss, welcher ab dem Zeitpunkt eintritt, in welchem die unterlassene Insolvenzantragsstellung den Vermögensverfall weiter verschlimmert.[589]

---

586 Cass. 27 febbraio 2002, n. 2906, Foro it. 2002, I, 3156, 3161.

587 Cass. 6 dicembre 2000, n. 15487, Rep. Foro it. 2001, Stichwort società, Nr. 758 *è necessario e sufficiente che sussista un rapporto di causalità tra pregiudizio – che è pari ai compensi versati e, cioè alle risorse sottratte alla società – e condotta degli amministratori purché sia illegittima.*

588 Cass. del 21 luglio 2010 n. 17121; Trib. Roma del 8 giugno 2015 n. 12474.

589 Cass. 27 febbraio 2002, n. 2906, Foro it. 2002, I, 3156, 3161.

Über Art. 2394 c.c. kann der Gläubiger damit seinen eigenen Quotenschaden geltend machen. Reicht das Vermögen zur Befriedigung der Gesellschaftsgläubiger aus, ist ein Schaden aber ausgeschlossen.[590]

(2) Ersatz eines individuellen Schadens der Gläubiger im Rahmen des Art. 1337 c.c.

Im Rahmen eines Schadensersatzanspruchs aus Art. 1337 c.c. kann der Geschädigte in der Insolvenz seinen individuellen Schaden geltend machen.[591] Der individuelle Schaden eines Gläubigers liegt in dem Ausfall seiner Forderung, wenn der Geschäftsführer die Insolvenzreife der Gesellschaft verschwiegen hat.[592] Ein Beispiel für einen solchen Schaden wäre der Forderungsausfall einer Bank; von welcher der Geschäftsführer unter Verheimlichung des Vermögensverfalls die Auszahlung eines Darlehens erwirkt hat.[593] Ein Quotenschaden ist von Art. 1337 c.c. im Gegensatz zu Art. 2394 c.c. nicht erfasst.[594]

(3) Beweislast

Bezogen auf die Beweislast ergeben sich bezüglich des Schadens keine Besonderheiten. Dieser muss sowohl in Deutschland als auch in Italien vom Geschädigten dargelegt und bewiesen werden.[595]

E. Einwände des Geschäftsführers gegen die Haftungsansprüche der Gesellschaft und der Gläubiger

Sieht sich der Geschäftsführer einem Schadensersatzanspruch der Gesellschaft oder der Gläubiger ausgesetzt, will er womöglich eigene Einwände gegen diese geltend machen. Zu denken ist dabei zunächst an die klassischen Einwendungen der Verjährung oder des Verzichts. Der Geschäftsführer kann auch versuchen, sein Amt niederzulegen, um sich einer Haftung zu entziehen.

590 Kindler/Nachmann/*Kindler/Conow*, Länderbericht Italien Rn. 195.
591 *Stöber*, ZHR 176 (2012), 326, 347; Cendon/*Renna*, Art. 2476 S. 478; Kindler/Nachmann/*Kindler/Conow*, Länderbericht Italien Rn. 196 m.W.n.
592 Cass. civ. del 28 marzo 2006, n. 7029; *Campobasso,* VII S. 401.
593 Trib. Milano del 23 settembre 1983; Cass. civ. del 28 marzo 1960 n. 669.
594 Kindler/Nachmann/*Kindler/Conow*, Länderbericht Italien Rn. 196.
595 BGHZ 126, 181, 200; ZIP 2007, 676, 678; Lutter/Hommelhoff/*Kleindiek*, Anh. zu § 64 Rn. 87, Cass. civ. del 15febbraio 2005, n. 3032; Cass. civ. del 22 ottobre 1998, n. 10488.

I. Verjährung

1. Ansprüche der Gesellschaft gegen den Geschäftsführer

a) Fünfjährige Verjährungsfrist in Deutschland und Italien

Ansprüche der Gesellschaft gegen den Geschäftsführer aus § 43 Abs. 2 GmbHG verjähren gemäß § 43 Abs. 4 GmbHG in fünf Jahren. Für den Anspruch aus § 64 S. 1 GmbHG gilt gemäß § 64 S. 4 GmbHG die Frist aus § 43 Abs. 4 GmbHG, also ebenfalls fünf Jahre.

In Italien verjähren Schadensersatzansprüche der Gesellschaft aus Art. 2476 Abs. 1 c.c gemäß Art. 2949 Abs. 1 c.c. ebenfalls in fünf Jahren. Die Verjährung eines Anspruchs beginnt gemäß Art. 2935 c.c. zu dem Zeitpunkt, in welchem er geltend gemacht werden kann. Daneben sieht das Gesetz mit Art. 2941 Abs. 7 c.c. vor, dass bei Ansprüchen der Gesellschaft gegen die Geschäftsführer die Verjährung gehemmt ist, solange der Geschäftsführer sich im Amt befindet. Eine weitere relevante Regelung ist Art. 2941 c.c. In Abs. 8 wird die Verjährungsfrist auf 10 Jahre verlängert, sollte dem Geschäftsführer Vorsatz bei der Verschleierung seiner Schadensersatzansprüche vorgeworfen werden können. Hier wäre auch an eine Strafbarkeit aus Artt. 216 Abs. 1 Nr. 4, 224 LF zu denken.

b) Vereinbarungen über die Verjährung in Deutschland und Italien

In Deutschland sind Modifikationen der Verjährungsfrist grundsätzlich zulässig. Eine Vereinbarung über die Verlängerung der Verjährung ist in den Grenzen des § 202 Abs. 2 BGB erlaubt. Eine Verkürzung der Verjährung ist in Bezug auf eine Haftung wegen gewöhnlicher Sorgfaltswidrigkeit möglich.[596] In seiner alten Rechtsprechung schloss der Bundesgerichtshof eine Verkürzung aus, wenn der Schadensersatzbetrag zur Befriedigung der Gläubiger erforderlich war.[597]

In Italien verbietet Art. 2936 c.c. ein Abweichen von den gesetzlich vorgesehenen Regelungen zu der Verjährung. Die Norm ist dabei zunächst als generelles Prinzip zu verstehen.[598] Es verbietet somit umfassend jede Form einer Verlängerung oder Verkürzung der Verjährungsfristen auch auf dem Gebiet des Gesellschaftsrechts.[599] Allerdings erlaubt die oberste Rechtsprechung eine Rechtswahl in eine Rechtsordnung, welche Modifikationen zulässt.[600] Zulässig ist auch eine

---

596 BGH NJW 2002, 3777, 3778; Baumbach/Hueck/*Zöllner/Noack*, § 43 Rn. 60 m.W.n.
597 BGH NJW 2000, 576.
598 Cass. civ. del 26 luglio 2000, n. 9825 in: Diritto e Giustizia, 2000, 34, 61.
599 Cass. civ. del 26 luglio 2000, n. 9825 in: Diritto e Giustizia, 2000, 34, 61.
600 Cass. civ. del 2 dicembre 1960, n. 3173 in: Mass. Giur. It., 1960.

Abrede über die Verkürzung der Verjährung, nachdem ein Anspruch bereits entstanden ist.[601]

2. *Ansprüche der Gläubiger gegen den Geschäftsführer*

a) Rechtslage in Deutschland

Strittig ist, ob die Ansprüche der Gläubiger aus § 823 Abs. 2 i.V.m. § 15a InsO ebenfalls der Verjährung nach § 43 Abs. 4 GmbHG unterliegen oder ob sie der dreijährigen Regelverjährung deliktischer Ansprüche unterfallen. Die oberste Rechtsprechung lehnt eine Anwendung des § 43 Abs. 4 GmbHG auf den Anspruch aus § 823 Abs. 2 i.V.m. § 15a InsO ab, jedenfalls bezogen auf Schäden der Neugläubiger.[602]

b) Rechtslage in Italien

In Italien verjähren die Ansprüche der Gläubiger aus Art. 2394 c.c. gemäß Art. 2949 Abs. 1 und 2 c.c. in fünf Jahren. Verjährungsbeginn ist auch hier der Zeitpunkt, ab welchem der Anspruch geltend gemacht werden kann. Im Rahmen des Art. 2394 c.c. ist jedoch zu beachten, dass eine Geltendmachung erst möglich ist, wenn eine Pflichtverletzung des Geschäftsführers vorliegt und gleichzeitig das Vermögen der Gesellschaft nicht mehr ausreicht, die Forderungen der Gläubiger zu befriedigen.[603] Den Zustand mangelhaften Vermögens hat derjenige darzulegen und zu beweisen, welcher sich auf die Verjährung beruft, im Regelfall demnach der Geschäftsführer.[604]

II. Verzicht oder Vergleich

Die Gesellschaft oder die Gesellschafter können womöglich auf die Geltendmachung der Haftungsansprüche gegen den Geschäftsführer verzichten wollen. Besonders in der Krise können sich die Gesellschafter hierzu gezwungen sehen, um den Geschäftsführer in dieser schwierigen Phase nicht zu verlieren.

---

601 Cass. civ., del 30 marzo 1955 n. 934 in: Mass. Giur. It., 1955.

602 BGH NZG 2011, 624, 625 = GmbHR 2011, 642 m.W.n.; a.A. OLG Köln NZG 2001, 411, 412; Lutter/Hommelhoff/*Kleindiek*, Anh. § 64 Rn. 106.

603 Cass. civ. del 28 maggio 1998, n. 5287.

604 Cass. civ. del 28 maggio 1998, n. 5287.

1. *Verzicht und Vergleich bei einer Innenhaftung der Geschäftsführung in Deutschland und Italien*

a) Rechtslage in Deutschland

In Deutschland enthält das GmbHG keinerlei Einschränkungen für den Verzicht oder den Vergleich über Schadensersatzansprüche aus § 43 Abs. 2 GmbHG. Anders hingegen bei der AG in § 93 Abs. 4 S. 2 AktG, wo ein Verzicht der Gesellschaft auf die Haftungsansprüche gegen die Geschäftsführer ausdrücklich ausgeschlossen ist. Ein Verzicht und Vergleich sind hingegen in der GmbH grundsätzlich zulässig, denn es ist Sache der Gesellschafter, darüber zu befinden, inwieweit ein Geschäftsführer wegen etwaiger Pflichtverletzungen zur Rechenschaft gezogen werden soll.[605] Fällt die GmbH in die Insolvenz, können Verzicht oder Vergleich aber im Einzelfall nach §§ 129ff. InsO anfechtbar sein.[606] Bei Ansprüchen der Gläubiger aus § 64 S. 1 GmbHG kann die Gesellschaft zu Lasten der Gläubiger gegenüber dem Geschäftsführer weder verzichten noch sich vergleichen (§ 64 S. 4 i.V.m. § 43 Abs. 3 S. 2 i.V.m. § 9b Abs. 1 S. 1). Das Verbot gilt allerdings nicht für einen Vergleich, der zur Abwendung der Insolvenz oder im Rahmen eines Insolvenzplans geschlossen wird (§ 9b I Abs. 1 S. 2 GmbHG). Wird das Insolvenzverfahren eröffnet, ist der Insolvenzverwalter an die Beschränkungen allerdings nicht gebunden, er kann frei verzichten und vergleichen.[607]

b) Rechtslage in Italien

In Italien regelt Art. 2476 Abs. 5 c.c die Möglichkeit eines Verzichts oder Vergleichs bei Ansprüchen der Gesellschaft gegen die Geschäftsführung aus Art. 2476 Abs. 1 c.c (*può essere oggetto di rinuncia o transazione da parte della società*). Allerdings fordert Art. 2476 Abs. 5 c.c., dass eine Beschlussmehrheit in der Gesellschafterversammlung von zwei Dritteln bezogen auf das Gesellschaftskapital vorliegen muss. Stimmen Gesellschafter mit einem gemeinsamen Gesellschaftskapital von mehr als 10 % dagegen, kommt eine Vereinbarung ex Art. 2476 Abs. 5 c.c. ebenfalls nicht zustande.

---

605 Baumbach/Hueck/*Zöllner/Noack*, § 43 Rn. 47; Gehrlein/Ekkenga/Simon/*Buck-Heeb*, § 43 Rn. 74.

606 Lutter/Hommelhof/*Kleindiek*, § 64 Rn. 69.

607 Baumbach/Hueck/*Haas*, § 64 Rn. 15.

2. *Verzicht oder Vergleich bei einer Außenhaftung der Geschäftsführung in Deutschland und Italien*

a) Verzicht und Vergleich in Deutschland

Bei einem Anspruch aus § 823 Abs. 2 i.V.m. § 15a InsO können Neugläubiger über ihren Anspruch ohne weiteres einen Verzicht oder Vergleich abschließen.[608] Der Insolvenzverwalter darf über diesen Anspruch nicht verfügen, weil der Anspruch den einzelnen Gläubiger schützt.[609] Bei Haftungsansprüchen der Altgläubiger soll allerdings nach wie vor dem Insolvenzverwalter die Vergleichs- oder Verzichtsmöglichkeit eingeräumt sein, solange dies der Insolvenz dienlich ist.[610]

b) Vergleich in Italien

In Italien darf bei Haftungsansprüchen aus Art. 2394 c.c. jeder Gläubiger auf seinen Haftungsanspruch verzichten und sich vergleichen. Art. 2394 Abs. 3 c.c. sieht allerdings zusätzlich vor, dass ein Vergleich zwischen der Gesellschaft und dem Geschäftsführer auch für die Gläubiger bindend ist. Den Gläubigern ist in Art. 2394 Abs. 3 c.c. allerdings von Gesetzes wegen die Möglichkeit eingeräumt, den Vergleich anzufechten (Artt. 2394 Abs. 3 c.c. a.E i.V.m. 2901 c.c.).[611]

c) Verzicht in Italien

Ein Verzicht der Gesellschaft auf die Haftungsansprüche bleibt für die Gläubiger gemäß Art. 2394 c.c. im Gegensatz zu einem Vergleich wirkungslos. Gemäß Art. 146 Abs. 2 lit.b) LF wird der Anspruch nach Eröffnung des Insolvenzverfahrens vom Insolvenzverwalter geltend gemacht. Der Insolvenzverwalter kann somit auch auf die Geltendmachung des Anspruchs zu Lasten der Gläubiger verzichten.[612]

III. Vereinbarung über den Ausschluss einer Innenhaftung

Aufgrund der Risiken einer Haftung in der Gesellschaftskrise könnte der Geschäftsführer diese bereits bei seiner Bestellung durch Vereinbarung ausschließen wollen. Ein Haftungsausschluss des Geschäftsführers gegenüber den

---

608 Scholz/*K. Schmidt*, Anh. § 64 Rn. 75.
609 Scholz/*K. Schmidt*, Anh. § 64 Rn. 75.
610 Lutter/Hommelhoff/*Kleindiek*, Anh. § 64 Rn. 78; *Haas*, ZIP 2009, 1257, 1260.
611 Kindler/Nachmann/*Kindler/Conow*, Länderbericht Italien Rn. 195.
612 Vgl. Trib. Milano del 2 settembre 1988, Dir. fall. 1989, S. 855.

Gläubigern der Gesellschaft bei Vertragsabschluss wird hingegen kaum zu finden sein.

1. *Rechtslage in Deutschland*

Der Vereinbarung eines Haftungsausschlusses in Bezug auf §§ 43 Abs. 2 und 64 S. 1 GmbHG stehen im Grundsatz keine Normen entgegen. Zu beachten ist allerdings das Verbot der Beschränkung einer Vorsatzhaftung (§ 276 Abs. 3 BGB).[613] Obwohl sich das Gesetz hierzu ausschweigt, wird die Unzulässigkeit eines Ausschlusses der Haftung im Innenverhältnis diskutiert.[614] Nach Auffassung der Rechtsliteratur ist eine Vereinbarung über eine Haftung des Geschäftsführers wegen der Verletzung gläubigerschützender Vorschriften ausgeschlossen.[615] Die Insolvenzantragspflicht dient dem Gläubigerschutz, eine Vereinbarung über den Ausschluss eines Anspruchs aufgrund einer Insolvenzverschleppung (§ 43 Abs. 2 GmbHG) wäre daher nicht möglich.[616] Mit dem Argument des Gläubigerschutzes ist auch eine Vereinbarung über Ansprüche aus § 64 S. 1 GmbHG ausgeschlossen.[617] Folgt man dem dargestellten Ansatz, können alle relevanten Schadensersatzansprüche der Gesellschaft gegen den Geschäftsführer in der Krise nicht über eine zuvor geschlossene Vereinbarung ausgeschlossen werden.

2. *Rechtslage in Italien*

Auch in Italien sieht das Gesetz keinerlei spezielle Regelungen in Bezug auf Vereinbarungen über Ansprüche aus Innenhaftung des Geschäftsführers vor. Eine Vereinbarung über Art. 2476 c.c. ist nach Meinung der obersten Rechtsprechung allerdings unzulässig, weil es sich bei dem Art. 2476 c.c. um unabdingbares Recht handelt.[618]

IV. Amtsniederlegung

Gerade in der Krise wird der Geschäftsführer oftmals sein Amt niederlegen wollen, um die marode Gesellschaft zu verlassen. Fraglich ist, ob er damit einer Haftung entgehen kann.

---

613 Roth/Altmeppen/*Altmeppen*, § 43 Rn. 118.

614 Lutter/Hommelhof/*Kleindiek*, § 43 Rn. 60ff. m.W.n.

615 Lutter/Hommelhof/*Kleindiek*, § 43 Rn. 62.

616 MüKoInsO/*Klöhn*, § 15 Rn. 160 m.W.n.

617 Lutter/Hommelhof/*Kleindiek*, § 64 Rn. 69.

618 Cass. civile del 28 aprile 2010, n. 10215 m. Anm Andrea Tina, Giur. comm. 2011, S. 833ff.

1. Amtsniederlegung in der Krise

a) Rechtslage in Deutschland

In Deutschland kann der Geschäftsführer grundsätzlich jederzeit und fristlos sein Amt niederlegen.[619] Ein wichtiger Grund ist nicht erforderlich.[620] Abweichende Regelungen sind in der Gesellschaftssatzung möglich.[621] Allerdings wird diskutiert, ob in bestimmten Fällen eine Amtsniederlegung nicht rechtsmissbräuchlich sein kann. Die Rechtsmissbräuchlichkeit der Amtsniederlegung wird teilweise angenommen, wenn in einer GmbH der einzige Gesellschafter und Geschäftsführer sein Amt niederlegt und die GmbH führungslos hinterlässt.[622] Der bloße Umstand, dass sich die Gesellschaft in einer Krise befindet, hindert den Geschäftsführer aber nicht, während einer Unternehmenskrise sein Amt niederzulegen.[623] Die Amtsniederlegung wird für den Geschäftsführer in diesen Fällen sogar eine gute Möglichkeit sein, einer Haftung zu entgehen, denn solange er Geschäftsführer bleibt, trifft ihn beispielsweise die Insolvenzantragspflicht.[624] Aus einer bereits begründeten Haftung wegen Insolvenzverschleppung kann ihn die Niederlegung seines Amtes allerdings nicht befreien.[625] Die Effektivität der Insolvenzverschleppung würde auch erheblich darunter leiden, wenn die Haftung durch Abberufung oder Amtsniederlegung umgangen werden könnte.[626]

b) Rechtslage in Italien

In Italien können die Geschäftsführer aus Art. 2385 c.c. frei ohne wichtigen Grund ihr Amt jederzeit niederlegen. Diskutiert wird allerdings, dass er bei einer Amtsniederlegung ohne wichtigen Grund eventuell gegenüber der Gesellschaft haftet.[627] Gemäß Art. 2385 c.c. gilt für den Geschäftsführer der Grundsatz der *prorogatio.* Der Geschäftsführer hat auch nach seiner Amtsniederlegung weiterhin alle Organpflichten zu erfüllen, solange kein neuer Geschäftsführer bestellt ist.[628] Etwas anderes gilt, sollte der Geschäftsführer von der Gesellschafterversammlung

---

619 BGH GmbHR 1993, 216; BGH GmbHR 1995, 653.

620 Scholz/*Schneider*, § 38 Rn. 87; Baumbach/Hueck/*Zöllner/Noack*, § 38 Rn. 86.

621 *Schuhmann,* NZG 2002, 706.

622 BayObLG GmbHR, 1999, 980; OLG Düsseldorf GmbHR 2001, 144.

623 BGHZ 149, 28; ZIP 2003, 2213, 2215; *Drescher,* S. 89.

624 Lutter/Hommelhoff/*Kleindiek*, Anh. § 64 Rn. 104

625 BGH NJW 1952, 554; Lutter/Hommelhoff/*Kleindiek*, Anh. § 64 Rn. 104.

626 Vgl. BGH ZIP 2003, 2213, 2215; Bachmann/Casper/Veil/Schäfer/*Casper,* S. 43.

627 *Minervini,* 478.

628 Cass. civ. del 4 novembre 2003, n. 8912, Cass civ. del 28 aprile 1997, n. 3652.

abberufen werden. In diesem Fall verliert er unmittelbar jede Verantwortung.[629] In der Krise kann der Geschäftsführer damit ohne weiteres sein Amt niederlegen, findet er jedoch keinen Nachfolger, hilft ihm die Amtsniederlegung in Bezug auf die Pflichten und die Haftung nicht.[630]

V. Geltendmachung von Einwendungen gegen die Gesellschaft bei Ansprüchen der Gläubiger

Machen Gläubiger oder der Insolvenzverwalter ihre Haftungsansprüche gegen den Geschäftsführer einer GmbH oder srl geltend, stehen dem Geschäftsführer womöglich seinerseits Ansprüche gegen die Gesellschaft zu. Unter Umständen kann er diese Ansprüche auch den Gläubigern entgegenhalten. In Deutschland wird die Möglichkeit, Ansprüche gegen die Gesellschaft gegenüber den Gläubigern geltend zu machen, nicht diskutiert. Bei den Ansprüchen aus Innen- und Außenhaftung handelt es sich um eigenständige Ansprüche, welche folglich selbstständig voneinander stehen.[631]

In Italien ist im Rahmen einer Haftung aus Art. 2394 c.c. allerdings strittig, ob der Geschäftsführer Ansprüche gegen die Gesellschaft als Einwendungen gegen Ansprüche der Gläubiger geltend machen kann. Entscheidend hierfür ist, ob es sich bei dem Anspruch aus Art. 2394 c.c. um einen selbstständigen Anspruch oder ein Surrogat eines Anspruchs der Gesellschaft handelt.[632] Handelt es sich bei Art. 2394 c.c. um ein Surrogat des Haftungsanspruchs der Gesellschaft, könnten die Einwendungen gegen die Ansprüche der Gesellschaft auch gegenüber den Geschäftsführern geltend gemacht werden.[633] Würde es sich um einen selbstständigen Anspruch handeln, wäre dies hingegen nicht möglich.[634] Der Kassationshof nimmt mittlerweile an, dass es sich bei Art. 2394 c.c. um einen selbstständigen Anspruch handelt.[635] Entsprechend können vom Geschäftsführer die Einwendungen gegen Ansprüche der Gesellschaft dem Anspruch der Gläubiger aus Art. 2394 c.c. nicht entgegengehalten werden.

---

629 Cian/Trabucchi/*Sandei*, Art. 2385 III Rn.2 m.W.n.

630 S.o., § 2 E IV.

631 BeckBGB/*Sutschet*, § 241 Rn. 8

632 Diritto Fallimentare/*Toffoletto*, S. 268.

633 Cass. civ. del 14 dicembre 1991, n. 13498, in Foro it., 1992, 1803; Cass. civ. del 28 febbraio 1998, n. 2251, in Foro it., 1998, 3246.

634 Cass. civ. del 6 dicembre 2000, n. 15487.

635 Cass. civ. del 6 dicembre 2000, n. 15487.

F. Gerichtliche Geltendmachung von Haftungsansprüchen gegen den Geschäftsführer

Stehen Schadensersatzansprüche gegen den oder die Geschäftsführer im Raum, stellt sich die Frage, wo diese letztlich geltend zu machen sind. Insb. bei international aktiven Gesellschaften mit Geschäftsführern aus unterschiedlichen Ländern kommen unterschiedliche internationale Gerichtsstände in Betracht. Unter dem Aspekt der internationalen Zuständigkeit wird auch die erneuerte europäische Insolvenzverordnung von 2017 untersucht werden.

I. Nationale Zuständigkeitsfragen

1. Gerichtsstand in Deutschland

a) Allgemeiner Gerichtsstand

Wird eine Klage der Gesellschaft gegen den Geschäftsführer auf § 64 S. 1 GmbHG gestützt, sind gemäß §§ 23, 71 GVG die ordentlichen Gerichte zu berufen. Die Rechtsstreitigkeiten sind Handelssachen i.S.v. § 95 Abs. 1 Nr. 4a GVG[636], gemäß § 96 Abs. 1 GVG kann die Befassung der Kammer für Handelssachen beantragt werden. Örtlich zuständig ist sowohl das Gericht am Wohnsitz des Beklagten (§§ 12, 13 ZPO), als auch das am Sitz der Gesellschaft. Am Sitz der Gesellschaft liegt der Erfüllungsort (§ 29 ZPO) der organschaftlichen Pflichten des Geschäftsführers.[637]

b) Besondere und ausschließliche Gerichtsstände

Auf den besonderen Gerichtsstand der unerlaubten Handlung aus § 32 ZPO kann sich für einen Anspruch aus § 64 S. 1 GmbHG nicht berufen werden. Für eine Haftung aus § 43 Abs. 2 GmbHG ist dies umstritten. Grundsätzlich ist eine Anwendung des § 32 ZPO auch hier ausgeschlossen,[638] außer es handelt sich um einen einheitlichen prozessualen Anspruch verbunden mit einer anderen deliktischen Rechtsgrundlage.[639] Bei Ansprüchen der Gläubiger aus § 823 Abs. 2 i.V.m. § 15a InsO ist der deliktische Gerichtsstand aus § 32 ZPO allerdings

---

636 MüKoGmbHG/*H.-F. Müller*, § 64 Rn. 175.

637 MüKoGmbHG/*H.-F. Müller*, § 64 Rn. 175; Bork/Schäfer/*Bork*, § 64 Rn. 40; Saenger/Inhester/*Kolmann*, § 64 Rn. 65; a.A. Baumbach/Hueck/*Haas*, § 64 Rn. 14a.

638 MüKoGmbHG/*Fleischer*, § 43 Rn. 334.

639 BGHZ 153, 173.

eröffnet.[640] Ein ausschließlicher Gerichtsstand ist für die hier relevanten Haftungsansprüche nicht gegeben.

2. *Gerichtsstand in Italien*

In Italien unterscheidet sich die Zuständigkeit bei den Haftungsansprüchen danach, ob ein Insolvenzverfahren eröffnet worden ist oder nicht.

a) Vor Eröffnung eines Insolvenzverfahrens

Solange ein Insolvenzverfahren nicht eröffnet ist, gelten für die Haftungsansprüche aus Artt. 2476 Abs. 1, 2394 und 2043 c.c. die in der italienischen Zivilprozessordnung geregelten Gerichtsstände. Von diesen ist nur der allgemeine Gerichtsstand aus Art. 18 c.p.c. einschlägig. Der Gerichtsort bestimmt sich nach dem Wohnsitz (*residenza*) oder Wohnort (*domicilio*) des Geschäftsführers. In sachlicher Hinsicht hat man sich gemäß Art. 9 c.p.c. an das Landgericht (*tribunale*) zu wenden. Auf den Gerichtsstand für Gesellschaftsstreitigkeiten Art. 23 c.p.c. kann nicht zurückgegriffen werden, weil dieser nur Streitigkeiten umfasst, welche das Gesellschaftsverhältnis als solches betreffen.[641]

b) Nach Eröffnung des Insolvenzverfahrens

Sobald allerdings das Insolvenzverfahren eröffnet ist, sind auch mit der Insolvenz verbundene Ansprüche ausschließlich vor dem Insolvenzgericht gemäß Artt. 9, 24 LF zu verhandeln.[642] Schadensersatzansprüche aus Art. 2476 Abs. 1 und 2394 c.c. analog wegen einer Verspätung in der Insolvenzantragsstellung sind am Insolvenzgerichtsstand geltend zu machen.[643] Der Insolvenzgerichtsstand bemisst sich gemäß Art. 9 LF nach dem Hauptsitz (*sede principale*) der Gesellschaft. Gemeint ist der tatsächliche Sitz der Verwaltung der Gesellschaft.[644] Nach Art. 2 Nr. 1 lit. f der neuen L.D. vom 11.10.2017 soll allerdings der COMI der Gesellschaft den Insolvenzgerichtsstand zukünftig bestimmen.[645]

---

640 Baumbach/Hueck/*Haas*, § 64 Rn. 142.
641 Carpi/Taruffo/*Riva*, Art. 23 I Nr.3.
642 Cass. civ. del 10 febbraio 1995 n. 1499.
643 *Cicconi*, Giust. civ. 1998, S. 523; *Fabiani*, Soc. 2015, S. 272ff. unter Überschrift 10.5.
644 Cass. civ. del 28 agosto 2012 n. 14676; Cass. civ. del 21 marzo 2003, n. 4206.
645 S.u., § 2 II 2 b).

3. *Gerichtsstandsvereinbarungen in Deutschland und Italien*

Die Möglichkeit einer Gerichtsstandvereinbarung ist in beiden Ländern gegeben. In Deutschland ist eine Gerichtsstandvereinbarung gemäß § 40 ZPO möglich. In Italien regelt Art. 28 c.p.c die Möglichkeit von Gerichtsstandvereinbarungen. Sollte das Insolvenzverfahren über die Gesellschaft eröffnet werden, ist eine Gerichtsstandvereinbarung bezüglich der Ansprüche, die vom Insolvenzgerichtsstand erfasst sind, unwirksam. Der Insolvenzgerichtsstand selbst ist in der italienischen Rechtsordnung nicht modifizierbar.[646]

4. *Schiedsgerichtsvereinbarungen in Deutschland und Italien*

In Deutschland ist eine Schiedsvereinbarung in Bezug auf die Haftungsansprüche der Gesellschaft gegen den Geschäftsführer zulässig[647] und kann beispielsweise bei Abschluss des Anstellungsvertrags oder auch bei dessen Aufhebung geschlossen werden[648]. Eine Satzungsklausel genügt grundsätzlich nicht. Geschäftsführer handeln beim Abschluss einer Schiedsabrede als Verbraucher, sodass die Schiedsvereinbarung gemäß § 1031 Abs. 5 ZPO in einer von den Parteien eigenhändig unterzeichneten Urkunde enthalten sein muss.[649] In Italien regelt die Gesetzesverordnung Nr. 5 vom 17.01.2003 die Zulässigkeit von Schiedsgerichtsvereinbarungen auf dem Gebiet gesellschaftsrechtlicher Streitigkeiten.[650] Eine Schiedsgerichtsvereinbarung für die Haftung der Geschäftsführung ist grundsätzlich möglich, allerdings muss zu ihrem Abschluss die Gesellschafterversammlung zustimmen.[651]

II. Internationale Zuständigkeit

Die internationale Zuständigkeit ist in Deutschland und Italien mittlerweile durch die europäischen Vorschriften der EuGVVO und der am 26.06.2017 in Kraft getretenen EuInsVO geregelt. Wir beschränken uns bei der folgenden Analyse auf internationale Fälle zwischen Deutschland und Italien, auf die Regelungen des LugÜ wird daher nicht eingegangen. Die Anwendbarkeit der EuGVVO

---

646 *Azzolina,* Il fallimento, S. 609.
647 MüKoGmbHG/*H.-F. Müller,* § 64 Rn. 175.
648 *Herresthal,* ZIP 2014, 345, 346; *Leuering,* NJW 2014, 657.
649 OLG Hamm AG 2007, 910, 911; krit. *Herresthal,* ZIP 2014, 345, 347.
650 *Kindler,* S. 488.
651 *Kindler,* S. 488.

oder der EuInsVO bestimmt sich zunächst danach, ob ein Insolvenzverfahren eröffnet worden ist oder nicht.

1. Außerhalb des Insolvenzverfahrens

Ist kein Insolvenzverfahren eröffnet worden, regelt die EuGVVO die internationale Zuständigkeit. Die EuGVVO ist nicht anwendbar, wenn ein Konkurs, ein Vergleichsverfahren oder ein ähnliches Verfahren eröffnet wurde (Art. 1 Abs. 2 lit. b. EuGVVO).[652] Die EuGVVO ist allerdings einschlägig, sollte das Insolvenzverfahren mangels Masse nicht eröffnet worden sein.[653]

a) Ausschließlicher Gerichtsstand für Arbeitnehmer

Zunächst ist der Gerichtsstand für Gesellschaftsstreitigkeiten (Art. 24 Nr. 2 EuGVVO) für die Haftungsansprüche gegen einen Geschäftsführer nicht einschlägig. Organhaftungsansprüche sind nicht im Wortlaut der Norm aufgeführt und eine analoge Anwendung scheitert an einer vergleichbaren Interessenlage.[654]

Unter Umständen kann der Arbeitnehmergerichtsstand des Art. 22 Abs. 1 EuGVVO einschlägig sein. Zentrales Merkmal für den Arbeitnehmerstatus ist die Weisungsabhängigkeit, welche sich nach dem Gesellschaftsstatut bestimmt.[655]

aa) Weisungsgebundenheit des Geschäftsführers in Deutschland

In Deutschland kann der Geschäftsführer einer GmbH in einigen Fällen weisungsgebunden sein. Der Fremdgeschäftsführer ist gemäß § 37 Abs. 1 GmbHG den Weisungen der Gesellschafterversammlung unterworfen und kann aus §§ 38 Abs. 1, 46 Abs. 1 Nr. 5 GmbHG jederzeit abberufen werden, er ist in diesem Fall damit weisungsgebunden.[656] Ein Gesellschafter-Geschäftsführer ist als Minderheitsgesellschafter ebenfalls grundsätzlich Arbeitnehmer, weil er in der Gesellschafterversammlung überstimmt werden kann und ihren Weisungen Folge zu leisten hat.[657] Etwas anderes gilt bei einer Sperrminorität des Gesellschafter-Geschäftsführers.[658]

---

652 EuGH, ZIP 2015, 196.

653 Baumbach/Hueck/*Haas,* § 64 Rn. 38.

654 *Weber,* IPRax 2013, 69, 70; *Wegen/Asbrand,* IWRZ 2016, 248.

655 *Kindler,* IPRax 2016, 115, 116.

656 *Forst,* EuZW 2015, 664, 666; *Wegen/Asbrand,* IWRZ 2016, 248.

657 *Lüttringhaus,* EuZW 2015, 904, 906.

658 *Lüttringhaus,* EuZW 2015, 904, 906.

bb) Keine ausdrückliche gesetzliche Regelung der Weisungsgebundenheit in Italien

In Italien wird das Verhältnis des Geschäftsführers einer srl und der Gesellschaftsversammlung nicht ausdrücklich geregelt. Art. 2476 Abs. 1 c.c. sieht lediglich vor, dass sich die Pflichten des Gesellschafters aus dem Gesetz und dem Gesellschaftsvertrag ergeben. Allerdings sind bestimmte Entscheidungen in der Geschäftsführung der Gesellschaftsversammlung vorbehalten (Art. 2479 c.c.), wie beispielsweise die Änderung des Gesellschaftszwecks (Art. 2479 Abs. 1 Nr. 5 c.c.). Diese Entscheidungen kann nur der Geschäftsführer ausführen, dem die Geschäftsführung obliegt. Im Ergebnis sollte man in Italien mangels ausdrücklicher Regelungen vorsichtig sein, im Falle des Geschäftsführers eine Weisungsgebundenheit allein aus den gesetzlichen Regelungen anzunehmen. Ein anderes gilt natürlich, sollten sich aus dem Gesellschaftsvertrag oder einem Anstellungsvertrag zusätzliche Anhaltspunkte für die Weisungsgebundenheit entnehmen lassen.

b) Besondere Gerichtsstände nach Art. 7 EuGVVO

Sind keine ausschließlichen Gerichtsstände einschlägig, ist der Geschäftsführer am allgemeinen Gerichtsstand seines Wohnortes (Art. 4 Abs. 1 EuGVVO) zu verklagen. Hat er seinen Wohnsitz außerhalb der EU, ist er aus § 12 ZPO dort zu verklagen.[659] Die Normen Art. 4 Abs. 1 EuGVVO und §§ 12f. ZPO greifen gemäß Art. 62 Abs. 1 EuGVVO auf den identischen Wohnsitzbegriff zurück.

Neben dem allgemeinen Gerichtsstand können aber besondere Gerichtsstände nach Art. 7 EuGVVO in Betracht kommen. In der Praxis können diese dann zum begehrten Heimatgerichtsstand führen. Zu unterscheiden ist zwischen zwei prinzipiell in Betracht kommende Normen. Haftungstatbestände können als vertraglicher Ansprüche (Art. 7 Nr. 1 EuGVVO) oder deliktische Ansprüche (Art. 7 Nr. 3 EuGVVO) qualifiziert werden.

aa) Vertraglicher Gerichtsstand Art. 7 Nr. 1 EuGVVO

(1) Organhaftungsansprüche als vertragliche Ansprüche

Der Begriff des Vertrags in Art. 7 Nr. 1 EuGVVO wird weit ausgelegt. Ein Vertrag liegt bereits vor, wenn eine Person einer anderen gegenüber freiwillig eine Verpflichtung begründet.[660] Der EuGH nimmt an, dass die Anstellung

---

659 Zöller/*Vollkommer,* § 13 Rn. 17 m.W.n.

660 EuGH, U. v. 5.2.20 4 – C-265/02, Rn. 24.

als Organ einen Vertrag oder zumindest eine vertragsähnliche Beziehung darstellen würde.[661] Eine vor dem Hintergrund, dass die Organpflichten eigentlich auf gesetzlichen Regelungen beruhen, nicht unproblematische Ansicht.[662] Neben der vertraglichen Natur der Anstellung als Geschäftsführer stellt sie nach Ansicht des EuGH zudem eine Dienstleistung i.S.d. Art. 7 Nr. 1 lit.b EuGVVO dar.[663]

Dabei entfallen die hier relevanten Organhaftungsansprüche (§ 43 Abs. 2 GmbHG und Art. 2476 Abs. 1 c.c.) dem vertraglichen Gerichtsstand. Es ist unbeachtlich, ob die Anspruchsgrundlage nach nationalem Recht als vertraglich oder außervertraglich klassifiziert wird.[664] Für Ansprüche aus § 64 S. 1 GmbHG ist die Eröffnung des vertraglichen Gerichtsstands der EuGVVO noch umstritten.[665] Allerdings sollte man in Anbetracht der weiten Auslegung der vertraglichen Beziehung eher davon ausgehen, dass auch § 64 GmbHG dem Gerichtsstand aus Art. 7 Nr. 1 EuGVVO unterfällt.

(2) Erfüllungsort der Organpflichten des Geschäftsführers

Das zuständige Gericht bestimmt sich nach dem Erfüllungsort der Organpflichten Art. 7 Nr. 1 lit.b EuGVVO). Erfüllungsort ist derjenige Ort, der von den Parteien vereinbart wurde, relevant ist dabei vor allem der Anstellungsvertrag.[666] Wurde kein Ort für die Tätigkeit des Geschäftsführers vorgesehen, ist der Erfüllungsort derjenige Ort, an dem die Dienstleistung tatsächlich ganz oder überwiegend erbracht wurde.[667] Problematisch kann letztere Anknüpfung insb. im Fall international entsandter Geschäftsführer sein, welche sowohl bei der Tochtergesellschaft in einem Land als auch bei der Muttergesellschaft in einem anderen Land tätig sind. Die Lage verkompliziert sich, sollten mehrere Tochtergesellschaften betroffen sein. In diesem Fall lässt sich der Schwerpunkt des Tätigkeitsortes nur schwer bestimmen. Gerade in diesen Fällen ist eine entsprechende Bestimmung im Anstellungsvertrag daher dringend anzuraten.

---

661 EuGH, U. v. 10.9.2015 – C-47/14, Rn. 54, 58.
662 *Weber*, IPRax 2013, 69, 71.
663 EuGH, U. v. 10.9.2015 – C-47/14, Rn. 58.
664 EuGH, U. v. 13.3.2014 – C-548/12, Rn., 29.
665 Dafür OLG Düsseldorf IPRax 2011, 176; a.A. OLG Karlsruhe NJW-RR 2010, 714.
666 EuGH, U. v. 10.9.2015 – C-47/14, Rn. 62.
667 EuGH, U. v. 10.9.2015 – C-47/14, Rn. 63.

bb) Deliktischer Gerichtsstand Art. 7 Nr. 2 EuGVVO

(1) Deliktischer Gerichtsstand im Rahmen der Außenhaftung des Geschäftsführers

Nun stellt sich zunächst die Frage, ob neben dem weiten vertraglichen Gerichtsstand im Rahmen der hier relevanten Haftungstatbestände Platz für den deliktischen Gerichtsstand bleibt. Bei Ansprüchen aus Außenhaftung der Gläubiger wird ein solcher zu bejahen sein, weil zwischen den Beteiligten keinerlei vertragliche Beziehung besteht.[668] Für Ansprüche aus § 823 Abs. 2 i.V.m. § 15a InsO und Artt. 2394, 1337 c.c. wäre dementsprechend der deliktische Gerichtsstand einschlägig. Auch Art. 2394 c.c. wird trotz der nationalen Qualifikation im Rahmen der europäischen Regelung dem deliktischen Gerichtsstand zuzuordnen sein, weil er die Außenhaftung der Geschäftsführer regelt.

(2) Ort der der unerlaubten Handlung Art. 7 Nr. 2 EuGVVO

Ort der unerlaubten Handlung ist nach Wahl des Klägers sowohl der Handlungs- als auch der Erfolgsort.[669] Der Handlungsort ist bei Organhaftungsklagen der Ort, an dem der Beklagte Geschäftsführer tätig war.[670] Bei einem Unterlassen ist Handlungsort derjenige Ort, an welchem der Geschäftsführer hätte tätig werden müssen.[671] In den meisten Fällen wird dies der Verwaltungssitz der Gesellschaft sein[672], außer besondere Umstände des Einzelfalls weisen in eine andere Richtung. Erfolgsort ist derjenige Ort, an dem der Primärschaden eingetreten ist.[673] Bei Haftungsansprüchen gegen den Geschäftsführer wegen Insolvenzverschleppung ist dies der Ort, an dem der Geschäftsbetrieb der Gesellschaft stattfindet.[674]

2. Nach Eröffnung des Insolvenzverfahrens

Die alte EuInsVO beinhaltete keine explizite Regelung für die internationale Zuständigkeit von insolvenzrechtlichen Organhaftungsklagen.[675] Der EuGH entschied sich allerdings, den Insolvenzgerichtsstand für bestimmte Annexklagen zu eröffnen.[676] Mittlerweile existiert mit Art. 6 Abs. 1 in der am 26. Juni 2017 in

---

668 *Wegen/Asbrand,* IWRZ 2016, 248, 250.
669 EuGH, U. v. 28.1.2015 – C-375/13, Rn. 45.
670 EuGH EuZW 2015, 922.
671 *Haas,* NZG 2013, 1161, 1164.
672 *Haas,* NZG 2013, 1161, 1164 m.W.n.
673 Vgl. EuGH NHG 2016, 792, 794.
674 *Wedemann,* ZEuP 2014, 861.
675 Vgl. EuGH, U. v. 12.2.2009 – C-339/07.
676 EuGH, U. v. 12.2.2009 – C-339/07.

Kraft getretenen EuInsVO eine ausdrückliche Regelung für den Annexgerichtsstand. Das Gericht, in dessen Gebiet das Insolvenzverfahren eröffnet wurde, ist auch für Klagen zuständig, die unmittelbar aus dem Insolvenzverfahren hervorgehen und in einem engen Zusammenhang mit diesem stehen.

a) Von dem Insolvenzgerichtsstand erfasste Ansprüche

Es bleibt allerdings zu klären, welche für diese Arbeit relevanten Haftungsansprüche als Annexansprüche i.S.d. Art. 6 EuInsVO verstanden werden können. Im Zusammenhang mit dem Insolvenzverfahren stehen Ansprüche, welche primär dem Schutz der Gesamtheit der Insolvenzgläubiger dienen.[677] Diese Auffassung wird auch in der italienischen Rechtsliteratur zum nationalen Insolvenzgerichtsstand vertreten.[678]

In Deutschland dienen Ansprüche aus Insolvenzverschleppungshaftung gemäß §§ 43 Abs. 2 GmbHG und 823 Abs. 2 BGB i.V.m. 15a InsO primär dem Schutz der Insolvenzgläubiger.[679] Diese Ansprüche unterfallen damit Art. 6 Abs. 1 EuInsVO, sollte die deutsche Auffassung bei einer autonomen Auslegung übernommen werden. Auch § 64 Satz 1 und 3 GmbHG soll primär dem Schutz der Gesamtheit der Insolvenzgläubiger dienen und ist vom Insolvenzgerichtsstand erfasst.[680] In Italien unterfällt Art. 2394 c.c. dem Insolvenzgerichtsstand; dieser sieht im zweiten Abs. eine Geltendmachung durch die Gläubiger sogar ausdrücklich vor. Fraglich ist, ob Art. 2476 Abs. 1 c.c. dem Schutz der Gläubiger dient. Dagegen spricht, dass es sich um einen Haftungsanspruch der Gesellschaft gegen den Geschäftsführer aus Verletzung seiner Organpflichten handelt. Im Gegensatz zu Deutschland leitet sich die Haftung nicht aus einer Insolvenzantragspflicht ab, aus welcher sich ein Gläubigerschutz ableiten ließe. Im Ergebnis wird der Insolvenzgerichtsstand wohl abzulehnen sein.

b) Räumlicher Anwendungsbereich der EuInsVO

Der räumliche Anwendungsbereich bestimmt sich in Art. 3 Abs. 1 Satz 2 EuInsVO nach dem COMI. Dabei wird vermutet, dass es sich hierbei um den satzungsmäßigen Sitz handelt. Der COMI entspricht häufig dem Ort des effektiven

---

677 *Haas*, ZIP 2013, 2381, 2386.

678 Scialoja/Branca/*Luipold*, Art. 3 VIII Nr. 10.

679 MüKoInsO/*Klöhn*, § 15 Rn. 160 m.W.n.

680 *Kindler*, IPRax 2010, 430; MüKoBGB/*Kindler*, Art. 4 EuInsVO aF Rn. 87; Baumbach/Hueck/*Haas*, § 64 Rn. 14; a.A. OLG Karlsruhe ZIP 2010, 2123, 2124; OLG München ZIP 1999, 1558.

Verwaltungssitzes im Rahmen der Sitztheorie, dies ist klassischer Weise der Ort der Hauptverwaltung.[681]

c) *Insolvenzverfahren in mehreren Mitgliedstaaten*

Probleme können sich ergeben, wenn das Insolvenzverfahren vor mehreren europäischen Gerichten eröffnet werden soll. Die EuInsVO von 2000 enthielt für diesen Fall keine Regelungen.[682] Die oberste italienische Rechtsprechung ging von jeher von einem strikten Prioritätsprinzip aus. Sobald der Eröffnungsantrag vor einem europäischen Insolvenzgericht anhängig wird, hat dies die Unzuständigkeit in allen anderen Mitgliedstaaten zur Folge.[683] Etwas anderes gilt in Italien, sollte ein Insolvenzverfahren vor einem Gericht außerhalb der EU eröffnet worden sein. In diesem Fall kann weiterhin ein Verfahren in Italien eröffnet werden.[684] Das Prioritätsprinzip ist für innereuropäische Fälle mittlerweile fest in Art. 62 der EuInsVO von 2015 verankert.[685]

d) *Ausschließliche Zuständigkeit*

Strittig ist die Frage, ob es sich bei Art. 6 Abs. 1 EuInsVO um einen ausschließlichen Gerichtsstand handelt. In diesem Fall müssten alle Organhaftungsklagen vor den Gerichten des Staates erhoben werden, in dessen Hoheitsgebiet das Insolvenzverfahren eröffnet worden ist. Der BGH hat im Fall von Art. 3 Abs. 1 EuInsVO a.F., bezogen auf Insolvenzanfechtungsklagen, einen ausschließlichen Gerichtsstand angenommen.[686] Auch in Italien wird angenommen, bei dem internationalen Gerichtsstand gemäß Art. 3 Abs. 1 EuInsVO handle es sich um einen ausschließlichen Gerichtsstand.[687]

Begründet wurde diese Auffassung vornehmlich mit der Annahme, dass eine Bündelung aller Ansprüche zur Effizienz des Insolvenzverfahrens beitrage.[688] Dieses Argument überzeugt jedoch nicht. Vor dem Hintergrund unterschiedlicher Verfahrensgeschwindigkeiten in den unterschiedlichen Mitgliedstaaten wird die Effizienz durch eine Erhöhung der Anzahl möglicher

681 Vgl. EuGH, U. v. 20.10.2011 – C-396/09.
682 Scialoja/Branca/*Luipold*, Art. 3 V Nr.1.
683 Cass. civ. del 14 aprile 2008, n. 9743.
684 MüKoInsO/*Santonocito-Pluta/Mare-Ehlers*, Länderbericht Italien, Rn. 145.
685 MüKoInsO/*Reinhart*, Art. 62 EuInsVO 2015 Rn. 62.
686 BGH NJW 2009, 2215.
687 Scialoja/Branca/*Luipold*, Art. 3 V Nr.1.
688 BGH NJW 2009, 2215, 2216.

Gerichtsstände gewährleistet und nicht verringert.[689] Insb. im Beispiel von Deutschland und Italien wäre es für eine rasche Geltendmachung der Organhaftungsansprüche förderlicher, wenn diese in Deutschland geltend gemacht werden könnten. Die Verfahrensdauern vor deutschen Gerichten werden regelmäßig kürzer sein.

Ebenfalls diskutiert wird die Möglichkeit, in Art. 6 Abs. 1 EuInsVO nur in dem Fall einen ausschließlichen Gerichtsstand zu sehen, wenn die Klage vom Insolvenzverwalter erhoben wird.[690] In Italien ist der Insolvenzgerichtsstand Art. 9 LF generell nur im Fall einer Geltendmachung von Haftungsansprüchen gegen den Geschäftsführer durch den Insolvenzverwalter einschlägig.[691] Der relevante Streit um die ausschließliche Zuständigkeit des Insolvenzgerichtsstands ist weiterhin offen. Vor dem Hintergrund der Entscheidungen der Rechtsprechung, sollte die Rechtspraxis allerdings vorsorglich von einer ausschließlichen Zuständigkeit ausgehen.[692]

3. Gerichtsstandvereinbarungen

Insb. in internationalen Fällen bietet sich die Vereinbarung eines Gerichtsstands an. Die EuGVVO lässt in Art. 25 Gerichtsstandvereinbarungen zu. Bezogen auf Haftungsansprüche gegen den Geschäftsführer ergeben sich im Falle einer internationalen Gerichtsstandvereinbarung jedoch einige Schwierigkeiten.

aa) Unwirksamkeit bei einschlägigen Arbeitnehmergerichtsstand

Zunächst ergibt sich eine Besonderheit, sollte der ausschließliche Arbeitnehmergerichtsstand des Art. 22 EuGVVO für den Geschäftsführer einschlägig sein. In diesem Fall wäre eine Gerichtsstandsvereinbarung gemäß Art. 23 EuGVVO ausgeschlossen.

bb) Unwirksamkeit bei ausschließlichem Insolvenzgerichtsstand

Ein weiteres Problem würde sich im Fall der Insolvenz ergeben. Je nachdem, ob wir den Insolvenzgerichtsstand als ausschließlichen Gerichtsstand ansehen oder nicht, ergeben sich unterschiedliche Folgen für eine Gerichtsstandsvereinbarung. Nimmt man mit der Rechtsprechung einen ausschließlichen Gerichtsstand

---

689 Vgl. zur Insolvenzanfechtung MüKoBGB/*Kindler*, Art. 3 EuInsVO a.F. Rn. 90.
690 *Thole*, ZIP 2012, 605, 608.
691 Carpi/Taruffo/*Riva*, Art. 23 I Nr. 3.
692 *Thole*, ZIP 2012, 605, 608.

an, so würde eine Gerichtsstandvereinbarung in Deutschland mit Eröffnung des Insolvenzverfahrens wohl unwirksam gemäß Art. 25 Abs. 1 EuGVVO i.V.m. § 40 Abs. 2 Nr. 2 ZPO. In Italien wird die Gerichtsstandvereinbarung aus Art. 25 Abs. 1 EuGVVO ebenfalls unwirksam, weil der Insolvenzgerichtsstand ein ausschließlicher Gerichtsstand ist[693].

4. *Offene Fragen im Rahmen der internationalen Zuständigkeit*

Im Ergebnis bleiben, bezogen auf die internationale Zuständigkeit von Organhaftungsansprüchen in der Krise, einige Fragen ungelöst. Während vor Eröffnung des Insolvenzverfahrens die EuGVVO die internationale Zuständigkeit hinreichend bestimmt, stellt sich die Lage ab Insolvenzeröffnung als unübersichtlich dar. Es lässt sich zunächst nicht mit Sicherheit sagen, welche Organhaftungsansprüche unter den Insolvenzgerichtsstand fallen. Zudem ist nicht abschließend geklärt, in wieweit die EuInsVO auch für Annexklagen einen ausschließlichen Gerichtsstand vorsieht. Bei der wichtigen Rolle, welche Haftungsansprüche gegen den Geschäftsführer in der Insolvenz einnehmen können, wäre eine eindeutige Klärung durch den EuGH wünschenswert.[694]

III. Selbstständige prozessuale Geltendmachung der Haftungsansprüche durch die Gläubiger

Neben der Zuständigkeit stellt sich in Bezug auf die gerichtliche Geltendmachung der Haftungsansprüche gegen den Geschäftsführer eine weitere interessante Frage. Blicken wir auf die Normen der Aktiengesellschaft in Deutschland und Italien, so steht den Gläubigern das Recht zu, in besonderen Fällen die Haftungsansprüche der Gesellschaft gegen die Geschäftsführung geltend zu machen (§ 93 Abs. 5 AktG und Art. 2394 Abs. 2 c.c.).

1. *Analoge Anwendung der Normen zur Aktiengesellschaft*

In Deutschland wird diskutiert, ob den Gläubigern einer GmbH ein eigenes Recht zur Geltendmachung der Haftungsansprüche der Gesellschaft analog § 93 Abs. 5 AktG eingeräumt werden sollte.[695]

Ohne eigenes Verfolgungsrecht müssen die Gläubiger zunächst einen Titel gegen die GmbH erwirken und auf dieser Grundlage die Ersatzansprüche

---

693 Vgl. Scialoja/Branca/*Luitpold*, Art. 3 I Nr.1.

694 *Thole*, ZIP 2012, 605, 608.

695 MüKoGmbHG/*Fleischer*, § 43 Rn. 327; MüKoGmbHG/*H.-F. Müller*, § 64 Rn. 174.

gegen den Geschäftsführer gemäß § 829 ZPO pfänden und sich aus § 835 ZPO zur Einziehung überweisen lassen.[696] Bestreitet der Geschäftsführer im Rahmen der Zwangsvollstreckung das Bestehen der Forderung gegen die Gesellschaft, folgt ein sog. Einziehungsprozess.[697] Der Gläubiger kann aus § 836 ZPO auf Leistung an sich selbst klagen. Die Gesellschaft schuldet ihm gem. § 836 Abs. 3 S. 1 ZPO Unterstützung und muss ihm die zur Anspruchsverfolgung notwendigen Auskünfte erteilen, sowie ihm etwaige Unterlagen über die Forderung herausgeben.[698]

Eine vordringende Gegenmeinung spricht sich dafür aus, in der masselosen Insolvenz ein eigenes Verfolgungsrecht der Gesellschaftsgläubiger vorzusehen, soweit die Ansprüche gegen die Geschäftsführer nicht zur Disposition der Gesellschafter stehen.[699] Eine dritte Auffassung will eine Geltendmachung durch die Gläubiger nur erlauben, wenn die GmbH im Handelsregister gelöscht wurde.[700]

In Italien existiert für die spa in Art. 2394 Abs. 2 c.c. eine parallele Norm zu § 93 Abs. 5 AktG. Auch hier können die Gesellschaftsgläubiger den Anspruch gegen die Geschäftsführer aufgrund der Verletzung der Vermögenserhaltungspflichten erst geltend machen, wenn das Vermögen nicht mehr zu ihrer Befriedigung ausreicht.[701] Mit Umsetzung des beauftragenden Gesetzes vom 11.10.2017 wird Art. 2394 c.c. wahrscheinlich auch auf die srl anwendbar sein.

2. *Vorzüge eines eigenen Verfolgungsrechts*

In der deutschen Rechtsordnung sprechen einige Gründe dafür, auch für die Gläubiger einer GmbH ein eigenes Verfolgungsrecht vorzusehen. Zunächst hatte der Gesetzgeber in der Vergangenheit geplant, ein eigenes Verfolgungsrecht der Gläubiger bei der Verletzung zentraler Kapitalschutzvorschriften durch den Geschäftsführer vorzusehen.[702] Darüber hinaus ist nicht ersichtlich, warum die Gläubiger einer GmbH schlechter gestellt werden sollten, als die Gläubiger einer AG. Eben dieses Argument wird auch in Italien bei der Frage angeführt, ob Art. 2394 c.c. und das in Abs. 2 enthaltene Verfolgungsrecht der Gläubiger auch

---

696 Gehrlein/Ekkenga/Simon/*Buck-Heeb*, § 43 Rn. 78; Stobbe, S. 456ff.
697 MüKoGmbHG/*Fleischer*, § 43 Rn. 326.
698 MüKoGmbHG/*Fleischer*, § 43 Rn. 326.
699 *Bayer*, GmbHR 2014, 897, 902; Lutter/Hommelhoff/*Kleindiek*, § 43 Rn. 51.
700 Baumbach/Hueck/*Zöllner/Noack* §43 Rn. 31; Henssler/Strohn/*Oetker* § 43 Rn. 49.
701 Zur Passivlegitimation im Falle einer Insolvenz s.u.
702 § 76 Abs. 6 RegE 1971, BT-Drucks. VI/3088, S. 21 und S. 125.

auf die srl anwendbar sein sollte.[703] Ein weiteres Argument für die Einführung eines eigenen Verfolgungsrechts ist der Umstand, dass viele Insolvenzverfahren mangels Masse nicht bis zu der Schlussverteilung durchgeführt werden. Die Geltendmachung von Ansprüchen gegen den Geschäftsführer wird aufgrund der Kosten eingestellt.[704] Zumindest bei groben Pflichtverstößen ist die Geltendmachung durch die Gläubiger daher angemessen. In Italien hat der Gesetzgeber auf die vorgeschlagenen Änderungen der Rechtslage reagiert. In dem beauftragenden Gesetz vom 11.10.2017 ist vorgesehen, dass auch den Gläubigern einer srl ein eigenes Verfolgungsrecht eingeräumt werden soll. Es bleibt die Hoffnung, dass der deutsche Gesetzgeber nachzieht.

IV. Aktivlegitimation nach Eröffnung des Insolvenzverfahrens in Deutschland und Italien

Die Untersuchung hat die weitreichenden Folgen der Eröffnung des Insolvenzverfahrens für den Gerichtsstand aufgezeigt. Die Eröffnung des Insolvenzgerichtsstands wirkt sich aber auch auf die Aktivlegitimation aus.

1. Ansprüche aus Innenhaftung

Der Anspruch aus § 64 S. 1 GmbHG wird im Insolvenzverfahren gemäß § 80 InsO vom Insolvenzverwalter geltend gemacht.[705] Gemäß § 46 Nr. 8 GmbHG bedarf es zur Durchsetzung von Ansprüchen der Gesellschafter gegen die Gesellschaft grundsätzlich eines Gesellschafterbeschlusses. Dies gilt auch, wenn der Geschäftsführer nicht mehr im Amt ist.[706] Eines Gesellschafterbeschlusses nach § 46 Nr. 8 GmbHG bedarf es jedoch nicht, wenn der Insolvenzverwalter klagt. Im Insolvenzverfahren verdienen die Interessen der Gesellschaftsgläubiger an einer Vermehrung der Masse den Vorrang, während ein Schutzbedürfnis der in der Regel nur abzuwickelnden Gesellschaft nicht mehr gegeben ist.[707]

Die Rechtslage in Italien entspricht im Wesentlichen derjenigen in Deutschland. Der Anspruch der Gesellschaft gegen die Geschäftsführer aus Art. 2476 c.c. kann vor der Insolvenz von jedem Gesellschafter aus Art. 2476 Abs. 3 c.c.

703 Zu der analogen Anwendung des Art. 2394 c.c. auf die srl s.o., § 2 B IV 3 a bb) (2) (c) (cc).

704 *Förster*, S. 309.

705 MüKoGmbHG/*H.-F. Müller*, § 64 Rn. 173 m.W.n.

706 BGHZ 28, 355, 357.

707 BGH NZG 2004, 962, 964; MüKoGmbHG/*Fleischer*, § 43 Rn. 328.

geltend gemacht werden.[708] Nach Eröffnung des Insolvenzverfahrens steht gemäß Art. 146 Abs. 2 lit. a LF die Geltendmachung ausschließlich dem Insolvenzverwalter zu. Die Regelung betrifft vornehmlich die srl, für die spa ist bei Ansprüchen der Aktiengesellschaft aus Art. 2393 c.c. mit Art. 2394 *bis* c.c. eine speziellere Regelung einschlägig, welche allerdings ebenfalls die Geltendmachung durch den Insolvenzverwalter vorsieht.[709] Eines Gesellschafterbeschlusses ist für die Geltendmachung der hier relevanten Schadensersatzansprüche gegen den Geschäftsführer nach Eröffnung des Insolvenzverfahrens gesetzlich nicht vorgesehen.

2. *Ansprüche aus Außenhaftung*

Bei Ansprüchen der Gläubiger ist im Insolvenzverfahren § 92 InsO mit seiner Sperrwirkung zu beachten. In Italien existieren parallele Regelungen im zuvor erwähnten Art. 146 LF und in Art. 2394*bis* c.c.

a) Quotenschaden

aa) Rechtslage in Deutschland

Für die prozessuale Geltendmachung eines Anspruchs aus § 823 Abs. 2 i.V.m. § 15a InsO ist zu unterscheiden, ob ein Alt- oder Neugläubiger einen Schaden geltend macht. Ein Altgläubiger macht mit seinem Quotenschaden einen Gesamtschaden i.S.d. § 92 S. 1 InsO geltend.[710] Der Anspruch kann ab Eröffnung des Insolvenzverfahrens nur noch vom Insolvenzverwalter geltend gemacht werden. Dabei bedarf es keiner Abtretung des Anspruchs durch die Gläubiger.[711] Wird die Eröffnung des Insolvenzverfahrens mangels Masse abgelehnt, findet § 92 InsO keine Anwendung und die Gläubiger können ihren Quotenschaden selbstständig geltend machen.[712]

bb) Rechtslage in Italien

In Italien schreibt Art. 2394*bis* c.c. vor, dass die Haftungsansprüche der Gläubiger gegen den Geschäftsführer in der Insolvenz ausschließlich vom Insolvenzverwalter geltend gemacht werden. Wendet man Art. 2394 c.c. analog auf die srl an,

---

708 Cian/Trabucchi/*Menti*, Art. 2476 I Rn. 6; Kindler/Nachmann/*Kindler/Conow*, Länderbericht Italien Rn. 195.

709 Cian/Trabucchi/*Menti*, Art. 2476 I Rn. 13.

710 BGHZ 159, 25, 27ff; Lutter/Hommelhoff/*Kleindiek*, Anh. § 64 Rn. 78.

711 BGHZ 110, 342, 361; WM 1973 1354, 1355; GmbHR 2007, 482 m. Anm. *Poertzgen*.

712 Gottwald InsR Hb/ *Haas/Kolman/Pauw*, § 92 Rn. 129.

macht der Insolvenzverwalter konsequenterweise auch hier die Ansprüche der Gläubiger geltend.[713] Auch wenn die Ansprüche aller Gläubiger vom Insolvenzverwalter geltend gemacht werden, sind die Voraussetzungen dennoch unabhängig voneinander zu betrachten, beispielsweise in Bezug auf die Verjährung.[714]

b) Vertrauensschaden

aa) Rechtslage in Deutschland

Machen hingegen die Neugläubiger in Deutschland ihren Vertrauensschaden geltend, ist § 92 S. 1 InsO nicht einschlägig und Schadensersatzansprüche können auch im Insolvenzverfahren von dem Gläubiger selbst geltend gemacht werden.[715] Vereinzelt wird allerdings vertreten, dass auch Vertrauensschäden der Neugläubiger nur vom Insolvenzverwalter geltend gemacht werden dürfen.[716]

bb) Rechtslage in Italien

Die Gläubiger können auch in Italien unter Umständen gemäß Art. 1337 c.c. ihren Vertrauensschaden geltend machen. Inwieweit ein solcher Anspruch im Rahmen des Art. 146 LF vom Insolvenzverwalter geltend zu machen wäre, ist umstritten.[717] Der überwiegende Teil der Meinungen in der Rechtsprechung geht allerdings davon aus, dass der Anspruch auf Ersatz des Vertrauensschadens der Gläubiger nach der Insolvenz nur von dem Insolvenzverwalter geltend gemacht werden kann.[718] Ein Argument hierfür ist, dass Art. 1337 c.c. auch nicht unter den in Art. 146 LF dem Insolvenzverwalter ausdrücklich zugewiesenen Schadensersatzansprüchen zu finden ist. Die Rechtslage in Italien würde sich in dieser Hinsicht von der in Deutschland unterscheiden. Den Neugläubigern ein selbstständiges Recht zur gerichtlichen Geltendmachung einzuräumen, erscheint allerdings nachvollziehbar, denn bei ihrem Schaden handelt es sich um einen Individualschaden.[719] Diesen sollten die Neugläubiger selbstständig ohne Insolvenzverwalter geltend machen dürfen.

---

713 Vgl. Cass. civ. del 26 agosto 2016, n. 17359; Cass. civ. del 21 luglio 2010, n. 17121.

714 Trib. Milano del 29 novembre 2003 in: Le Società 2004, S. 1006.

715 BGHZ 138, 211, 214ff.; 126, 181, 201; Lutter/Hommelhoff/*Kleindiek*, Anh. § 64 Rn. 80, 101.

716 *Uhlernbruck*, ZIP 1994, 1153, 1156.

717 Umfassend Maffei/Alberti/*Comerci/S. Chinaglia*, Art. 146 LF Rn. 7.

718 Trib. Milano del 12 aprile 2006 in: Giur. It. 2006, 2096; Tribunale Napoli del 11 gennaio 2004, f.it. 2005, S. 2218; Trib. Udine del 11 febbraio 2005, D. dall 2005, S. 808.

719 BGHZ 138, 211, 214ff.

§ 3. Rechtsvergleichende Bewertung und Ausblick

Die vorangegangene Analyse hat gezeigt, dass in Bezug auf die Pflichten und die Haftung des Geschäftsführers die deutsche und die italienische Rechtsordnung zu weiten Teilen ähnlich ausgestaltet sind. Dies mag teilweise auf den Umstand zurückzuführen sein, dass sich der italienische Gesetzgeber bei der umfassenden Novellierung des Gesellschaftsrechts im Jahre 2003 teilweise von dem deutschen Gesellschaftsrecht hat inspirieren lassen. Bezogen auf die Steuerungsfunktion der Haftung des Geschäftsführers wirft die Untersuchung in zwei Bereichen Fragen auf. Der erste Bereich ist die Früherkennung der Krise, wo die Haftungsandrohung für den Geschäftsführer in beiden Ländern äußerst gering ausfällt. Der zweite Bereich ist die die Haftung des Geschäftsführers bei Insolvenzreife der Gesellschaft, mit dem Schwerpunkt auf der Insolvenzverschleppungshaftung. Hier weisen beide Rechtsordnungen große Unterschiede auf.

A. Steuerungsfunktion der Geschäftsführerhaftung bei Früherkennung in Deutschland und Italien

I. Geringer Haftungsumfang bei Früherkennung

1. Geringe Haftung bei fehlerhafter Einrichtung von Systemen zur Früherkennung

Der Geschäftsführer hat in Deutschland und Italien die Pflicht, Systeme zur Früherkennung einer Krise in der Gesellschaft einzurichten. Der konkrete Umfang der notwendigen Maßnahmen ist in beiden Ländern allerdings stark vom Einzelfall bestimmt. Bei Verletzung seiner Pflichten besteht in beiden Ländern theoretisch die Möglichkeit einer Haftung für den Geschäftsführer. Praktisch wird es aber selten zu einer Haftung kommen. Ein Grund ist zunächst der unbestimmte Pflichtenumfang. Der Geschädigte wird große Probleme haben, den konkreten Pflichtverstoß darzulegen.[720] Ist diese Hürde genommen, werden die meisten Schadensersatzansprüche an der Darlegung eines kausalen Schadens scheitern. In Deutschland bleiben damit nur strafrechtliche

720 Vgl. *Schaefer/Baumann*, NJW 2011, 3601, 3604.

Sanktionen (§ 266 StGB).[721] Eine Strafbarkeit wegen Untreue scheitert — ähnlich wie die zivilrechtliche Haftung — meist an dem Vorliegen eines kausalen Vermögensschadens.[722] In Italien sind keine strafrechtlichen Sanktionen oder Ordnungsgelder bei einer srl vorgesehen, wenn der Geschäftsführer keine oder unzureichende Systeme zur Früherkennung einrichtet. Im Ergebnis besteht für den Geschäftsführer in beiden Ländern in den meisten Fällen keine große Gefahr von Sanktionen im Zusammenhang mit der Einrichtung von Systemen zur Früherkennung.

2. *Geringe Haftungsgefahr bei der Verletzung der Einberufungs- und Informationspflichten*

Bezüglich der Einberufungs- und Informationspflichten des Geschäftsführers gegenüber den Gesellschaftern bestehen bei der Ausgestaltung der Pflicht Unterschiede zwischen der deutschen und der italienischen Rechtsordnung.[723] Das Grundkonzept bleibt allerdings ähnlich. Bei Kapitalverlusten ab einem bestimmten Umfang muss die Gesellschaftsversammlung einberufen und die Gesellschafter informiert werden. Eine Haftung bei Verletzung der Einberufungs- und Informationspflichten ist in beiden Ländern wiederum unwahrscheinlich. Die Haftung ließe sich zunächst durchaus auf die allgemeinen Haftungsnormen bei Verletzung der Organpflichten stützen. Praktisch bereitet die Darlegung eines kausalen Schadens aber große Probleme.

Der Gesetzgeber hat sich anderer Sanktionsmöglichkeiten bedient. Mit § 84 GmbHG existiert in Deutschland eine strafrechtliche Konsequenz bei Missachtung der Einberufungspflicht. Die praktische Bedeutung der Strafnorm ist allerdings gering und dessen kriminalpolitische Existenzberechtigung wird bezweifelt.[724] Dies scheint der Gesetzgeber in Italien ebenfalls so gesehen zu haben. Er hat die § 84 GmbHG entsprechende Strafvorschrift des Art. 2631 c.c. zu einer Bußgeldnorm umgewandelt. Bei einem maximalen Bußgeld von 6.197 Euro ist die steuernde Wirkung allerdings sehr gering.

---

721 Überblick Hölters/*Müller-Michaels,* § 91 Rn. 12.

722 Umfassend *Helmrich,* NZG 2011, 1252.

723 S.o., § 2 B I 1.

724 Scholz/*Tiedemann/Rönnau,* § 84 Rn. 1; Ulmer/Habersack/Löbbe/*Ransiek,* § 84 Rn. 16.

II. Verstärkung der Steuerungsfunktion im Bereich der Früherkennung

1. Notwendigkeit von Sanktionen bei Einrichtung von Systemen zur Früherkennung

Die geringe Haftung im Bereich der Früherkennung ist zu bedauern. Mechanismen zur Früherkennung sind für eine Krisenbewältigung äußerst relevant,[725] was auch durch eine jüngste Studie der OECD bestätigt wird.[726] Diesen Umstand hat der Gesetzgeber grundsätzlich erkannt. In Italien hat er mit Umsetzung der Ermächtigungsnorm vom 11.10.2017 Systeme zur Früherkennung in der srl ausdrücklich vorgesehen. Möglicherweise wird der deutsche Gesetzgeber bald nachziehen. Frühwarnsysteme für die GmbH wurden bei der Einführung des § 91 Abs. 2 AktG bereits geplant.[727] Auch die in der europäischen Sanierungsrichtlinie geplanten präventiven Restrukturierungsmaßnahmen haben gerade dann Aussicht auf Erfolg, wenn die Krise frühzeitig erkannt wird. Der europäische Gesetzgeber hat daher die Schaffung von Systemen zur Früherkennung in seinen Richtlinienvorschlag aufgenommen (Art. 3 RLE-2016). Die Frühwarnsysteme sollen gerade bei kleineren und mittleren Unternehmen eingerichtet werden (Art. 3 RL 2016). Was nützt allerdings die Festlegung von Pflichten zur Einrichtung von Systemen zur Früherkennung, wenn bei Missachtung dem Geschäftsführer keine Sanktion droht? Vor dem Hintergrund der Bedeutung eines effektiven Frühwarnsystems für die Krisenbewältigung ist die geringe Steuerung durch den Gesetzgeber bedauerlich. Hieran würde auch die geplante Sanierungsrichtlinie nichts ändern. Auf die Festlegung von Sanktionen bei fehlender oder fehlerhafter Einrichtung von Frühwarnsystemen hat auch der europäische Gesetzgeber verzichtet.

2. Notwendigkeit von Sanktionen bei Einberufung der Gesellschafterversammlung

Neben der Einrichtung von Systemen zur Früherkennung ist auch die Einberufung der Gesellschafterversammlung eine wichtige Maßnahme für eine effektive Krisenbewältigung. Die Gesellschafterversammlung zwingt zu einem internen Diskurs über die Probleme in der Gesellschaft, insb. wenn Gesellschaftsorgane die Schwierigkeiten bewusst verheimlichen wollen. Wichtige Entscheidungen

---

725 *Haghani,* NZI Beilage 2017, 18.

726 *McGowan/Andrews/Millot,* S. 8, 14.

727 Vgl. Begr. RegE Kon TraG vom 18.01.2001; BT-Drucks. 13/9712, S. 15.

können in vielen Fällen durch den Geschäftsführer allein nicht getroffen werden.[728] So bedarf auch die Einleitung präventiver Restrukturierungsmaßnahmen in dem aktuellen europäischen Richtlinienvorschlag bei der Gesellschaft mit beschränkter Haftung gemäß Art. 4 RLE 2016 eines Gesellschafterbeschlusses. Ohne die Einberufung der Gesellschafterversammlung kann ein Sanierungsverfahren damit nicht auf den Weg gebracht werden. Die Einberufung sollte zu einem möglichst frühen Zeitpunkt erfolgen. In dieser Hinsicht ist die italienische Regelung des Art. 2482*bis* c.c. dem § 49 Abs. 3 GmbHG vorzuziehen.[729] Die Gesellschafter müssen über die Probleme auch umfassend informiert werden, um eine qualifizierte Entscheidung zu ermöglichen. Die umfassenderen Informationspflichten gegenüber der Gesellschafterversammlung im italienischen Recht (Art. 2482*bis* c.c.) erscheinen hier als gute Lösung.

3. *Mögliche Sanktionen für den Geschäftsführer*

Die konkrete Ausgestaltung einer verstärkten Steuerung durch den Gesetzgeber im Bereich der Früherkennung gestaltet sich als schwierig. Die zivilrechtliche Haftung stößt hier aufgrund der Darlegung eines kausalen Schadens an ihre Grenzen. Ein breiter Einsatz strafrechtlicher Vorschriften in diesem Bereich ist umstritten und teilweise rechtspolitisch nicht gewollt.[730] Nicht umsonst wurde in Italien Art. 2631 c.c. als Strafvorschrift abgeschafft. Allerdings ist der italienische Vorschlag eines Bußgelds (Art. 2631 c.c.) möglicherweise eine erwägenswerte Lösung. Ein Bußgeld im gesellschaftsrechtlichen Organisationsbereich existiert mit §§ 355 HGB, 130 OWiG in Deutschland bereits. Dieser gilt allerdings nur für die Verletzung von Aufsichtspflichten durch die Geschäftsleitung.

Der Geschäftsführer könnte auch in Deutschland mit einem Bußgeld belegt werden, wenn er die Einrichtung von Systemen zur Früherkennung oder die Einberufung der Gesellschafterversammlung unterlässt. In Italien müsste das Bußgeld aus Art. 2631 c.c. auf die Einrichtung von Systemen zur Früherkennung erweitert werden. Zudem sollte die maximale Grenze von 6.197 Euro merklich angehoben werden. Die Vorgaben des § 130 OWiG von Bußgeldern bis zu einer Million Euro könnten hier als Richtwert dienen.

---

728 S.o., § 2 B II 1 a).
729 S.o., § 2 B II 1 a).
730 Scholz/*Tiedemann/Rönnau*, § 84 Rn. 1.

4. *Zwischenergebnis*

Im Ergebnis ist festzuhalten, dass das Verhalten des Geschäftsführers im Bereich der Früherkennung kaum durch die zivilrechtliche Haftung gesteuert wird. Vor diesem Hintergrund wäre ein Lösungsvorschlag, den Geschäftsführer insb. durch den Einsatz von Ordnungsgeldern zu lenken. Bei Verletzung seiner Pflicht zur Einrichtung von Systemen zur Früherkennung und Einberufung der Gesellschafterversammlung könnte er mit einem Ordnungsgeld von bis zu einer Million Euro belegt werden.

In Deutschland scheint darüber hinaus generell den Pflichtverstößen im Bereich der Früherkennung wenig Beachtung geschenkt zu werden. Der Schwerpunkt liegt auf der Haftung und Strafbarkeit wegen Insolvenzverschleppung.[731] Hier wäre ein Umdenken notwendig, wenn man in Zukunft im Rahmen der gesamteuropäischen Bestrebungen einen Schwerpunkt auf die Prävention der Insolvenz setzten möchte. Auch der europäische Gesetzgeber kann hier in die Pflicht genommen werden, weitere Normen zu erlassen. Neben der Verpflichtung zur Einrichtung von Systemen zur Früherkennung müssen auch effiziente Sanktionen bei Verstößen vorgesehen werden.

B. Steuerungsfunktion der Geschäftsführerhaftung bei Insolvenzreife in Deutschland und Italien

Die Untersuchung hat gezeigt, dass im Bereich der Haftung des Geschäftsführers bei Insolvenzreife große Unterschiede zwischen der deutschen und italienischen Rechtsordnung bestehen. Die Gesetzgeber beider Länder haben sich bezüglich der Steuerung durch eine Haftung des Geschäftsführers gegensätzlich anders entschieden. Diese Gegensätze lassen sich gut in einem europäischen Kontext erörtern. Die Entscheidungen des italienischen Gesetzgebers in diesem Bereich entsprechen nämlich im Wesentlichen den neuen europäischen Entwicklungen.

I. Insolvenzverschleppungshaftung in Deutschland und Italien

Die größte Differenz ergibt sich bei der Insolvenzverschleppungshaftung. Während in Deutschland der Geschäftsführer gesetzlich verpflichtet ist, ab einem gewissen Zeitpunkt Insolvenzantrag zu stellen, hat der italienische Gesetzgeber auf eine Insolvenzantragspflicht verzichtet. Auch in Bezug auf eine Haftung ergeben sich Unterschiede, wobei es in Italien seltener zu einer Haftung des

731 Vgl. Scholz/*Tiedemann*/*Rönnau*, § 84 Rn. 1.

Geschäftsführers bei Verschleppung des Insolvenzantrags kommen wird. Der italienische Gesetzgeber hat hier positiven Motivatoren für einen Insolvenzantrag den Vorzug gegeben. Es stellt sich die Frage, ob es einer Insolvenzantragspflicht und einer strengen Insolvenzverschleppungshaftung wie in Deutschland bedarf oder ob das italienische Modell vorzugswürdig ist.

1. Geschäftsführer und Insolvenzantragsstellung

Für den Geschäftsführer birgt die Insolvenzantragsstellung meist nur Nachteile. Nach Auflösung der Gesellschaft droht der Verlust seiner Position oder der Geschäftsführer wird womöglich vorher schon abberufen. Zudem haftet ihm nun oftmals das Stigma des Scheiterns an, was sich zum Beispiel bei einer Neuanstellung als erheblicher Nachteil erweisen kann. Es sind nämlich oftmals psychologische Faktoren, welche die Geschäftsleiter regelmäßig dazu verleiten, bei Insolvenz der Gesellschaft das Insolvenzverfahren sehr spät zu eröffnen.[732] Ein klassisches Beispiel ist die Scheu vor einer Bloßstellung im eigenen Bekanntenkreis.[733] Solange der Geschäftsführer bei einer Verspätung nicht mit seinem privaten Vermögen haftet, wird es für ihn angesichts der Nachteile immer den Anreiz geben, den optimalen Liquidationszeitpunkt zu Lasten der Gesellschaft und des Rechtsverkehrs hinauszuzögern.[734]

a) Unterschiedliche rechtliche Lösungsansätze

Um diesem Problem beizukommen, stehen dem Gesetzgeber unterschiedliche Lösungsstrategien zur Verfügung. Zunächst besteht die Möglichkeit, den Gläubigern einen umfangreichen Selbstschutz zu bieten und ihnen ein breites Insolvenzantragsrecht einzuräumen.[735] Der Gesetzgeber kann dem Schuldner auch starke Anreize setzen, um ihn zu einer möglichst frühen Insolvenzantragsstellung zu animieren.[736] Als Gegenteil positiver Anreize besteht die Möglichkeit einer umfassenden Haftungsandrohung bei Hinauszögerung des Insolvenzantrags.[737]

---

732 Vgl. *Klöhn*, S. 91ff.

733 Bachmann/Casper/Schäfer/Veil/*Eberspächer*, S. 53.

734 MüKoInsO/*Klöhn*, § 15a InsO Rn. 35; *Baccetti*, Riv. Soc., 2016, S. 568; mit jeweils weiteren Nachweisen aus der deutschen und italienischen Rechtsliteratur.

735 *Hirte*, ZInsO 2010, 1986, 1992.

736 *Hirte*, ZInsO 2010, 1986, 1992.

737 MüKoInsO/*Klöhn*, § 15a Rn. 39.

b) Haftungsstrategie bei Insolvenzantragsstellung in Deutschland

Der deutsche Gesetzgeber hat sich für eine strenge Haftung entschieden, um eine rechtzeitige Insolvenzantragsstellung zu erreichen.[738] Es wurde eine Insolvenzantragspflicht eingeführt, welche an einen starren Zeitpunkt anknüpft.[739] Die Insolvenzantragspflicht wurde mit einer Haftung für den Geschäftsführer verbunden. Die Haftung wegen Verletzung der Insolvenzantragspflicht aus § 43 Abs. 2 GmbHG und § 823 Abs. 2 i.V.m. § 15a InsO wird dabei durch die Haftung aus § 64 S. 1 und S. 3 GmbHG flankiert.[740] Eine weitere Norm, welche die Geschäftsleitung zu einer frühzeitigen Eröffnung des Insolvenzverfahrens durch Haftungsandrohung animieren soll, ist auch § 26 Abs. 3 InsO.[741] Neben einer Haftungsandrohung will der Gesetzgeber in Deutschland dem Schuldner auch Anreize für eine möglichst frühe Insolvenzantragsstellung bieten. Beispielsweise durch den Schutz vor einer Herausgabe unter Vorbehalt gelieferter Waren (§ 107 Abs. 2 InsO) und insb. im Recht der Eigenverwaltung §§ 270ff. InsO.[742] Die Einführung der Insolvenz in Eigenverwaltung in ihrer heutigen Form am 07.12.2011 war sehr umstritten.[743] Auch heute noch sehen Gläubiger und Insolvenzverwalter das Rechtsinstitut bisweilen kritisch.[744] Allerdings sieht eine Studie der OECD die Restrukturierung im Rahmen eines Insolvenzverfahrens als eines der effektivsten Mittel zur Krisenbewältigung an.[745] Auch ein Insolvenzantragsrecht der Gläubiger ist gemäß §§ 14, 15 InsO in Deutschland vorgesehen. Gläubiger setzen diese Möglichkeit aber eher als Druckmittel für eine Zahlung ein, als im Interesse aller Gläubiger die Eröffnung eines Insolvenzverfahrens zu ermöglichen.

c) Abkehr von der Haftungsstrategie in Italien

aa) Abschaffung der Insolvenzantragspflicht

Der italienische Gesetzgeber will die Insolvenzantragsstellung mittlerweile nicht mehr durch eine Insolvenzverschleppungshaftung sicherstellen. Die ehemals

---

738 *Hirte,* ZInsO 2010, 1986, 1987 m.W.n.

739 *Hirte,* ZInsO 2010, 1986, 1979.

740 *Hirte,* ZInsO 2010, 1986, 1987.

741 MüKoInsO/*Ganter/Lohmann,* § 1 Rn. 26.

742 MüKoInsO/*Ganter/Lohmann,* § 1 Rn. 26.

743 *Pape,* ZIP 2013, 2285 „der Bock würde zum Gärtner gemacht".

744 Ahrens/Gehrlein/Ringstmeier/*Ringstmeier,* § 270 Rn. 2.

745 *Andrews/Petroulakis,* S. 9.

geregelte Insolvenzantragspflicht wurde von ihm abgeschafft. Im alten Art. 686 des Cod. comm. aus dem Jahr 1882 war noch vorgesehen, dass der Schuldner drei Tage nach Eintritt der Vermögenszerrüttung Insolvenzantrag zu stellen hatte.[746] Diese Insolvenzantragspflicht wurde mit der Novellierung im Jahre 1942 gestrichen und durch Art. 5 LF ersetzt. Weder bei den Reformen zwischen 2005 und 2008 noch dem neuen ermächtigenden Gesetz vom 11.10.2017 ist eine Wiedereinführung der Insolvenzantragspflicht vorgesehen worden.

bb) Keine Insolvenzantragspflicht bei Insolvenzreife in Italien

Auch in Italien haftet der Geschäftsführer in bestimmten Situationen, wenn er den Insolvenzantrag nicht stellt. Dies führt aber grundsätzlich nicht zu einer Insolvenzantragspflicht bei Insolvenzreife, sondern erst danach.[747] Die von der Rechtsprechung entwickelte Haftung des Geschäftsführers dient nicht dazu, eine Insolvenzantragsstellung bei Insolvenzreife zu gewährleisten. Ein weiterer relevanter Punkt in Italien ist, dass viele kleine Gesellschaften mit beschränkter Haftung gar nicht insolvenzfähig sind.[748] Auch dies zeigt, dass der Gesetzgeber insb. bei kleineren Gesellschaften nicht den Weg über eine strenge Insolvenzantragspflicht gehen wollte. Es bleibt allerdings die Möglichkeit einer Strafbarkeit wegen Insolvenzverschleppung aus Art. 217 Nr. 4 LF. Voraussetzung für eine Strafbarkeit ist allerdings die Eröffnung des Insolvenzverfahrens.[749] Unterlässt der Geschäftsführer schlichtweg die Insolvenzantragsstellung, so drohen ihm zunächst keine strafrechtlichen Sanktionen. Gläubiger oder die Staatsanwaltschaft müssen zuerst gemäß Artt. 6, 7 LF Insolvenzantrag stellen, bevor eine Strafbarkeit im Raume steht. Die Strafbarkeit führt damit ebenfalls nicht zu einer Insolvenzantragsstellung bei Eintritt der Insolvenzreife, sondern erst danach. Im Ergebnis besteht in Italien somit kein wirklicher Sanktionsmechanismus, um eine Insolvenzantragsstellung bei Insolvenzreife zu erzwingen.

II. Insolvenzverschleppungshaftung in Europa

Bei Betrachtung der nationalen Unterschiede zwischen Deutschland und Italien stellt sich die Frage, wie in Europa mit Blick auf die neuen europäischen Gesetzesvorhaben Insolvenzantragspflicht und Verschleppungshaftung geregelt werden.

---

746 *Azzolina*, Il fallimento, S. 490.

747 S.o., § 2 B IV 3 b) aa) (3).

748 S.o., § 2 B IV 2 c) aa).

749 *D'Orazio*, Giur. merito 2000, S. 769.

1. Insolvenzantragspflicht in anderen europäischen Rechtsordnungen

Zunächst soll in einem kurzen Überblick die Rechtslage bezüglich der Insolvenzantragspflicht und Verschleppungshaftung in einigen größeren europäischen Ländern gegeben werden.[750] In England ist keine ausdrückliche Pflicht zur Stellung eines Insolvenzantrags zu finden.[751] Der Geschäftsführer kann aber unter Umständen wegen Insolvenzverschleppung haften.[752] Entsprechende Reglungen für eine Insolvenzverschleppungshaftung in England finden sich in Artt. 213, 214 Insolvency Act von 1986.[753]Auch das niederländische Recht sieht keine Insolvenzantragspflicht bei Zahlungsunfähigkeit oder Überschuldung vor.[754] Eine Haftung des Geschäftsführers wegen Insolvenzverschleppungshaftung ist in den Niederlanden hingegen wie in England gesetzlich geregelt.[755]

Das französische Recht sieht mit Artt. 631-4 und 640-4 C.com eine Insolvenzantragspflicht ab Zahlungseinstellung vor.[756] Auch in Spanien existiert mittlerweile eine Insolvenzantragspflicht bei Zahlungsunfähigkeit. Diese wurde mit der Ley Concursual am 1.9.2004 in Abkehr von der alten Rechtslage eingeführt.[757] Die französische und die spanische Rechtsordnung enthalten gleichfalls eine Insolvenzverschleppungshaftung der Geschäftsführung, wenn sie den Insolvenzantrag verspätet stellt.[758] Die italienische Rechtsordnung reiht sich somit nicht in die anderen großen romanischen Rechtsordnungen ein, indem sie auf eine Insolvenzantragspflicht verzichtet. Die Abschaffung entspricht vielmehr dem Recht in Großbritannien.

2. Insolvenzverschleppungshaftung im Lichte des Vorschlags einer europäischen Sanierungsrichtlinie

Die Insolvenzantragspflicht und Verschleppungshaftung beschäftigt auch den europäischen Gesetzgeber. Er stellt im Vorschlag zu der geplanten Sanierungsrichtlinie fest, dass die Sorgfaltspflicht von Führungskräften bei drohender

750 Umfassend hierzu MüKoBGB/*Kindler*, Art. 7 EuInsVO Rn. 72ff.
751 MüKoInsO/*Klöhn*, § 15a Rn. 41, 42.
752 *Finch*, S. 986ff.; *Fletcher*, Rn. 27-022ff.
753 MüKoBGB/*Kindler*, Art. 7 EuInsVO Rn. 72.
754 *Mock/Westhoff*, DZWIR 2004, 23, 28.
755 *Stöber*, ZHR 176 (2012), 327, 351.
756 MüKoBGB/*Kindler*, Art. 7 EuInsVO Rn. 76.
757 *Stöber*, ZHR 176 (2012), 326, 348.
758 MüKoBGB/*Kindler*, Art. 7 EuInsVO Rn. 72, *Stöber*, ZHR 176 (2012), 326, 348.

Insolvenz äußerst relevant sein kann. Sie böte Anreize für eine frühzeitige Restrukturierung und verhindere vermeidbare Verluste für die Gläubiger.[759]

a) Das vorinsolvenzliche Sanierungsverfahren als Herzstück der Richtlinie

Das Herzstück der neuen Sanierungsrichtlinie wird ein vorinsolvenzliches Sanierungsverfahren darstellen. Das neue Verfahren wird dem deutschen Insolvenzplanverfahren in den §§ 217ff. InsO ähneln. Die Gesellschaft mit finanziellen Problemen und die Gläubiger erarbeiten einen gemeinsamen Restrukturierungsplan.[760] Die Umsetzung des Planes soll die finanziellen Probleme der Gesellschaft beheben. Das Verfahren ist freiwillig und wird nur auf Initiative oder mit Zustimmung des Schuldners eröffnet (Art. 4 RLE 2016). Die Verfahrenseröffnung kann beantragt werden, sobald ernsthafte Zeichen einer möglichen Insolvenz erkennbar sind.[761] Die Gesellschaft in finanziellen Schwierigkeiten legt den Gläubigern einen Restrukturierungsplan zur Abstimmung vor (Artt. 8ff. RLE 2016). Das erforderliche Quorum der Nominalforderungen für eine Zustimmung der Gläubiger kann auf maximal 75 % durch die nationalen Reglungen erhöht werden (Art. 9 Abs. 4 RLE 2016). Ein Plan, der in die Rechte Beteiligter eingreift oder eine Neufinanzierung vorsieht, bedarf einer gerichtlichen Bestätigung (Art. 10 Abs. 1 RLE 2016).

b) Kollision einer Durchsetzungssperre mit der Insolvenzantragspflicht

aa) Aussetzung der Insolvenzantragspflicht während der Dauer des Moratoriums

Die Absicherung des vorinsolvenzlichen Sanierungsverfahrens tritt nun in Konflikt mit der Insolvenzverschleppungshaftung. Während der Verhandlungen zu dem Restrukturierungsplan ist eine Durchsetzungssperre vorgesehen (Art. 6 Abs. 1 RLE 2016). Gemäß Art. 7 Abs. 1 RLE 2016 ruht die Pflicht einen Insolvenzantrag zu stellen für die Dauer des Moratoriums, folglich ist auch eine Haftung wegen Insolvenzverschleppung ausgeschlossen. Die Aussetzung ist gemäß Artt. 4 und 6 RLE 2016 zunächst auf maximal vier Monate beschränkt. Das Gericht kann das Moratorium aber verlängern, wenn in den Verhandlungen Fortschritte erzielt wurden und die Rechte der betroffenen Parteien hierdurch nicht unangemessen benachteiligt werden. Die Aussetzung der Insolvenzantragspflicht ist aus

---

759 RL-Vorschlag (Fn. 9) S. 3.
760 *Müller*, ZGR 2018, 56, 68.
761 *Müller*, ZGR 2018, 56, 68.

Sicht des europäischen Gesetzgebers notwendig, wenn der Schuldner sich noch in einem formalen Restrukturierungsprozess befindet, da ansonsten das Stellen eines Insolvenzantrags verhindern kann, dass die Ziele der Umstrukturierung erreicht werden.[762]

bb) Keine Aussetzung der Antragspflicht bei Illiquidität

Die europäischen Vorgaben scheinen zunächst die Insolvenzantragspflicht nach deutschem Rechtsverständnis stark einzuschränken. Allerdings ist in Art. 7 Abs. 3 RLE 2016 vorgesehen, dass die Mitgliedstaaten Ausnahmen zu der Aussetzung der Insolvenzantragspflicht vorsehen können. Die Insolvenzantragspflicht kann bestehen bleiben, wenn der Schuldner während der Verhandlungen illiquid wird und daher nicht in der Lage ist, seine während der Aussetzung fällig werdenden Schulden zu begleichen.

cc) Verfahren zur Absicherung der Durchführung des Restrukturierungsverfahrens

Die Beibehaltung der Insolvenzantragspflicht darf das Restrukturierungsverfahren allerdings nicht gefährden. Art. 7 Abs. 3 RLE 2016 verbietet zunächst das automatische Ende des Restrukturierungsverfahrens bei Insolvenzantragsstellung. Eine Justiz- oder Verwaltungsbehörde muss zunächst die Erfolgsaussichten der Verhandlungen überprüfen können. Im Anschluss darf sie die Wirkungen des Insolvenzverfahrens aufheben und die mit der Aussetzung einzelner Durchsetzungsmaßnahmen verbundenen Vorteile aufrechterhalten.

dd) Die Folgen des Moratoriums für die Insolvenzantragsstellung in Deutschland und Italien

Für die italienische Rechtsordnung hätte das Moratorium keine Folgen, weil in Italien keine Insolvenzantragspflicht vorgesehen ist. In Deutschland könnte allerdings ein Konflikt mit der Insolvenzantragspflicht aus § 15a InsO auftreten. Der Richtlinienvorschlag lässt bei Illiquidität eine Insolvenzantragspflicht zu, der Insolvenzgrund der Zahlungsunfähigkeit (§ 17 InsO) sollte daher mit der Richtlinie vereinbar sein. Auch bezüglich der drohenden Zahlungsunfähigkeit (§ 18 InsO) besteht kein Problem, weil diese keine Insolvenzantragspflicht auslöst. Die Antragspflicht wegen Überschuldung (§ 19 InsO) könnte jedoch in Konflikt mit den geplanten europäischen Reglungen treten.

762 RL-Vorschlag (Fn. 9) S. 3.

ee) *Kritik an der Aussetzung der Insolvenzantragspflicht im Falle der Zahlungsunfähigkeit der Gesellschaft*

Zunächst unterstützt die Aussetzung der Insolvenzantragspflicht die Effizienz des geplanten vorinsolvenzlichen Sanierungsverfahrens. Die Insolvenzantragsstellung kann die Verhandlungen über einen Restrukturierungsplan gefährden. Mit der Insolvenzeröffnung verliert die Gesellschaft meist ihre rechtliche Selbstständigkeit. Eine Restrukturierung, wie von der neuen Sanierungsrichtlinie vorgesehen, ist nun nicht mehr möglich. Darüber hinaus wird auch aus psychologischer Sicht eine Verhandlung mit den Gläubigern schwierig, wenn ein Insolvenzantrag gestellt wurde.

Ein Restrukturierungsplan hat allerdings nur dann Aussicht auf Erfolg, wenn die Gesellschaft nicht bereits zahlungsunfähig geworden ist. Ist die Gesellschaft zahlungsunfähig, fehlt einem Restrukturierungsplan meist jede finanzielle Grundlage für eine Umsetzung. Dies hat auch der europäische Gesetzgeber so gesehen und bei Illiquidität eine Ausnahme für das Moratorium vorgesehen. Problematisch ist aber die gemäß Art. 7 Abs. 3 S. 2 RLE-2016 vorgesehene Überprüfung der Aussetzung der Sperrwirkung. Mit hoher Wahrscheinlichkeit wird die Überprüfung der Erfolgsaussichten durch das Insolvenzgericht selbst erfolgen müssen, bevor das Insolvenzverfahren eröffnet wird. Die Prüfung der Erfolgsaussichten der Verhandlungen wird sich äußerst schwierig gestalten, denn das Gericht oder der Antragssteller müssten über die Verhandlungen zunächst Unterlagen einholen oder Zeugen vernehmen. Dies bedeutet einen erhöhten Prüfungsaufwand und damit letztlich einen Zeitverlust bei Insolvenzeröffnung. Hierbei muss man bedenken, dass der Insolvenzantrag wegen Zahlungsunfähigkeit gestellt wurde. Der Zeitverlust bedeutet letztlich, dass eine zahlungsunfähige Gesellschaft länger am Markt verbleibt. Ein Umstand, der unbedingt vermieden werden sollte. Darüber hinaus ist eine Restrukturierung bei Zahlungsunfähigkeit in den meisten Fällen nicht möglich. Auch die ungestörte Durchführung der Verhandlungen rechtfertigt es zu diesem Zeitpunkt meist nicht mehr, eine schnelle Eröffnung des Insolvenzverfahrens zu behindern.

c) *Europäische Reformen und die Steuerungsfunktion durch Haftung*

aa) *Zielsetzung der europäischen Reformen in Einklang mit den italienischen Plänen*

Das ausgemachte Ziel des europäischen Gesetzgebers ist die Entstigmatisierung und Entpönalisierung des Insolvenzverfahrens.[763] Man erhofft sich, hierdurch

763 Jahresbericht der europäischen KMU 2015/2016, S. 54.

eine risikofreudigere und innovativere Unternehmenskultur fördern zu können. Die Unternehmenskrise soll möglichst frühzeitig über vorgelagerte Verfahren durch die Gesellschaft selbst bekämpft werden. Diese Zielsetzung ist in Europa nicht neu und wird vom italienischen Gesetzgeber bereits seit 1942 verfolgt. Die Eröffnung der Insolvenz sollte bereits damals als Recht des Schuldners aufgefasst werden, von seinen Verpflichtungen freizukommen und nicht als dessen Pflicht.[764] Die diffamierende Natur des Insolvenzantrags für den Schuldner sollte mit dem neuen Gesetz der Vergangenheit angehören.[765] Auch in den Reformen der Jahre 2005–2008 verfolgte der Gesetzgeber das Ziel einer Orientierung weg von einer starren Festlegung der Rechtsfolgen der Zahlungsunfähigkeit hin zu flexiblen Verfahren zu unterschiedlichen Zeitpunkten in der Krise.[766] Mit den aktuellsten Reformbestrebungen in der Ermächtigungsnorm vom 11.10.2017 will der Gesetzgeber in Italien eine weitere Entpönalisierung erreichen.[767] Die Absichten des italienischen Gesetzgebers decken sich mit den europäischen Plänen.

bb) Lösung einer Krise über vorgelagerte Verfahren in Europa und Italien

Der europäische Gesetzgeber sieht die Lösung der Unternehmenskrise in der Insolvenz vorgelagerten Verfahren; dies drückt sich klar in der geplanten Sanierungsrichtlinie aus. Auch diesbezüglich besteht Übereinstimmung mit dem italienischen Gesetzgeber. Dieser hat bereits einige dem Insolvenzverfahren vorgelagerte Verfahren geschaffen, welche der Gesellschaft in der Krise eine Möglichkeit zur Sanierung bieten sollen. Hierunter fallen zunächst das Vergleichsverfahren (*concordato preventivo*), vornehmlich geregelt im D.L. vom 14. März 2005, Nr. 35 und der Vergleichsvertrag (*procedura di composizione delle crisi da sovraindebitamento*) aus Gesetz vom 27. Januar 2012, Nr. 3.[768] Wie in Europa, beabsichtigt man auch in Italien Gesellschaftskrisen vornehmlich über diese Institute zu lösen.

---

764 *Provinciali*, Riv. dir. proc. civ. 1932, I, 381.
765 *Azzolina*, Il fallimento, S. 490. *Provinciali*, Riv. dir. proc. civ. 1932, I, 381.
766 Kindler/Nachmann/*Kindler/Conow*, Länderbericht Italien Rn. 2.
767 Vgl. Art. 2 der L.D. vom 11.10.2017.
768 Einen guten Überblick bietet *Di Maio*, S. 139ff. und 156ff.

cc) *Kollision der neuen Zielsetzungen mit der Insolvenzantragspflicht und Insolvenzverschleppungshaftung*

Die Absicht, die Entstigmatisierung und Entpönalisierung des Insolvenzverfahrens zu erreichen, erklärt wohl, warum sowohl in Italien als auch auf europäischer Ebene auf die Reglung einer Insolvenzantragspflicht verzichtet wurde. Will man dem Insolvenzantrag die Schärfe nehmen, erscheint es verständlich, dass man weder eine Antragspflicht noch eine Haftung regeln will. Eine Insolvenzantragspflicht erscheint auch mit Blick auf die Lösung über vorinsolvenzliche Sanierungsverfahren hinderlich, da sie diese abrupt unterbrechen kann (vgl. Art. 7 Abs. 3 RLE-2016).

III. Diskussion über die Zweckmäßigkeit einer Insolvenzantragspflicht und Insolvenzverschleppungshaftung

Es stellt sich die Frage, ob die Abkehr von der Insolvenzverschleppungshaftung in Europa und Italien eine positive Entwicklung darstellt. Womöglich lassen sich die durchaus begrüßenswerten italienischen und europäischen Ziele einer Entstigmatisierung und Krisenlösung über vorgelagerte Verfahren mit einer Insolvenzverschleppungshaftung kombinieren.

1. *Kritik an der Insolvenzantragspflicht und Verschleppungshaftung in Deutschland und Italien*

Die Insolvenzantragspflicht und Insolvenzverschleppungshaftung in Deutschland wird nicht nur mit Blick auf die neuen gesetzgeberischen Ziele in Italien und Europa kritisiert. Auch generell werden ihr einige Nachteile zugesprochen.

a) *Verfehlung des Schutzzwecks*

Als erstes Argument wird bemängelt, dass die Insolvenzantragspflicht den Schutz der Gläubiger als ihren primären Zweck nicht erfüllen könne.[769] Die Aushöhlung der Insolvenzmasse würde nicht verhindert.[770] Insolvenzanträge werden im weit größeren Teil der Fälle erst ab Zahlungsunfähigkeit gestellt.[771] Bei Zahlungsunfähigkeit ist aber oftmals kein Vermögen mehr vorhanden, woraus die Gläubiger sich befriedigen könnten. Wird der Insolvenzantrag bereits mit Überschuldung gestellt, bleibt das Kernproblem bestehen. Die Gesellschaft hat

---

769 *Fastrich*, DStR 2006, 656, 661; Hirte, in FS Lüer 2008, S. 605.

770 Vgl. zu 64 Abs. 1 GmbHG a.F. BGHZ 29, 100, 105.

771 MüKoInsO/*Drukarczyk/Schüler*, § 19 Rn. 21.

weiterhin Verbindlichkeiten zu begleichen, beispielsweise Mieten und Arbeitslöhne. Die Einnahmen werden mit Insolvenzantragsstellung wegbrechen, weil keiner Geschäfte mit einer insolventen Gesellschaft wird abschließen wollen.[772] Im Ergebnis leidet die Gesellschaft bei Eröffnung des Insolvenzverfahrens auch mit der Insolvenzantragspflicht an einer Massearmut.[773]

b) Keine starre Fixierung des Abwicklungszeitpunkts

Zudem sprechen auch betriebswirtschaftliche Erwägungen gegen die starre Fixierung eines Zeitpunkts der Abwicklung.[774] Diesen Punkt zu bestimmen, ist in Anbetracht unterschiedlicher Geschäftsmodelle nicht möglich.[775] Die vielen umstrittenen Ermessensentscheidungen bei den Merkmalen der Zahlungsunfähigkeit und Überschuldung weisen auf dieses Problem hin.[776] Der BGH hat nicht umsonst mit seiner vielseitig diskutierten Rechtsprechung die starren gesetzlichen Grenzen der Zahlungsunfähigkeit bereits aufgeweicht.[777]

c) Keine Steuerungsfunktion durch Insolvenzverschleppungshaftung

Als weiteres Argument gegen die Insolvenzverschleppungshaftung wird aufgeführt, dass eine Haftung der Geschäftsführer nicht zu einem Insolvenzantrag motivieren kann. Besonders in Italien wird vorgebracht, eine strenge Haftung würde gerade nicht zu einer rechtzeitigen Insolvenzantragsstellung führen, sondern den Schuldner vielmehr animieren, den Antrag weiter hinauszuzögern.[778] Der Insolvenzantrag bedeute in vielen Fällen das Ende der Gesellschaft. Bei einem Gesellschafter-Geschäftsführer stellt die GmbH oftmals die einzige Einkommensquelle dar. Die Existenz der Gesellschaft ist meist untrennbar mit der privaten Existenz verknüpft. Die Hoffnung, den einen rettenden Deal abzuschließen, wird die rechtliche Pflicht, Insolvenzantrag zu stellen, mit hoher Wahrscheinlichkeit überdecken.[779] Auch bei einem angestellten Geschäftsführer wird der Insolvenzantrag nur als allerletztes Mittel in Betracht gezogen werden. Die Insolvenz haftet als dauerhaftes Stigma allen leitenden Beteiligten an. Dieser Kritikpunkt deckt sich mit den aktuellen europäischen Bestrebungen eine

---

772 *Fastrich,* DStR 2006, 656, 661.
773 *Fastrich,* DStR 2006, 656, 661.
774 *Bachner,* S. 168, umfassend *Hirte,* ZInsO 2010, 1986ff.
775 *Hirte,* in FS Lüer 2008, S. 392.
776 *Mock,* S. 325.
777 BGH BKR 2006, 15, 17 m.W.n.
778 *Stanghellini,* S. 109.
779 *Stanghellini,* S. 109.

Entstigmatisierung und Entpönalisierung der Insolvenz. Mit dem schlechten Motivationsargument wird auch in Deutschland vereinzelt gefordert, die Insolvenzantragspflicht gänzlich abzuschaffen.[780]

d) Höhere Betreibungsraten durch Restrukturierungsverfahren

Ein weiteres Argument gegen eine Insolvenzantragspflicht könnte sein, dass Restrukturierungsverfahren keine hohe Erfolgsquote aufweisen. Es wäre daher sinnlos, die Gesellschaft in das Insolvenzverfahren zu zwingen. Aktuelle Untersuchungen stellen fest, dass die Beitreibungsraten in denjenigen Volkswirtschaften höher sind, in denen die Restrukturierung das gebräuchlichste Insolvenzverfahren ist. In solchen Volkswirtschaften können Gläubiger damit rechnen, durchschnittlich 83 % ihrer Forderungen beitreiben zu können, während die Beitreibungsrate in Liquidationsverfahren im Schnitt bei 57 % liegt.[781] Allerdings sollten solche Zahlen mit Vorsicht betrachtet werden, weil die hohe Betreibungsrate auch einer guten gesamtwirtschaftlichen Lage in den betreffenden Ländern geschuldet sein könnte. So bezieht sich die Studie auf hohe Erfolgsquoten vornehmlich in skandinavischen Ländern, welche bekanntlich über eine gutlaufende Wirtschaft verfügen.[782]

2. Stellungnahme

Die Kritik an der Insolvenzantragspflicht und Insolvenzverschleppungshaftung bei Insolvenzreife ist berechtigt. Allerdings erfüllen Antragspflicht und Verschleppungshaftung einen wichtigen Zweck und scheinen hierfür die beste Alternative zu sein.

a) Schutz des Marktes durch Insolvenzantragsstellung bei Insolvenzreife in Deutschland

aa) Notwendiger Marktaustritt finanziell nicht lebensfähiger Gesellschaften

Auch wenn sich die Altgläubiger tatsächlich oftmals mit einer mageren Insolvenzquote begnügen müssen, dient das Insolvenzverfahren insb. auch dem Schutz des Rechtsverkehrs[783]. Erst durch Eröffnung des Insolvenzverfahrens wird die finanzielle Situation der Gesellschaft für den Markt ersichtlich. Zuvor

780 *Hirte,* in FS Lüer 2008, 387, 392 m.w.N.
781 World Bank Doing Business Index 2016, RL-Vorschlag (Fn. 9) S. 3.
782 Vgl. RL-Vorschlag (Fn. 9) S. 3.
783 MüKoInsO/*Klöhn,* § 15a Rn. 7; Uhlenbruck/*Hirte,* § 15a Rn. 1.

kann die Gesellschaft am Markt verbleiben, ohne die notwendigen Mittel für die Teilnahme zu haben. Die Existenz lebensunfähiger Gesellschaften am Markt ist gerade ein großes Problem für Europa. Das gegenseitige Vertrauen im Geschäftsverkehr wird hierdurch beeinträchtigt und kann insb. ausländische Firmen vor Geschäften abschrecken.[784] Die negativen Auswirkungen des Verbleibs von nicht lebensfähigen Gesellschaften oder sog. „Zombiefirmen" am Markt wurden jüngst in Studien der OECD belegt.[785] Es wurde festgestellt, dass in Italien ein Viertel der Abnahme der Investitionen in Unternehmen von 2008 bis 2013 auf das Problem der „Zombiegesellschaften" zurückgeführt werden kann.[786] Der Anteil des in solchen Gesellschaften gebundenen Kapitals in Italien ist zwischen 2007 und 2013 von 7 auf 19 % gestiegen.[787] In Deutschland liegt es bei 12 %.[788] Eine der Ursachen für den Fortbestand nicht lebensfähiger Gesellschaften wird in fehlenden insolvenzrechtlichen Regelungen gesehen, die eine zeitige Eröffnung des Insolvenzverfahrens ermöglichen.[789] Eine zeitige Eröffnung des Insolvenzverfahrens wird durch eine Insolvenzantragspflicht und Verschleppungshaftung zumindest wahrscheinlicher.

bb) Marktaustritt zu einem festen Zeitpunkt

Für den Marktaustritt sollte ein fester Zeitpunkt vom Gesetzgeber festgelegt werden. Man mag die starre Insolvenzantragspflicht gemäß § 15a InsO zu Recht in der Hinsicht kritisieren, dass der ideale Zeitpunkt für den Markaustritt meist nicht festlegbar sein dürfte. Die Rechtsordnung muss dennoch zum Schutz des Marktes einen festen Zeitpunkt festlegen, ab welchem die Gesellschaft den Markt verlassen muss. Die Zahlungsunfähigkeit oder Überschuldung sind dabei nur eine von vielen Möglichkeiten.[790] Ein Mindeststandard könnte hier in der neuen Sanierungsrichtlinie zu finden sein, welche in Art. 7 Abs. 3 RLE-2016 sich im Zusammenhang mit der Insolvenzantragspflicht auf den Zeitpunkt der Illiquidität bezieht. Für den Schutz des Rechtsverkehrs abträglich ist es, wenn sich

---

784 RL-Vorschlag (Fn. 9) S. 2.

785 *Andrews/Petroulakis*, S. 3; *McGowan/Andrews/Millot*, S. 3.

786 *Andrews/Petroulakis*, S. 9.

787 *McGowan/Andrews/Millot*, S. 17, 18.

788 *McGowan/Andrews/Millot*, S. 18.

789 *Andrews/Petroulakis*, S. 3 "The fact that zombies appear after large shocks in some countries but not others suggests that there is a potentially important role for structural policies, particularly the extent to which insolvency regimes foster the timely initiation and resolution of insolvency proceedings".

790 S. zu unterschiedlichen Ansätzen *Stöber*, ZHR 176 (2012), 326ff.

der Zeitpunkt für den Marktaustritt nicht genau bestimmen lässt, wie es derzeit in Italien der Fall ist. Hierdurch entsteht eine erhebliche Rechtsunsicherheit für den Geschäftsführer und vor allem für den Markt.

b) Schutz des Marktes über Erhaltung des Stammkapitals in Italien

Der italienische Gesetzgeber hat das Problem des Marktaustritts überlebensunfähiger Unternehmen alternativ zu lösen versucht. Der Schutz des Marktes vor lebensunfähigen Gesellschaften soll über strenge Regeln bei der Erhaltung des Stammkapitals erreicht werden.[791] Dabei werden die Einberufungs- und Informationspflichten der Gesellschafter durch die Pflicht zur Löschung bei anhaltender Unterkapitalisierung flankiert (Art. 2484 c.c.). Auch in Deutschland hat der Gesetzgeber im Übrigen mit § 43 Abs. 3 i.V.m. § 30 GmbHG durch einen besonderen Haftungstatbestand das Stammkapital zu schützen beabsichtigt.[792]

Die Anknüpfung an einen bestimmten Kapitalstand im Verhältnis zum Stammkapital ist allerdings problematisch, um den rechtzeitigen Austritt einer Gesellschaft aus dem Markt zu gewähren. Der aktuelle Kapitalstand der Gesellschaft ist meist schwer zu bestimmen. Je nachdem welche Vermögenswerte angesetzt werden, können sich große Unterschiede ergeben. Dies zeigt bereits ein Blick auf die unterschiedlichen Ansätze in Deutschland und Italien zu der Bestimmung des Kapitalstands i.R.d. § 49 Abs. 3 i.V.m. § 30 GmbHG und Art. 2482*bis* c.c.

In Deutschland finden grundsätzlich die Ansatz- und Bewertungsregeln der Jahresbilanz Anwendung.[793] Umstritten ist allerdings, welche Bewertungsregeln einschlägig sein sollen. Die überwiegende Literatur greift auf die Liquidationswerte zurück, sobald eine durchzuführende Fortführungsprognose negativ ausfallen sollte.[794] Stille Reserven werden in Deutschland grundsätzlich nicht liquidiert, außer wenn dies im periodischen Abschluss zulässig wäre.[795] In Italien hingegen wird für die Bestimmung der Verlusthöhe im Rahmen der Bilanzierung immer auf die Fortführungswerte abgestellt.[796] Dabei werden alle Reserven der Gesellschaft miteinbezogen, außer sie dienen bereits der Absicherung eines

791 Abriani/*Postiglione,* Art. 2482*bis* Nr. 3 S. 1678; *Olivieri,* S. 130; *Spolidoro,* S. 86.

792 *Habersack/Schürnbrand,* WM 2005, 957.

793 Lutter/Hommelhoff/*Bayer,* § 49 Rn. 15; Baumbach/Hueck/*Haas,* § 49 Rn. 84; a.A. so wohl BGH WM 1958, 1416, 1417.

794 Lutter/Hommelhoff/*Bayer,* § 49 Rn. 15; MüKoGmbHG/*Liebscher,* § 49 Rn. 58; *Müller,* ZGR 1985, 191, 197; a.A. Scholz/*Seibt,* § 49, Rn. 24.

795 MüKo/*Liebscher,* § 49 Rn. 59; *Müller, ZGR* 195, 191, 206, 213.

796 *Kalss/Adensamer/Oelkers,* 134, 154.

anderen Risikos.[797] Müssen alle Reserven miteinbezogen werden, so müssten konsequenterweise im Gegensatz zu Deutschland auch stille Reserven aufgelöst werden.[798] Zudem herrscht in Italien Uneinigkeit darüber, ob im Rahmen der Gewinne der Gesellschaft nur auf das gesamte Geschäftsjahr abgestellt werden soll.[799] Gewinne während des Geschäftsjahres können am Ende des Jahres aufgebraucht sein. Um einer Verzerrung des aktuellen Kapitalstandes in das Positive zu verhindern, müssen sich die Gewinne daher am Ende des Geschäftsjahres manifestiert haben.[800] Ein Vergleich beider Rechtsordnungen zeigt, dass bei der Bestimmung des bestehenden Gesellschaftskapitals große Unterschiede bestehen. Stellt man wie in Italien auf die Fortführungswerte ab, kann das Kapital in Wirklichkeit wesentlich geringer sein.[801] Allerdings ist auch die Bestimmung von Liquidationswerten schwierig, insb. wenn zuvor eine Fortführungsprognose durchgeführt werden muss.[802] Die Anknüpfung an das Stammkapital zum Schutz vor lebensunfähigen Gesellschaften erweist sich im Ergebnis als zu unsicher.[803]

c) *Insolvenzantragspflicht und Verschleppungshaftung neben anderen Maßnahmen der Krisenbewältigung*

Die Insolvenzantragspflicht ist kein invasives Rechtsinstitut, sie kann problemlos mit den anderen vorgeschlagenen Möglichkeiten für eine effiziente Krisenbewältigung kombiniert werden. Eine Insolvenzantragspflicht kann beispielsweise neben vorinsolvenzlichen Sanierungsverfahren bestehen, wie auch Art. 7 Abs. 3 RLE-2016 vorsieht. Bezogen auf den Insolvenzantrag kann die Antragspflicht als Abschreckung neben belohnenden Maßnahmen geregelt werden.[804] So existiert in Deutschland das begünstigende Schutzschirmverfahren (§ 270ff. InsO) neben der Insolvenzantragspflicht. Auch wenn ihre Effizienz zur Krisenbewältigung bemängelt wird, so erlaubt die Insolvenzantragspflicht ohne weiteres, dass alle anderen vermeintlich besseren Lösungen problemlos eingeführt werden.

---

797 Cass. civ. del 6 novembre 1999, n. 12347; Trib. Roma del 20 febbraio 2001, in: Soc. 2001, I, 739.

798 A.A. *Di Sabato,* 399; *Kalss/Adensamer/Oelkers,* 134, 154.

799 Für eine Hinzuziehung der Gewinne des letzten Geschäftsjahres Cass. civ. del 23 marzo 2004, n. 5740, in Soc. 2004; 1511; App. Milano del 19 gennaio 1999, in Soc. 2000, 724; a.A. Trib. Roma del 8 novembre 1999, in Soc. 2000, 749.

800 Trib. Roma del 8 novembre 1999, in Soc. 2000, 749.

801 *Förster,* S. 295.

802 MüKoHGB/*Ballwieser,* § 252, Rn. 9.

803 *Förster,* S. 295.

804 Vgl. *Förster,* S. 307.

d) *Zeitige Insolvenzantragsstellung im Eigeninteresse der Gesellschaft*

Im Zuge der neuen Ausrichtung auf freiwillige Rechtsinstitute zur Krisenbewältigung in Italien und Europa sollten Pflichten und Haftung in diesem Bereich nicht vergessen werden. Auch bei der Erörterung der neuen Sanierungsrichtlinie wurde zutreffend festgestellt, dass Vorschriften über die Sorgfaltspflicht von Führungskräften bei drohender Insolvenz bei der Unternehmenssanierung relevant sind. Sie bieten Anreize für eine frühzeitige Restrukturierung, beugen Fehlverhalten vor und verhindern vermeidbare Verluste für Gläubiger.[805]

Eine Insolvenzverschleppungshaftung führt nicht zu einer Stigmatisierung und Pönalisierung der Insolvenz. Die Stigmatisierung kann kaum allein dem Umstand geschuldet werden, dass ein Insolvenzantrag gestellt werden muss. Sie beruht vielmehr auf dem Scheitern der Gesellschaft. Durch Abschaffung einer Insolvenzantragspflicht lässt sich diese gesellschaftliche Wertung nicht ändern. Insolvente Unternehmen verbleiben nun länger am Markt. Für eine Änderung der Bedeutung einer Insolvenz müssen redliche Unternehmer nach dem Insolvenzverfahren schnell wieder eine zweite Chance erhalten. Auch der europäische Vorschlag einer Sanierungsrichtlinie legt einen Fokus auf die „zweite Chance" nach einer Insolvenz.[806] Für eine zweite Chance muss allerdings das Insolvenzverfahren durchlaufen worden sein. Es wäre somit auch im Interesse der von der Insolvenz betroffenen Organe der Gesellschaft, dass schnellstmöglich Insolvenzantrag gestellt wird; hierzu trägt eine Insolvenzantragspflicht entscheidend bei.

C. Ausblick: Harmonisierung der Insolvenzverschleppungshaftung in Europa

Nachdem es sich um ein nützliches Institut zur Krisenbewältigung handelt, sollte die Insolvenzverschleppungshaftung wieder mehr in den europäischen Fokus rücken. In einem Bericht europäischer Experten vom 04.11.2002 wurde diesbezüglich noch die Einführung EU-weiter, einheitlicher Reglungen empfohlen.[807] Die Expertengruppe stellte fest, eine europäische Regelung über die Insolvenzverschleppungshaftung würde das Vertrauen der Gläubiger und ihre

805 RL-Vorschlag (Fn. 9), S. 3.

806 RL-Vorschlag (Fn. 9), S. 4.

807 S. 12, 73ff. des Berichts: „die Direktoren von Unternehmen sollen zur Rechenschaft gezogen werden, wenn sie zulassen, dass die Geschäftstätigkeit nicht eingestellt wird, obwohl sie erkennen sollten, dass das Unternehmen seine Verbindlichkeiten nicht mehr begleichen können wird", abrufbar unter http://ec.europa.eu/internal_market/company/docs/modern/report_de.pdf.

Bereitschaft, mit Unternehmen in Geschäftsbeziehungen zu treten, steigern.[808] Eine gemeinsame Reglung der Insolvenzverschleppungshaftung würde zudem für einen gleichwertigen Gläubigerschutz in der ganzen EU sorgen.[809]

I. Harmonisierung vor dem Hintergrund europäischer Gesellschaftsformen

Eine Harmonisierung erscheint daher aufgrund der Einführung europäischer Gesellschaftsformen relevant. Bereits seit 2004 ist die Gründung einer europäischen Aktiengesellschaft (SE) möglich.[810] Die Insolvenzverschleppungshaftung ist allerdings nicht in der Verordnung geregelt. Ist eine Rechtsfrage weder in der Verordnung selbst noch in der Satzung geregelt (Art. 9 Abs. 1 lit.b SE-VO), findet sich in Art. 9 Abs. 1 lit. c SE-VO eine Kollisionsnorm.[811] Die Kollisionsnorm verweist auf die nationalen Gesetze in dem jeweiligen Sitzstaat der Gesellschaft. Einschlägig sind entweder die speziellen Reglungen für die SE (Art. 9 Abs. 1 lit.b i SE-VO) oder die allgemeinen Reglungen der nationalen Aktiengesellschaft SE (Art. 9 Abs. 1 lit.b ii SE-VO). Daneben verweist Art. 63 SE-VO für die Insolvenz der Gesellschaft ebenfalls auf das Recht des Sitzstaates. Dieser Umstand ist bedauerlich. Die Reglungen zur Insolvenzverschleppungshaftung sind nämlich äußerst unterschiedlich, wie der Vergleich zwischen der deutschen und italienischen Rechtsordnung anschaulich bewiesen hat. Eine gemeinsame europäische Gesellschaft würde für eine Harmonisierung der Rechtsordnung einen guten Anfangspunkt bieten.

Diese Erwägungen sind auch für eine Gesellschaft mit beschränkter Haftung relevant. Nach wie vor ist die Einführung einer europäischen Gesellschaft mit beschränkter Haftung geplant (SPE). Diese soll vor allem kleinen und mittleren Unternehmen eine europaweite Tätigkeit erleichtern.[812] Das Projekt geht schleppend voran, weil Uneinigkeit in wichtigen Eckpunkten besteht. Umstritten sind nach wie vor das Mindestkapital und die Reglung der Mitbestimmungsrechte.[813] Sollte sich der europäische Gesetzgeber entschließen, das Projekt in die

808 S. 74 des Berichts (Fn. 807).

809 S. 74 des Berichts (Fn. 807).

810 Verordnung (EG) 2157/2001 über das Statut der Europäischen Gesellschaft (SE) vom 8. Oktober 2001.

811 Umfassend MüKoBGB/*Kindler*, IntGesR Rn. 70f. m.w.N.

812 Entwurf abrufbar unter: http://ec.europa.eu/internal_market/company/docs/epc/proposal_de.pdf; *Hadding/Kießling*, WM 2009, 145ff.

813 *Bremer*, NZG 2011, 695.

Tat umzusetzen, könnte vielleicht für die SPE eine selbstständige Insolvenzverschleppungshaftung geregelt werden. Die letzten Entwürfe sehen allerdings vor, dass sich die Haftung der Leitungsorgane wie bei der SE nach den Reglungen des Sitzstaates richten sollen.[814]

II. Modelle für eine europäische Insolvenzverschleppungshaftung

Die europäischen Experten haben in ihrem Bericht konkrete Vorschläge für eine europäische Insolvenzverschleppungshaftung unterbreitet. Die britischen Bestimmungen zum *wrongful trading* und die französische *action en comblement du passif* werden als vielversprechendste Ansätze diskutiert.[815] Die Bestimmungen in England und Frankreich sehen vor, dass die Direktoren einer Gesellschaft haften, wenn sie keine Insolvenz anmelden, obwohl es aber absehbar ist, dass die Gesellschaft ihren Verbindlichkeiten nicht mehr nachkommen kann. Die Direktoren haften gegenüber den Gläubigern zur Gänze oder zum Teil für deren offene Forderungen. Die Experten sehen eine Anknüpfung der Insolvenzverschleppungshaftung an die Zahlungsunfähigkeit, wie in Deutschland, als verspätet an.[816] Durch die Anknüpfung an die Absehbarkeit der Zahlungsunfähigkeit wollen die Experten die Gläubiger schützen, ohne Unternehmen und ihre Direktoren übermäßig einzuschränken. Die Unternehmensleiter können im Fall einer absehbaren Zahlungsunfähigkeit frei entscheiden, die Sanierung zu versuchen oder Insolvenz anmelden.[817] Der Ansatz der Expertengruppe erscheint auf einen ersten Blick plausibel. Allerdings stellt sich die Frage, ab wann die Absehbarkeit der Zahlungsunfähigkeit gegeben sein soll.[818] Feste Kriterien für diesen Zeitpunkt zu finden, wird sich bei den unterschiedlichen Ansätzen in Europa in diesem Bereich als schwierig erweisen. Darüber hinaus würde eine Haftung aus *wrongful trading* oder die *action en comblement du passif,* zumindest in Deutschland, mit den bestehenden Rechtsnormen zur Insolvenzverschleppungshaftung in Konflikt treten.[819] Mit Blick auf die sehr unterschiedliche Rechtslage in den europäischen Ländern ist daher dem Vorschlag zuzustimmen, die Einführung einer Insolvenzverschleppungshaftung zwar vorzusehen, die nähere Ausgestaltung

814 *Hadding/Kießling,* WM 2009, 145, 153.

815 S. 73 des Berichts (Fn. 807); umfassend hierzu *Habersack/Verse,* ZHR 168 (2004), 174ff.

816 S. 73 des Berichts (Fn. 807).

817 S. 73 des Berichts (Fn. 807).

818 *P. Wiesner,* BB 2003, 213, 215.

819 Vgl. *Habersack/Verse,* ZHR 168 (2004), 174, 214.

aber den Mitgliedstaaten zu überlassen.[820] Mit Blick auf die geplante Sanierungsrichtlinie und das Moratorium des Art. 7 RLE-2016 scheint ein europäisches Vorhaben zur Insolvenzverschleppungshaftung allerdings unwahrscheinlich.

III. Insolvenzantragspflicht bei Zahlungsunfähigkeit als Minimalkonsens

Erwägenswert wäre es aber zumindest über einen europäischen Minimalkonsens nachzudenken. Es könnte eine Insolvenzantragspflicht wegen Zahlungsunfähigkeit für ganz Europa vorgesehen werden. Es ist sicherlich zutreffend, dass eine solche Antragspflicht relativ spät greifen würde. Ein effektiver Altgläubigerschutz würde damit in vielen Fällen nicht erreicht werden. Durch eine solche Insolvenzantragspflicht könnten aber zumindest zahlungsunfähige Gesellschaften effektiver vom Markt genommen werden, dies hätte beispielsweise in Italien einen durchaus positiven Effekt. Eine solche Insolvenzantragspflicht bei Zahlungsunfähigkeit wäre auch mit dem geplanten Moratorium des Art. 7 RLE-2016 gut vereinbar und würde den neuen europäischen Gesetzesvorschlägen nicht zuwiderlaufen.[821]

Der europäische Gesetzgeber sollte zumindest als Mindeststandard eine europaweite Insolvenzantragspflicht, flankiert von einer Insolvenzverschleppungshaftung bei Zahlungsunfähigkeit in Erwägung ziehen. Erweist sich ein solches Instrument als förderlich zur Beseitigung insolventer Gesellschaften, könnte über eine Ausdehnung diskutiert werden. Gerade bei den unterschiedlichen rechtlichen Lösungsansätzen in Europa zur Insolvenzverschleppungshaftung könnte durch einen Minimalkonsens zumindest ein erster Schritt in Richtung einer gemeinsamen Lösung unternommen werden. Ein Bedürfnis nach einer europäischen Reglung im Bereich der Insolvenzverschleppungshaftung besteht jedenfalls unvermindert fort.

---

820 *Baums,* Arbeitspapiere Institut für Bankrecht Nr. 105, S. 9; *Habersack/Verse,* ZHR 168 (2004), 174, 215.

821 S.o., § 3 B 3 II 2 b).

Literaturverzeichnis (deutsche und englische Quellen)

Adler, Hans/Düring, Walther/Schmaltz, Kurt, Rechnungslegung und Prüfung der Unternehmen, 6. Aufl., Stuttgart 1997

Ahrens Martin/Gehrlein, Markus/Ringstmeier, Andreas, Insolvenzrecht Kommentar, 3. Aufl., Köln 2017 Zitiert: Ahrens/Gehrlein/Ringstmeier/*Bearbeiter*, Insolvenzordnung

Andres, Dirk/Leithaus, Rolf/Dahl, Michael (Hrsg.), 3. Aufl., München 2014 Zitiert: Andres/Leithaus/*Bearbeiter*, Insolvenzordnung

Andrews, Dan/Petroulakis, Fillippos, Breaking the shackles: Zombie firms, weak banks and depressed restructuring in Europe, Economics Department working papers No. 1433, Paris 2017

Bachmann, Gregor/Casper, Matthias/Schäfer, Carsten/Veil Rüdiger, Steuerungsfunktionen des Haftungsrechts im Gesellschafts- und Kapitalmarktrecht, Baden-Baden 2007

Bamberger, Heinz Georg/Roth, Herbert/Hau, Wolfgang/Poseck, Roman, Beck Onlinekommentar BGB, 43 Aufl., München Stand 15.06.2017 Zitiert: BeckBGB/*Bearbeiter*

Baumbach, Adolf/Hueck, Alfred, Gesetz betreffend die Gesellschaft mit beschränkter Haftung, 21. Aufl., München 2017 Zitiert: Baumbach/Hueck/*Bearbeiter*

Baums, Theodor, Die Corporate Governance-Emfpehlungen des Winter II-Papiers aus deutscher Perspektive, Arbeitspapiere Institut für Bankrecht Frankfurt a.M. Nr. 105, 2002

Bayer, Walter, Die Innenhaftung des GmbH-Geschäftsführers de lege lata und de lege ferenda, GmbHR 2014, 897ff.

Beck'sches Steuerberaterhandbuch 2017/2018, 16. Aufl., München 2017 Zitiert: *Bearbeiter*, Beck'sches Steuerberaterhandbuch, 2015/2016

Beissenhirtz, Volker, Plädoyer für ein Gesetz zur vorinsolvenzlichen Sanierung von Unternehmen, ZInsO 2011, 57ff.

Bellen, Francis/Stehl, Indra, Pflichten und Haftung der Geschäftsführung in der Krise der GmbH – ein Überblick, BB 2010, 2579ff.

Bihr, Dietrich/Kalinowsky, Marc, Risikofrüherkennungssystem bei nicht börsennotierten Aktiengesellschaften – Haftungsfalle für Vorstand, Aufsichtsrat und Wirtschaftsprüfer, DStR 2008, 620ff.

Blankenburg, Daniel, Umsetzungsbedarf aufgrund des Entwurfs der Restrukturierungsrichtlinie, ZInsO 2017, 241ff.

Blöse, Jochen: Haftung der Geschäftsführer und Gesellschafter nach dem ESUG, GmbHR 2012, 471ff.

Bork, Reinhard/Schäfer, Carsten (Hrsg.), Kommentar zum GmbHG, 3. Aufl., Köln 2015 Zitiert: Bork/Schäfer/*Bearbeiter*

Bork, Reinhard/ Hölzle, Gerrit (Hrsg.), Handbuch Insolvenzrecht, Köln 2014 Zitiert: Bork/Hölzle/*Bearbeiter*

Bork, Reinhard, Verfolgungspflichten – Muss der Insolvenzverwalter alle Forderungen einziehen, ZIP 2005, S. 1121ff.

Bork, Reinhard, Wer erstellt eine Fortbestehensprognose, ZIP 2000, S. 1709ff.

Braun, Eberhard (Hrsg.), Kommentar Insolvenzordnung, 7. Aufl., München 2017 Zitiert: Braun/*Bearbeiter*

Burger, Anton/Schellenberg, Bernhard, Die Auslösetatbestände im neuen Insolvenzrecht, BB 1995, 261ff.

Claussen, Peter, Über die Vertraulichkeit im Aufsichtsrat, AG 1981, 57ff.

Correnti, Roberta Einführung in das italienische Insolvenzrecht und seine Reform, ZInsO 2006, 1020ff.

Cymutta, Claudia R., Neue Regeln für Insolvenzanträge – Haftungsrisiken der antragspflichtigen Organe und deren Berater, BB 2012, 3151ff.

Dollmann, Michael, Geschäftsführerhaftung: Handlungsbedarf bei Regressansprüchen, GmbHR 2009, 1092ff.

Dorndorf, Eberhard/Frank, Jürgen, Reform des Rechts der Mobiliarsicherheiten -unter besondere Berücksichtigung der ökonomischen Analyse der Sicherungsrechte, ZIP 1985, 65ff.

Drescher, Ingo, Die Haftung des GmbH-Geschäftsführers, 7. Aufl., Köln 2013

Drukarczyk, Jochen, Unternehmen und Insolvenz: zur effizienten Gestaltung des Kreditsicherungs- und Insolvenzrechts, Wiesbaden 1987

Drygala, Tim/Drygala, Anja, Wer braucht ein Frühwarnsystem, ZIP 2000, S. 297ff.

Fabiani, Massimo, Diritto fallimentare. Un profilo organico, Bologna 2011 Zitiert: *Fabiani*, Diritto fallimentare

Fastrich, Lorenz, Optimierung des Gläubigerschutzes bei der GmbH – Praktikabilität und Effizienz, DStR 2006, S. 656ff.

Finch, Vanessa, Corporate Insolvency Law: Perspectives and Principles, Cambridge 2009.

Fleischer, Holger, Erweiterte Außenhaftung der Organmitglieder im Europäischen Gesellschafts- und Kapitalmarktrecht, ZGR 2004, 437ff.

Fletcher, Ian F., The Law of Insolvency, 5. Aufl., London 2017.

Förster, Andreas C., System einer Insolvenzauslösung bei der GmbH, Liquiditätsorientierter Vorschlag für eine Reform der Haftungsverfassung bei der GmbH und für eine Grenze wirksamer Kreditsicherung zur Vermeidung masserarmer Insolvenzen, Berlin 2000

Forst, Gerrit, GmbH-Fremdgeschäftsführer als Arbeitnehmer im Sinne des Unionsrechts, EuZW 2015, 664ff.

Frastanalis, Stergios, Insolvenzverschleppungshaftung und Gläubigerschutz in der Insolvenzkrise, Ein rechtsvergleichender Blick aus Sicht des deutschen, griechischen und US-amerikanischen Rechts, Baden-Baden 2017

Freitag, Robert, Insolvenzverschleppungshaftung als ausschließliche Außenhaftung, NZG 2014, 447ff.

Freund, Stefan, Gesamtschuldnerregress in der Organhaftung, GmbHR 2013, 785ff.

Frind, Frank/Pollmächer, Frank, Anmerkungen zu den „Thesen des Gravenbrucher Kreises zum vorinsolvenzlichen Sanierungsverfahren in Deutschland „-think twice, before it`s all right, ZInsO 2016, 1290ff.

Gehrlein, Markus, Die Auslegung des § 64 GmbHG im Spannungsfeld zwischen Gesellschaftsrecht und Insolvenzanfechtungsrecht, ZInsO 2015, 477ff.

Gehrlein, Markus/Ekkenga, Jens/Simon, Stefan (Hrsg.), Gesetz betreffender Gesellschaft mit beschränkter Haftung Kommentar, 2. Aufl., München 2014 Zitiert: Gehrlein/Ekkenga/Simon/*Bearbeiter*

Gehrlein, Markus, Insolvenzanfechtungsrecht als Auslegungshilfe bei den Tatbeständen der Haftung für verbotene Zahlungen, ZHR 181 (2017), 482ff.

Goette, Wulf, Einige Aspekte des Eigenkapitalersatzrechts aus rechtlicher Sicht, ZHR 162 (1998), 223ff.

Gottwald, Peter (Hrsg.), Insolvenzrechtshandbuch, 5. Aufl., München 2015 Zitiert: Gottwald InsR Hb/*Bearbeiter*

Haas, Ulrich, Geschäftsführerhaftung und Gläubigerschutz: unternehmerische Verhaltenspflichten des GmbH-Geschäftsführers zum Schutz Dritter, München 1997

Haas, Ulrich, Ist das Trihotel-Haftungsmodell Vorbild auch für andere dem Schutz der Gläubigergesamtheit dienende Haftungsansprüche, ZIP 2009 S. 1257ff.

Haas, Ulrich, Die zuständigkeitsrechtliche Verortung gesellschaftsrechtlicher Gläubigerschutzansprüche, Anmerkung zu EuGH, NZG 2013, 1073 – ÖFAB gegen Koot und Evergreen Investments BV, NZG 2013, 1161ff.

Haas Ulrich, Insolvenzrechtliche Annexverfahren und internationale Zuständigkeit, ZIP 2013, 2381ff.

Habersack, Mathias/Verse, Dirk A., Wrongful Trading – Grundlage einer europäischen Insolvenzverschleppungshaftung?, ZHR 168 (2004), 174ff.

Habersack, Mathias/Schürnbrand, Jan, Die Rechtsnatur der Haftung aus §§ 93 Abs. 3 AktG, 43 Abs. 3 GmbHG, WM 2005, 957ff.

Hachenburg, Max, Gesetz betreffend die Gesellschaften mit beschränkter Haftung (GmbHG) Großkommentar, 8. Aufl., Berlin 1997 Zitiert: Hachenburg/*Bearbeiter*

Hadding, Walther/Kießling, Erik, Die europäische Privatgesellschaft (Societas Privata Europea-SPE), WM 2009, 145ff.

Haghani, Sascha, Die Einführung eines Vorwarnsystems im vorinsolvenzlichen Sanierungsverfahren, NZI Beilage 2017, 18ff.

Helmrich, Jan, Zur Strafbarkeit bei fehlenden oder unzureichenden Risikomanagementsystemen in Unternehmen am Beispiel der AG, NZG 2011, 1252ff.

Henssler, Martin/Lutz, Strohn, Gesellschaftsrecht: GesR, 3. Aufl., München 2016 Zitiert: Henssler/Lutz/*Bearbeiter*

Herresthal, Carsten, Die Wirksamkeit von Schiedsabreden mit Vorständen und Geschäftsführern bei Organhaftungsstreitigkeiten, ZIP 2014, 345ff.

Hirte, Heribert, Insolvenzantragsrecht und -pflicht bei Schein-Auslandsgesellschaften – vom untauglichen Versuch einer Abwehr böser Eindringlinge, in FS für Hans-Joachim Lüer München 2008, 387ff.

Hirte, Heribert, Die Grundsätze der Wrongful-Trading-Alternative zur gesetzlichen Insolvenzantragspflicht, ZInsO 2010, 1986ff.

Hoffmann, Wolf-Dieter, Der Schneider-Konkurs als Exerzitium des Bilanzrechts DStR 1994, 1208ff.

Hölters, Wolfgang, Aktiengesetz, 3. Aufl., München 2017 Zitiert: Hölters/*Bearbeiter*

Hüffer, Uwe/Koch, Jens, Kurzkommentar zum Aktiengesetz, 13. Aufl., München 2018 Zitiert; Hüffer/Koch

Huth,Mark-Alexander, Grundsätze ordnungsmäßiger Risikoüberwachung, BB 2007, 2167ff.

Jackson, Thomas, The Logic and Limits of Bankruptcy Law, Cambridge (Mass.) 1986

Jacobi, Alexander, Das präventive Restrukturierungsverfahren Richtlinienvorschlag der EU-Kommission v. 22.11.2016 COM (2016) 723final. ZInso 2017, 1ff.

Jula, Rocco, Der GmbH-Geschäftsführer, 3. Aufl. Berlin Heidelberg 2009

Kalss, Susanne/Adensamer, Nikolaus/Oelkers, Janine, Die Rechtspflichten der Geschäftsleiter in der Krise der Gesellschaft sowie damit verbundene

Rechtsfolgen im Rechtsvergleich, in: Das Kapital der Aktiengesellschaft in Europa ZGR Sonderheft 17, Berlin 2006

Kindler, Peter, Einführung in das italienische Recht, 2. Aufl., München 2008

Kindler, Peter/ Josef Nachmann (Hrsg.), Handbuch Insolvenzrecht in Europa, 2. Teil Länderbericht Italien, 4. Aufl., München 2014 Zitiert: Kindler/Nachmann/*Bearbeiter*, Länderbericht Italien

Kindler, Peter, Insolvenzrecht als Tätigkeitsausübungsregel Die sachliche Reichweite der Niederlassungsfreiheit nach dem Kornhaas-Urt. des EuGH, EuZW 2016, 136ff.

Kindler, Peter, Internationale Zuständigkeit bei der Geschäftsführerhaftung gegenüber der Gesellschaft, IPRax 2016, 115ff.

Kindler, Peter, Italienisches Handels- und Wirtschaftsrecht, Frankfurt am Main, 2. Aufl. 2014

Klöhn, Lars, Kapitalmarkt, Spekulation und Behavioral Finance: Eine interdisziplinäre und vergleichende Analyse zum Fluch und Segen der Spekulation und ihrer Regulierung durch Recht und Markt, Berlin 2006

Knapp, Christoph, Auswirkungen des MoMiG auf die Aktiengesellschaft und ihre Organmitglieder, DStR 2008, 2371ff.

Krieger, Gerd/Schneider, Uwe H., Handbuch Managerhaftung, 3. Aufl., Köln 2017 Zitiert: Krieger/Schneider/*Bearbeiter*

Küting, Karlheinz/Kaiser, Thomas, Bilanzpolitik in der Unternehmenskrise, in BB 1994, Beilage 2, S. 1ff.

Leker, Jens, Fraktionierende Frühdiagnose von Unternehmenskrisen, Köln 1993

Leuering, Dieter/Dornhegge, Stefanie, Geschäftsverteilung zwischen GmbH-Geschäftsführern, NZG 2010, 13ff.

Leuering, Dieter, Organhaftung und Schiedsverfahren, NJW 2014, 657ff.

Lohr, Martin, Die Beschränkung der Innenhaftung des GmbH-GF, NZG 1204ff.

Lütke, Josef, Die strafrechtliche Bedeutung der Aufgabenverteilung unter GmbH-Geschäftsführern am Beispiel der Insolvenzantragspflicht, wistra 2008, 409ff.

Lüttringhaus, Jan, Die Haftung von Gesellschaftsorganen im internationalen Privat- und Prozessrecht, EuZW 2015, 904ff.

Lutter, Marcus/Hommelhoff, Peter, GmbH-Gesetz Kommentar, 19. Aufl., Köln 2016 Zitiert: Lutter/Hommelhoff/*Bearbeiter*

Matusche-Beckmann, Annemarie, Das Organisationsverschulden, Tübingen 2001

McGowan, Müge Adalet/Andrews, Dan/Millot, Valentine, The walking dead? Zombie firms and productivity performance in OECD countries, Economics department working papers No. 1372, Paris 2017

Meister, Norbert, Die Auswirkungen des MoMiG auf das Umwandlungsrecht, NZG 2008 767ff.

Melchers, Michael, Zur Bewertung insolventer Unternehmen unter Berücksichtigung der Reform des Insolvenzrechts, Frankfurt am Main 1995

Meyke, Rolf, Die Haftung des GmbH-Geschäftsführers, 4. Aufl., Köln 2004

Michalski, Lutz/Heidinger, Andrea/Leible, Stefan/Schmidt,Jessica (Hrsg.), Kommentar zum Gesetz betreffend die Gesellschaften mit beschränkter Haftung (GmbH-Gesetz), München 2017 Zitiert: Michalski/*Bearbeiter*

Mock, Sebastian, Finanzverfassung und Kapitalgesellschaften und internationale Rechnungslegung, München 2008

Mock, Sebastian/Esthoff, Andre, Verwendung ausländischer Kapitalgesellschaften bei Unternehmensakquisition, DZWIR 2004, 23ff.

Müller, Hans-Friedrich, Sanierung nach der geplanten EU-Restrukturierungsrichtlinie, ZGR 2018, 56ff.

Müller, Udo/Rautmann, Heiko, Die Unzulässigkeit des Antrags als Folge der neuen Vorgaben des § 13 InsO, ZInsO 2012, 918ff.

Müller, Welf, Der Verlust der Hälfte des Grund- oder Stammkapitals- Überlegungen zu den §§ 92 Abs. 1 AktG und 49 Abs. 3 GmbHG, ZGR 1985, 191ff.

Münchener Kommentar AktG, *Goette, Wulf/Habersack, Mathias* (Hrsg.) AktG Band 2: §§ 76–117, MitbestG DrittelbG, 4. Aufl., München 2014 Zitiert: MüKoAktG/*Bearbeiter*

Münchener Kommentar BGB, *Säcker, Jürgen/Rixecker, Roland/Oetker, H./ Limpberg, Bettina* (Hrsg.) BGB Band 11: Internationales Privatrecht II, Internationales Wirtschaftsrecht Art. 225–258 EGBGB, 6. Aufl., München 2016 Zitiert: MüKoBGB/*Bearbeiter*

Münchener Kommentar GmbHG, *Fleischer, Holger/Goette, Wulf* (Hrsg.): GmbH G: Band 2 §§ 35–52, 2. Aufl. München 2016 Band 3 §§ 53–85, 2. Aufl. München 2016 Zitiert: MüKoGmbHG/*Bearbeiter*

Münchener Kommentar InsO, *Kirchhoff, Hans-Peter/Eidenmüller, Horst/ Stürner, Rolf* (Hrsg.) InsO Band 1: §§ 1–79 InsVV, 3. Aufl., München 2013 Zitiert: MüKoInsO/*Bearbeiter*

Nowotny, Christian, Verlust des halben Stammkapitals – Ein kleiner Unterschied zwischen deutschem und österreichischem GmbH-Recht, in: FS für Johannes Semler zum 70. Geburtstag am 28. April 1993: Unternehmen und Unternehmensführung im Recht, Berlin 1993

Palzer, Carmen, Fortwirkende organschaftliche Pflichten des Geschäftsführers der GmbH, Köln 2001

Pape, Gerhard, Entwicklungstendenzen bei der Eigenverwaltung, ZIP 2013, S. 2285ff.

Pape, Gerhard, Zahlungsunfähigkeit in der Gerichtspraxis, WM 2008, 1949ff.

Pelz, Christian, Die persönliche Haftung des Geschäftsführers einer GmbH, RNotZ 2003, 415ff.

Peters, Oliver, Ressortverteilung zwischen GmbH-Geschäftsführern und ihre Folgen, GmbHR 2008, 682ff.

Reuter, Alexander, Krisenrecht im Vorfeld der Insolvenz-das Beispiel der börsennotierten AG, BB 2003 1797ff.

Reischl, Klaus, Insolvenzrecht, 3. Auflage, Heidelberg 2014 Zitiert: *Reischl*, InsR

Römermann, Volker, Aktuelles zur Insolvenzantragspflicht nach § 15a InsO, NZI 2010, 241ff.

Römermann, Volker, Münchner Anwalts Handbuch GmbH-Recht, 3. Aufl., München 2014 Zitiert: Römermann/*Bearbeiter*

Roth, Günter, Unterkapitalisierung und persönliche Haftung, ZGR 1993, 170ff.

Roth, Günter H./Altmeppen, Holger (Hrsg.), Kommentar GmbHG, 8. Aufl., München 2015 Zitiert: Roth/Altmeppen/*Bearbeiter*, GmbHG

Rowedder, Heinz/ Schmidt-Leithoff, Christian (Hrsg.), Gesetz betreffend die Gesellschaften mit beschränkter Haftung (GmbHG), 6. Aufl., München 2017 Zitiert: Rowedder/Schmidt-Leithoff/*Bearbeiter*

Schäfer, Hans/Baumann, Diethelm, Compliance-Organisation und Sanktionen bei Verstößen, NJW 2011, 3601ff.

Scheffler, Eberhard, Bilanzen als Prognose- und Steuerungsinstrument, DStR 1993, 1569ff.

Schmidt, Karsten/Uhlenbruck, Wilhelm, Die GmbH in Krise, Sanierung und Insolvenz, 5. Aufl., Köln 2016 Zitiert: Schmidt/Uhlenbruck/*Bearbeiter*

Scholz, Franz, Kommentar zum GmbH-Gesetz, 11. Aufl., Köln 2015 Zitiert: Scholz/*Bearbeiter*

Schuhmann, Helmut, Zur Amtsniederlegung eines GmbH-Geschäftsführers, NZG 2002, 706ff.

Schulte-Frohlinde, Robert, Einführung in das italienische Insolvenzrecht und seine Reform, ZInsO 2006, 1020ff.

Spindler, Gerald/Stilz, Eberhard (Hrsg.), Kommentar zum Aktiengesetz: AktG Band 1: §§ 11–149, 3. Aufl., München 2015 Zitiert: Spindler/Stilz/*Bearbeiter*

Steiner, Manfred, Ertragskraftorientierter Unternehmenskredit und Insolvenzrisiko -Eine betriebswirtschaftliche und rechtliche Analyse der Insolvenzregelungsmechanismen und der Insolvenzprognosemöglichkeiten aus Gläubigersicht, Stuttgart 1980

Stobbe, Michael, Die Durchsetzung gesellschaftsrechtlicher Ansprüche der GmbH in Insolvenz und masseloser Liquidation, Köln 2001

Stöber, Michael, Die Insolvenzverschleppungshaftung in Europa, ZHR 176 (2012), 326ff.

Thole, Christoph, Negative Feststellungsklagen, Insolvenztorpedos und EuInsVO, ZIP 2012, 605ff.

Thümmel, Roderich, Persönliche Haftung von Managern und Aufsichtsräten, 4. Aufl., Stuttgart 2008.

Uhlenbruck, Wilhelm, Die Legitimation zur Geltendmachung von Neugläubigerschäden wegen Konkursverschleppung, ZIP 1994, 1153ff.

Ulmer, Peter/Habersack, Mathias/Löbbe, Marc (Hrsg.), Großkommentar GmbHG, Band II §§ 2929–52, 2. Aufl., Tübingen 2014 Zitiert: Ulmer/Habersack/Löbbe/*Bearbeiter*

Ulmer, Peter/Habersack, Mathias/Löbbe, Marc (Hrsg.), Großkommentar GmbHG, Band III §§ 5353–88, 2. Aufl., Tübingen 2016 Zitiert: Ulmer/Habersack/Löbbe/*Bearbeiter*

Ulmer, Peter, Volle Haftung des Gesellschafter/Geschäftsführers einer GmbH für Gläubigerschäden aus fahrlässiger Konkursverschleppung, NJW 1983, 1577ff.

Vogler, Matthias/Gundert, Martin, Einführung von Risikomanagementsystemen -Hinweise zur praktischen Ausgestaltung-, DB 1998, 2377ff.

Veil, Rüdiger, Krisenbewältigung durch Gesellschaftsrecht, Verlust des halben Kapitals, Pflicht zur ordnungsgemäßen Liquidation und Unterkapitalisierung, ZGR 2006, 374ff.

Hopt, Klaus J/Wiedemann, Herbert, Aktiengesetz Großkommentar, Dritter Band §§ 7676–94, 5.Aufl., München 2015 Zitiert: GroßkommAktG/*Bearbeiter*

Wiesner, Peter M., Neue Brüsseler Impulse für Corporate Governance und Gesellschaftsrecht, BB 2003, 213ff.

Wimmer, Klaus/Dauernheim, Jörg/Wagner, Martin/Gietl, Josef, Handbuch des Fachanwalts Insolvenzrecht, Köln 2010 Zitiert: Wimmer/Dauernheim/Wagner/Gietl/*Bearbeiter*

Wedemann, Frauke, Die internationale Zuständigkeit für Haftungsklagen gegen Gesellschafter und Geschäftsleiter, ZEuP 2014, 861ff.

Wöhe, Günter/ Bilstein, Jürgen/Ernst, Dietmar/Häcker Joachim, Grundzüge der Unternehmensfinanzierung, 11. Aufl., München 2013

Zweigert, Konrad/Kötz, Hein, Einführung in die Rechtsvergleichung, 3. Aufl. Tübingen 1996 Zitiert: *Zweigert/Kötz*

Wank, Rolf/Heribert, Hirte/Frey, Kaspar/Fleischer, Holger/Thüsing, Gregor, Festschrift für Herbert Wiedemann zum 70. Geburtstag, München 2002 Zitiert: *Bearbeiter*, in: Festschrift Wiedemann

Wegen, Gerhard/Asbrand, Dominik, Zivilrechtliche Haftung des Organs in Deutschland bei Geschäftstätigkeit mit Auslandsbezug, IWRZ 2016, 248ff.

Weber, Johannes, Die Geschäftsführerhaftung aus der Perspektive des Europäischen Zivilprozessrechts, IPRax 2013, 69ff.

Wimmer Klaus/Dauernheim, Jörg/ Wagner, Martin/ Josef, Gietl (Hrsg.), Handbuch des Fachanwalts Insolvenzrecht, 7. Aufl., Köln 2015 Zitiert: Wimmer InsR/*Bearbeiter*

Zipperer, Helmut, Präventive Restrukturierungsmaßnahmen – ein flankierendes Projekt der Kommission zur Effektivierung der EuInsVO, ZInsO 2016, 831ff.

Zitzmann, Axel, Die Vorlagepflichten des GmbH-Geschäftsführers, Heidelberg 1991

Zöller, Richard, Zivilprozessordnung Kommentar, 31. Aufl., Köln 2016 Zitiert: Zöller/*Bearbeiter*

50 Jahre Bundesgerichtshof: Festschrift auf Anlass des fünfzigjährigen Bestehens von Bundesgerichtshof, Bundesanwaltschaft und Rechtsanwaltschaft beim Bundesgerichtshof; *Geiss, Karlmann/Nehm, Kay/Brandner, Hans E/Hagen, Horst (Hrsg.)*; München 2000 Zitiert: *Bearbeiter*, in: 50 Jahre Bundesgerichtshof Festschrift

Literaturverzeichnis (italienische Quellen)

Abbadessa, Pietro/Portale, Giuseppe P, Il nuovo diritto delle società, Liber amicorum Gian Franco Campobasso, Torino 2007 Zitiert: Abbadessa/Protale/*Bearbeiter*

Abriani, Niccolò, Codice delle società, Milano 2016 Zitiert: Abriani/*Bearbeiter*

Abriani, Niccolò, Le azioni di responsabilità nei confronti degli organi della società fallita, in: La riforma del diritto fallimentare, *Campiani, Marco Lucio* (Hrsg.), Napoli 2008

Amatore, Roberto, Le dichiarazioni di fallimento, Milano 2014

Ambrosini, Stefano, Il nuovo diritto della crisi d'impresa: l. 132/15 e prossima riforma organica, Milano 2016

Azzolina, Umberto, Il fallimento e le altre procedure concorsuali, Torino 1953 Zitiert: *Azzolina*, Il fallimento

Baccetti, Niccolo, La gestione delle società di capitali in crisi tra perdita della continuità aziendale ed eccessivo indebitamento, Riv. soc. 2016, 568ff.

Bianchi, Luigi Arturo, Commentario – Società a responsabilità limitata, Art. 22462–2483 c.c., Milano 2008 Zitiert: Bianchi/*Bearbeiter*

Bianchi, Giorgio, Gli amministratori di società di capitali, 2. Aufl., Padova 2006

Bonelli, Franco, Gli amministratori di società per azioni, Milano 1985

Bonelli, Franco, La responsabilità degli amministratori di società per azioni, Milano 1992

Borgioli, Alessandro, La responsabilità solidale degli amministratori di società per azioni, Riv. soc., 1978, 1075ff.

Buoncore, Vincenzo, Adeguatezza, precauzione, gestione, responsabilità: chiose sull'art. 2381, commi terzo e quinto, del codice civile, Giur. comm., fasc.1, 2006, S 5ff.

Cagnasso, Oreste/Panzani, Luciano, Crisi d'impresa e procedure concorsuali Band I-III, Milano 2016 Zitiert: Cagnasso/Panzani/*Bearbeiter*

Campobasso, Gianfranco, Diritto commerciale, Bd. 2: Diritto delle società, 5. Aufl., Mailand 2002

Carpi Federico/Taruffo, Michele, Commentario Breve al Codice di Procedura Civile, 3. Aufl., Mailand 2002

Cendon, Paolo (Hrsg.), Commentario al codice civile, Milano 2010 Zitiert: Cendon Comm /*Bearbeiter*

Cendon Paolo, Il diritto civile nella giurisprudenza, Gli interessi protetti nella responsabilità civile VI, Torino 2005 Zitiert: Cendon Giur/*Bearbeiter*

Cian, Giorgio (Hrsg.)/*Trabucchi, Alberto*, Commentario breve al Codice Civile, Milano 2015 Zitiert: Cian/Trabucchi/*Bearbeiter*, Commentario breve al Codice Civile

Cicconi, Ennio, L'azione die responsabilità contro amministratori, sindaci, liquidatori e direttori generali di società fallite, Giust. civ. 1998, 523ff.

Codici Commentati Giuffrè, Milano 2016

Cocco, Giovanni, La tutela penale del brevetto per invenzioni e modelli, in: Trattato di diritto penale dell'impresa (*Di Amato, Astolfo*), Padova 1992, 233ff.

Colombo, Giovanni E., Il bilancio e le operazioni sul capitale, Giur. comm. 1984, I, 841ff.

Correnti, Roberta Einführung in das italienische Insolvenzrecht und seine Reform, ZInsO 2006, 1020ff.

Costanzo Paolo, Gazzani Massimo, Novati Francesca, Le Società. Commento al D.Lgs. 6/2003, Milano, 2003

Cottino, Gastone, Diritto commerciale le società e le altre associazioni economiche, Padova 1994

Cottino, Gastone/Bonfante, Guido/Cagnasso, Oreste/Montalenti, Paolo, Il nuovo diritto societario, Milano 2004 Zitiert: Cottino/Bonfante/Cagnasso/Monatlenti/*Bearbeiter*

Di Amato, Alessio, Le azioni di responsabilità nella nuova disciplina della società a responsabilità limitata, Giur. comm. 2003, 301ff.

Di Lauro, Attilio, Fallimento, processo e diritto sostanziale, Band I, Napoli 1971

Di Girolamo, Fabrizio, Diritto d'informazione preassembleare dei soci di srl e principi in tema di redazione del bilancio aus art. 2482*bis*, 2° comma, c.c., Giur. comm., fasc.6, 2005, 796ff.

Diritto fallimentare, Manuale breve, 3. Aufl., Milano 2013 Zitiert: Diritto fallimentare/*Bearbeiter*

Di Sabato, Francesco, Diritto delle società, Milano 2011

D'Orazio, Luigi, I reati fallimentari: bancarotta semplice e fraudolenta, Giur. merito, 2000, 769ff.

Fabiani, Massimo, Diritto fallimentare. Un profilo organico, Bologna 2011 Zitiert: *Fabiani*, Diritto fallimentare

Fabiani, Massimo, Fondamento e azioni per la responsabilità degli amministratori di s.p.a verso i creditori sociali nella crisi dell'impresa, Riv. soc. 2015, 272ff.

Ferro, Massimo, La legge fallimentare commentario teorico-pratico, 3. Aufl., Padova 2014 Zitiert: Ferro/*Bearbeiter*

Filippi, Paola, Tutela penale delle situazioni patrimoniali soggettive collegate al fallimento e utilizzabilità in sede penale degli atti della procedura fallimentare, Giur. merito, 2004, 432ff.

Franzoni, Massimo/Galgano, Francesco/Di Pietro, Adriano/Alessandra, Rossi Vanini, Trattato di diritto commerciale e di diritto pubblico dell'economia, Volume diciannovesimo, La responsabilità degli amministratori e dei sindaci, Padova 1994

Galgano, Francesco, Diritto privato, Padova, 1985

Galgano, Francesco, La società per azioni Band VII, in: Trattato di diritto commerciale e diritto pubblico dell'economia, Padova 1984

Gambino, Agostino/ Santosuosso, Daniele Umberto, Fondamenti di diritto commerciale II, Società di capitali, Torino 2006

Ghidini Mario, Società personali, Padova, 1972

Ghezzi, Federico, Amministratori, Commentario alla riforma delle società, Milano 2005 Zitiert: Ghezzi/*Bearbeiter*

Gobbo, La disciplina dell'informazione nei contratti di investimento: tra responsabilità (pre)contrattuale e vizi del consenso, Giur.comm. 2007, 102ff.

Hirte, Heribert/Vicari, Andrea, La responsabilità degli amministratori di società per capitali verso i creditori in caso di ommessa o ritardata richiesta di fallimento al tribunale, nel diritto tedesco ed italiano, Giur. comm. 1996, II, 377ff.

Jaeger, Nicola, Il fallimento e le altre forme di tutela giurisdizionale, Milano 1964

Jorio, Alberto, I lineamenti di una nuova improbabile legge fallimentare, Giur. comm. 2005, I, 323ff.

Jorio, Alberto, Il nuovo diritto fallimentare, Band I, Bologna 2006 Zitiert: Jorio/*Bearbeiter*

Libonati, Bernardino, Diritto commerciale. Impresa e società, Milano 2009, 474ff.

Libonati, Bernardino, I bilanci straordinari, Giur. comm. 1982, I, 833ff.

Luciano, Alessandro M., La gestione nella della srl nella crisi pre-concorsuale, Rivista delle Societa, 2017, 405ff.

Luciano, Alessandro M, La gestione della Spa nella crisi, Milano 2016

Maffei Alberti, Alberto, Commentario breve alla legge fallimentare, 6. Aufl., Milano 2013 Zitiert: Maffei Alberti/*Bearbeiter*

Maffei Alberti, Alberto, Il nuovo diritto delle società, Milano 2005 Zitiert: *Bearbeiter* in: Maffei Alberti, Il nuovo diritto della società

Maggiore, Giuseppe Ragusa/Costa, Concetto, Le procedure concorsuali, Il fallimento, Torino 1997 Zitiert: *Maggiore/Costa,* Il fallimento

Marchetti, Piergaetano/Bianchi, Luigi A./Ghezzi, Federico/Notari, Mario, Commentario alla riforma delle società, Terzo Volume -Amministratori-, Milano 2005 Zitiert: Marchetti/Bianchi/Ghezzi/Notari/*Bearbeiter*

Mazzoni, Alberto, La responsabilità gestoria per scorretto esercizio dell'impresa priva della prospettiva di continuità aziendale, Amministrazione e controllo del diritto delle società – Liber Amicorum Antonio Piras, Torino 2010, 822ff.

Minervini, Gustavo, Gli amministratori di società per azioni, Milano 1956

Mollo, Giovanni, La responsabilità per danni nella srl, Giur. comm. 2008, 806ff.

Niccolini, Giuseppe/ Stagno d'Alcontres, Alberto, Società di capitali, Napoli 2004 Zitiert: Niccolini/Stagno d`Alcontres/*Bearbeiter*

Olivieri, Gustavo, I conferimenti in natura nella società per azioni, Padova 1989

Provinciali, Renzo, Il diritto di fallire, Riv. dir. proc. civ. 1932, I, 381ff.

Pajardi, Piero/Bocchiola, Manuela/Paluchowski, Alida (Hrsg.), Codice del fallimento, Milano 2013

Picone, Luca G/Quatraro, Bartolomeo, La responsabilità di amministratori, sindaci, direttori generali e liquidatori di società: aspetti civili, penali e tributari, Milano 1998

Romano, Giorgio, in Codice Civile Commentato Giuffrè, Milano 2016

Rordorf, Renato, Doveri e responsabilità degli amministratori di società di capitali in crisi, Le società 2013, 669ff.

Spolidoro, Marco Saverio, Il capitale sociale, in: Il diritto delle società per azioni: problemi, esperienze, progetti, *Abadessa, Pietro* (Hrsg.), Milano 1993

Michele Sandulli/Vittorio Santoro/Bruno Sassani, La riforma delle società. Aggiornamento commentato. Diritto sostanziale e processuale, Milano, 2004 Zitiert: Sandulli/Santoro/*Bearbeiter*

Satta Salvatore/Vaccarella, Romano/P. Luiso, Francesco, Manuali di scienze giuridiche, Diritto fallimentare, 2. Aufl., Padova 1990

Satta/Vaccarella/P. Luiso, Diritto fallimentare

Sandulli, Michele/Santoro, Vittorio/Nigro, Alessandro, La riforma della legge fallimentare, Band 1 Art. 11–83 bis, Torino 2010 *Zitiert:* Sandulli/Santoro/*Bearbeiter*

Sandulli, Michele/Santoro,Vittorio/Nigro, Alessandro, La riforma della legge fallimentare, Band 2 Art. 884–159, Torino 2010 *Zitiert:* Sandulli/Santoro/*Bearbeiter*

Sangiovanni, Valerio, Die Haftung der GmbH Geschäftsführer gegenüber der Gesellschaft in Italien, GmbHR 2007, 584ff.

Scialoja-Branca/ Galgano, Francesco (Hrsg.), Commentario del codice civile, Bologna 2008 Zitiert: Comm c.c. Scialoja/Branca/*Bearbeiter*

Scialoja-Branca/ Galgano, Francesco/ Bricola, Franco (Hrsg.), Commentario della legge fallimentare, Disposizioni generali, dichiarazione di fallimento. Art. 11–22, Bologna 1974 Zitiert: Comm LF Scialoja/Branca/*Bearbeiter*

Stanghellini, Lorenzo, Le crisi di impresa fra diritto ed economia, Bologna 2007

Tedeschi, Guido Uberto, Manuale di diritto fallimentare, Padova 2001

Terranova, Giuseppe, Stato di crisi e stato d'insolvenza, Torino 2000

Weigmann, Roberto, Responsabilità e potere legittimo degli amministratori, Torino 1974

Stichwortverzeichnis

www.ingramcontent.com/pod-product-compliance
Ingram Content Group UK Ltd.
Pitfield, Milton Keynes, MK11 3LW, UK
UKHW021939290926
8980IPUK00016B/1700

9 783631 794234